本书系浙江省哲学社会科学规划课题一般项目（21NDJC126YB）的研究成果
本书获浙江树人大学学术著作出版基金资助

德育教科书价值取向研究

The Value Orientation of Moral Education Textbooks

◎ 陶芳铭 著

上海交通大学出版社
SHANGHAI JIAO TONG UNIVERSITY PRESS

内容简介

本书以“德育教科书价值取向”为题，按照德育教科书如何体现中华优秀传统文化、外国优秀文明成果和社会主义核心价值观三个维度的分析框架，对德育教科书实际价值取向进行分析，并在此基础上对德育教科书价值取向进行总结，从如何处理好传统文化与现代文化、外国文化与中国文化的关系上对德育教科书价值取向进行了探讨。未来德育教科书的发展应该立足中国当下，充分继承中华优秀传统文化，积极吸纳外国优秀文明成果，在倡导人类共同价值的基础上，将社会主义核心价值观的内容渗透融合到德育课程和教科书之中。

图书在版编目(CIP)数据

德育教科书价值取向研究 / 陶芳铭著. -- 上海：上海交通大学出版社，2021

ISBN 978-7-313-24881-7

Ⅰ. ①德… Ⅱ. ①陶… Ⅲ. ①德育—教材—价值取向—研究 Ⅳ. ①G41

中国版本图书馆 CIP 数据核字(2021)第 073529 号

德育教科书价值取向研究

DEYU JIAOKESHU JIAZHIQUXIANG YANJIU

著　　者　陶芳铭

责任编辑　李　敏　蒋保纬　　责任校对　王建英

封面设计　闻刀君

出版发行　上海交通大学出版社　　地　　址　上海市番禺路 951 号

邮政编码　200030　　电　　话　021-64071208

排　　版　杭州朝曦图文设计有限公司

印　　刷　广东虎彩云印刷有限公司

开　　本　710mm×1000mm　1/16　　印　　张　14.5

字　　数　231 千

版　　次　2021 年 6 月第 1 版　　印　　次　2021 年 6 月第 1 次印刷

书　　号　ISBN 978-7-313-24881-7

定　　价　76.00 元

序

人类文明的代际传承主要是通过教育传递的途径，教育传递的主要载体是以教科书方式出现的各种教育文本。在一定程度上可以说，教科书或教育文本是整个教育的核心基因。在不同的时代与空间中，人们以不同方式给教科书这种教育文本赋予了不同的价值，反映着不同的文化追求与价值取向。对教科书或教育文本进行文化学与价值学的分析，是一项具有重大理论意义和重要实践价值的研究。

在《德育教科书价值取向研究》一书中，陶芳铭博士以初中德育教科书为研究对象，从教科书文本中探究了德育教科书价值取向的嬗变与发展，对德育教科书选择和反映社会主流价值观念进行了深入解读。对新中国成立以来的初中德育教科书进行了较为系统的文本解读，从应然与实然相结合的角度剖析教科书价值取向的不同体现，又从历史发展维度来考察教科书价值取向的呈现方式与呈现规律。该书的选题和有创新意义的研究成果，对于我国的德育改革实践与研究，具有重要的现实意义与理论价值。

作者在浙江大学教育学院教育学原理博士点的系统学习，为其奠定了扎实的理论功底。同时，在博士学习期间，作为主要作者之一，参与了我主编的国家基础教育教材《思想品德》《道德与法治》教科书的编写工作。毕业以后，主持承担了多项省、校有关德育和教科书的研究项目。我相信并期待，作者将会在这一领域取得更有价值的研究成果。

浙江大学教授、博士生导师　魏贤超

2020 年 8 月

前　言

作为学校道德教育主要资料的德育教科书，其文本中所蕴含的德育价值内容对树立学生的世界观、人生观和价值观起到了重要作用。因此，从文本中探究德育教科书价值取向的嬗变与发展，是对德育教科书选择和反映社会主流价值观念的解读，是对学校德育价值取向的反思。

本书以“德育教科书价值取向研究”为题，按照德育教科书如何体现中华优秀传统文化、外国优秀文明成果和社会主义核心价值观 3 个维度的分析框架，重点以新课改以来教育科学出版社的初中《思想品德》实验教科书为分析对象，并辅以各个阶段德育课程标准（大纲）的解读和其他出版社德育教科书文本的对比研究，剖析我国初中德育教科书所蕴含的价值取向。

本书尝试从德育教科书“对中华优秀传统文化的传承和弘扬、对外国优秀文明成果的借鉴和吸纳、社会主义核心价值观的渗透与融合”3 个部分对初中德育教科书实际价值取向进行分析，并在此基础上通过“初中德育教科书的价值追求”对德育教科书价值取向进行总结与展望，从如何处理好传统文化与现代文化、外国文化与中国文化的关系对初中德育教科书价值走向进行探讨。

通过对德育教科书价值取向的分析探讨，本书认为，从实然的角度来看，我国德育教科书在空间上体现了人类文化和民族文化的融合，在时间上反映了其价值取向恒定与嬗变的特点；从应然的角度来看，我国德育教科书中应该努力实现传统文化与现代文化之间的平衡、中国文化与外国文化之间的整合。从分析可以看出，我国德育教科书价值取向的实然也反映了应然的要求。未来德育教科书的发展应该立足中国当下，正确处理好传统文化与现代文化、外国文化与中国文化之间的关系，充分继承中华优秀传统文化，积极吸纳外国优秀文明成果，在倡导人类共同价值的基础上，将社会主义核心价值观的内容渗透融合到德育课程和教科书之中。

目　录 Contents

第一章　导论 …………………………………………………… 1

第一节　研究缘起 ………………………………………… 1

第二节　概念界定 ………………………………………… 6

第三节　文献综述 ………………………………………… 15

第四节　研究目的和意义 ………………………………… 35

第五节　研究思路和方法 ………………………………… 38

第二章　德育教科书对中华优秀传统文化的传承与弘扬 ……… 42

第一节　德育教科书中中华优秀传统文化的内容选择 ……… 42

第二节　德育教科书关于中华优秀传统文化的体现 ……… 46

一、家国情怀教育 ………………………………………… 47

二、社会关爱教育 ………………………………………… 56

三、人格修养教育 ………………………………………… 64

第三节　德育教科书中传统与现代文化的承接 …………… 76

第三章　德育教科书对外国优秀文明成果的借鉴与吸纳 ……… 81

第一节　德育教科书中外国优秀文明成果的内容选择 ……… 82

第二节　德育教科书关于外国优秀文明成果的体现 ……… 86

一、和平发展思想 ………………………………………… 86

二、公平正义思想 ………………………………………… 92

三、民主自由思想 ………………………………………… 97

第三节　德育教科书中外国与中国文明的汇通 ………… 107

第四章　德育教科书中社会主义核心价值观的渗透与融合 …… 112

第一节 德育教科书中社会主义核心价值观的内容选择 …… 112
第二节 德育教科书关于社会主义核心价值观的体现 …… 116
一、国家价值目标 …… 118
二、社会价值取向 …… 129
三、个人价值准则 …… 136
第三节 德育教科书中价值观的全面融合 …… 143
第五章 德育教科书的价值追求 …… 146
第一节 德育教科书价值取向的总结 …… 146
一、体现了民族文化和世界文化的统一 …… 147
二、反映了教科书价值取向的恒定与嬗变 …… 155
三、存在着一定程度的缺憾与不足 …… 168
第二节 德育教科书价值取向的可能走向 …… 176
一、坚持传统文化和核心价值的统一 …… 176
二、体现国际性和保持民族性的结合 …… 181
三、注重文化的承接古今与融汇中外 …… 184
第三节 德育教科书价值取向的实然与应然 …… 189
第六章 结语 …… 191
第一节 本研究主要观点概述 …… 191
第二节 本研究的初步探索与不足 …… 194
一、初步的探索 …… 194
二、不足与局限 …… 195
第三节 尾声与展望 …… 195
参考文献 …… 200
后记 …… 221

第一章　导　论

第一节　研究缘起

在学校教育中，教科书有着复杂而特殊的身份。它是学校教育的一种象征，是课程目标的载体之一，是课程内容的一种表现形式，同时也是教学评价的重要依据和标准之一。所以，教科书是教育教学中不可或缺的工具书，无论对学生还是教师都显得意义非凡。一方面，对于学生来说，自从进入学校接受教育开始，就会与教科书结缘。“作为知识的载体，教育目标的物化体，教学质量评价的主要依据，教科书在学生心目中的重要地位是不容置疑的。”[①]每当新学期开学之际，领取崭新的、透着墨香的教科书都成了学生们开学正式上课之前的“必修课”。对于学生（尤其是接受基础教育阶段的学生）而言，教科书将如影随形地伴随着其整个求学生涯。而学生们对待教科书的复杂感情，正如教育社会学学者刘云杉在做出调查访问后所描述的那样：“教科书是很多学生最不喜欢读，但却又不得不读得最多的书；是最不受欢迎，却又最畅销的书，……它常常会成为在学生毕业后就被烧掉、撕掉、卖掉的可怜的家伙，却又连同注释都要学生认真把玩研究吃透的东西。”[②]另一方面，教科书对于教师来说意义也非同一般。作为教师，不管从事什么学科的教育教学工作，自从走上三尺讲台开始，都会与教科书结下不解之缘，通过运用教科书来履行着“传道、授业”的职责。同时，教师还面临着如何使用教科书，如何将教科书中关于知识、情感、态度、价值观等方面的教学目标和任务传递给学生的问题。因为，教科书是学校教育中传授知识、培养能力、塑造人格的媒介，并且还是将教育者预设的价值观传递给受教育者的媒介。教科书既传递着知识也记载着历史，而且还体现着编写者的理想，将他们预设的价值观念在教科书中主要以文本的形式呈现出来，对学习者进行着教育，起着塑造学习者心灵的作用。另外，教科书还是国家进行价值观控制的媒介，它代

① 陈月茹. 中小学教科书改革研究[M]. 北京：教育科学出版社，2009：3.

② 刘云杉. 学校生活社会学[M]. 南京：南京师范大学出版社，2000：367.

表着社会主流价值观，承担着将社会主流意识形态和价值观念传递给学生的重任。其实，每个人在成长的过程中都从教科书中获得了成为社会人的基本知识和规范，对于教科书的依赖不仅仅是学习到科学知识，因为绝大部分人的知识，以及个人世界观、人生观和价值观的获得，都发源于教科书，依赖于教科书。

德育教科书①作为众多教科书中的一种，和其他学科的教科书相比，在承担着知识教育的同时，还更多地担负着对学生进行思想道德教育的任务。因此，在德育教科书中如何安排道德教育的内容和应该向学生传递什么样的主流价值观就显得十分重要。同时，现实生活中产生的一些诸如不孝敬父母、"扶不起，不敢扶"等行为失范现象也让学校道德教育陷入了比较尴尬的境地，产生了诸如"'扶老罗生门'下我们如何教育孩子"②的群体性困惑事件。这些现实问题和困惑引起全社会公民对新时期学校道德教育的思考，也不可避免地引发了对学生进行道德教育的德育教科书应该拥有价值取向的思考。德育教科书究竟应该秉承一种什么样的价值观念来教育学生应对价值冲突和价值困惑，从而做出合乎道德的价值判断和价值选择，确实是一个值得认真思考的问题。在面对"应该"和"能够"之间发生冲突时人们该怎样抉择？在面临很多道德两难问题的时候人们又该如何应对和处理？另外，随着时代的发展，社会的价值观念也会随之而发生变化。在这种情况下，学校的道德教育就需要根据社会实际及时做出反应。那么，在这个发展变化的过程中，德育教科书中蕴含的价值取向是什么？这些价值取向变与不变的地方在哪里？另外，由于"重智轻德"的教育现实在当前的学校教育中依然存在，表现出对成绩的过分看重③，导致很多教师在使用教科书进行教学的过程中，更多地注重教科书知识内容的传授，而忽视了挖掘教科书中所蕴含的价值观念，使得教科书的价值教育功能相对减弱。为此，面对德育教科书文本中所呈现的内容，该怎样剖析和发掘其蕴含的价值观念就是一个值得思考和研究的现实问题。

回顾自己的学习和工作经历，从做学生到当老师（师范学校毕业之后到学校上班），再从老师回归到学生（上班工作之后又重返校园攻读博士学位），时光飞逝，岁月变迁，尽管自己的角色在"学生一老师一学生"之间不断变化，但唯一没有变的就是始终没有离开过校园，一直以教科书为伴。从儿时上学开始，教科书留给我最初的印象是用来好好学习的"宝典"，只有认真学习教科书上的知识，才

① 注：关于德育教科书和初中德育教科书的概念在本章的"概念界定"部分专门进行论述。

② 顾骏."扶老罗生门"下我们该如何教育孩子[N].北京：中国教育报，2013-11-27(2).

③ 毛武榜.对中小学教育重智轻德问题的研究[J].教育教学论坛，2014(3)：173.

能在考试时正确地解答试卷上的题目，从而取得好成绩。随着自己学习的不断深入，教科书这个“宝典”的作用在学校教育中似乎并没有减弱，“以教科书内容为本”的这个考试理念也一直在学校教育中居于主导地位。师范毕业后走上了教师工作岗位，实现了从学生“学教科书”到教师“用教科书”（或称“教教科书”）这个角色的转变，使自己对教科书的认识在原有基础上有了一定程度的提升，明白了教科书作为课程的一种呈现方式，在教学中的作用不容小觑，也从实践教学层面对教科书进行过一些研究和探讨。2013 年秋季进入浙江大学教育学院攻读教育学博士学位以来，恰逢新课改初中《思想品德》教科书第 2 版的编写修订工作开始（现行的初中德育教科书是根据 2002 年版的思想品德课程标准编写而成的，经过长达 10 多年的使用，既积累了一定的经验，同时也存在着一些需要总结、提升和完善的内容，因此教科书修订工作势在必行），有幸全程参与了导师的课题“初中思想品德教科书（教育科学出版社出版）的修订”工作。在修订过程中，导师的谆谆教诲和编写组同仁们多次热烈的交流讨论给了我很大启发，让我对初中思想品德教科书在原有认知的基础上又有了新的认识，对教科书中的很多问题产生了较为浓厚的兴趣。在参与思想品德教科书编写修订过程中，有着很多的收获和感受，使我越发觉得德育教科书中有很多值得深入研究的问题。比如，通过对教育科学出版社 2003 年实验版《思想品德》教科书和最新修订版《道德与法治》教科书的内容进行比较分析，发现一个非常明显的变化就是教科书中很多关于外国的案例被替代或删除了，取而代之的是更多关于中华优秀传统文化的内容。教科书中这些中国文化元素的增加和回归不是偶然的，内容变化的背后实则是教科书编写所体现的理念和价值观的变化。这些促使我尝试从教科书文本去思考德育教科书价值取向及其嬗变与发展。

基于上面提及的对教科书以及德育教科书的理解和思考，我萌生了一个对我国初中德育教科书[①]中所蕴含的价值观念进行探讨的初步设想。在研究对象范围的确定上，考虑到大学教育阶段教科书一般由各大院校自行选择，允许有多种存在形式，因此难以有大范围的统一性。相对而言，在基础教育阶段的中小学，教科书的选择和使用一般都强调规范、标准和统一。所以，教科书的大范围统一主要集中在中小学阶段；而且中小学阶段是学生个体成长的关键时期，良好

① 初中德育教科书，即我国目前的初中思想品德（道德与法治）教科书，改革开放以来在各阶段名称略有不同（1978 年以后初中德育教科书分别经历了从社会发展简史、科学社会主义、青少年修养、法律常识、公民、中国社会主义建设常识、思想政治、思想品德、道德与法治等名称的变迁），本书根据目前的教科书名称将其统称为思想品德教科书，将这类教科书统称为德育教科书，在后面的概念界定部分有专门论述。

的道德规范、价值观念和行为标准是一个人成长的基石。中小学各学科均要求对学生进行相关的道德品质教育，而尤以德育课程最为明显。德育课程作为中小学道德教育的载体，对学校德育工作的落实也起到了极为重要的作用。所以将研究的目标界定在这一阶段，特选取初中思想品德教科书作为德育教科书价值取向研究的具体对象。

中小学德育课程（课程名称随着时代的变化而稍有变化：以初中为例，自新中国成立以来，主要经历了从“政治”课到“思想政治”课再到“思想品德”[①]课名称的历史衍变，总体上还是将其概括为德育课程）作为一门独立的学科课程在我国中小学来设置，发挥着基础性的道德教育作用，旨在帮助学生从小树立正确的道德价值观，并将这些内化的价值观通过良好的行为表现出来，帮助学生实现从道德他律到道德自律这一过程的转变。中小学德育教科书作为蕴含一定意识形态和文化的产物，不仅承载着传授知识和技能的使命，而且反映着一定阶层的主流价值观念。依据课程社会学研究的3个基本问题[②]，我们也可以将教科书研究的基本问题对应地理解为：教科书中所代表和拒斥的是谁的知识与价值观？为什么是这些知识和价值观？这些知识和价值观是怎样组织的？并结合阿普尔等“在斯宾塞著名问题——‘什么知识最有价值？’之后追问‘谁的知识最有价值’”[③]（回答这个问题，需要思考“这是谁的知识、这些知识是由谁来进行选择的、为什么要以这种方式来组织知识和进行教学、这些知识对这个特殊群体是否有利”等[④]）的问题，我们可以进一步来思考德育教科书中所蕴含的价值观念：在我国初中德育教科书中，究竟体现了哪些主流的价值观念和文化精华？这些价值观念是否适合时代和学生发展的需要？教科书究竟应该秉持一种什么样的价值观念来对学生进行教育呢？

教科书的编写是一项长期的系统工程，是提高学校教学质量的保障。教科书在内容的构成和选择上具有强烈的价值取向，为什么是这些知识进入教科书而不是其他知识被选进教科书？因此，教科书的编写必然会依据一定的价值标准来精心选择和组织其内容，将具有特定意义和价值特征的观念用文本的形式表达出来；换句话说，即在文本的背后都是蕴含着一定的国家和社会主流价值观念。为此，本研究立足新中国成立以来的德育教科书，以初中德育教科书作为研

---

① 2016年4月教育部发文将起始年级（小学一年级和初中七年级）的课程名称统一改为“道德与法治”，其他年级的课程名称暂且不变，特此说明。

② 吴康宁．课程社会学研究[M]．南京：江苏教育出版社，2003：28.

③ [美]阿普尔，史密斯．教科书政治学[M]．侯定凯，译．上海：华东师范大学出版社，2005：1.

④ M. W. Apple. Making curriculum problematic[J]. *The Review of Education*, 1976(2):1-11.

究对象，选取 2003 年新课改以来的教育科学出版社（以下简称教科版）初中《思想品德》实验教科书为主要研究对象（并辅以分析同一时期的人民教育出版社《思想品德》实验教科书[①]），并在此基础上结合对新中国成立以来不同阶段德育课程标准（大纲）的解读和教科书文本的梳理，通过对以教科版初中《思想品德》实验教科书为中心的聚焦分析，剖析我国初中德育教科书所蕴含的价值取向，并试图对以下两个问题进行探讨：第一，从实然的角度来看，我国初中德育教科书（尤其是新课改以来，现在学校学生正在使用的初中《思想品德》实验教科书）究竟反映了什么样的价值取向，这些价值取向是通过怎样的形式体现出来的？第二，从应然的角度来分析，我国初中德育教科书中应该反映什么样的价值观，为什么要反映这些价值观？

之所以探讨这两个问题，也是基于讨论问题的常见方式来进行的。"一般说来，我们讨论问题的依据有二：一是'现存的实际''经验的事实'或'已有的事实'；二是'理想的状态'，即某人所认为的'应该的状态'或'应然状态'。"[②]上述两个问题紧密相关，彼此联系。第一个问题是为了第二个问题服务，同时第二个问题又立足于第一个问题，二者相互依存、递进发展。回到德育教科书研究的这两个问题中，只有把握了我国初中德育教科书中实际拥有的价值观念，才能在此基础上对初中德育教科书中应然性的价值观做出较为稳妥的回答，从而避免了缺乏根基的"纸上谈兵"，也可以帮助厘清和理解德育教科书价值取向的过去与现在之间的关系，为展望德育教科书价值取向的未来走向提供参考。同时，依据诠释学的方法来分析文本也可以得出这样的结论。诠释学（hermeneutik）是阅读的途径，通常人们阅读的时候，会有传统、个人和文本 3 种取向。在具体的阅读中，阅读一般有着 4 个步骤，即文本究竟说了什么？（What did it say?）文本想要说什么？（What would it say?）文本能够说什么？（What could it say?）文本应该说什么？（What should it say?）[③]对照这 4 个步骤，可以将通过文本来分析教科书价值取向的问题归结为"文本究竟反映了什么样的价值观念"和"文本应该反映什么样的价值观念"这两个大问题。通过梳理分析我国初中德育教科书每个阶段价值取向的积极成分及其不足之处，重点了解我国当前初中德育教科书的价值取向，试图阐明这些价值取向是否符合学生发展的需要，并对德育教科

---

① 注：选择教育科学出版社《思想品德》是因为笔者在博士就读期间有幸参与了导师主持编写该套教科书的修订工作，对该套教科书有着较为深刻的了解；而选择人民教育出版社《思想品德》则是因为人民教育出版社多年来一直致力于中小学教科书的出版发行工作，有着较为丰富的经验，特此说明。

② 魏贤超. 德育课程论[M]. 哈尔滨：黑龙江教育出版社，2004：16-17.

③ 傅佩荣. 哲学与人生[M]. 北京：东方出版社，2005：44-48.

书的未来走向提出展望，为“怎样编”“怎样教”和“怎样用”德育教科书提出一些参考，为未来德育教科书的走向以及怎样更好地为学校德育工作服务、为育人服务提供一定的借鉴和启发作用。

第二节　概念界定

本书的核心概念是“德育教科书”和“价值取向”。依据概念的上、下位关系，在对这两个概念进行界定之前，需要对其相关概念进行明确和界定。界定“初中德育教科书”之前，有必要对“教科书”和“德育教科书”这两个上位概念进行说明，也只有在这两个概念明确之后，“初中德育教科书”的概念才可能会有更加清晰的认识和界定。同样，解释“价值取向”概念之前也需要先对“价值”一词进行分析说明。为此，本书在此基础上分别对教科书、德育教科书和初中德育教科书，价值和价值取向这两组相应的概念进行界定。

一、教科书、德育教科书和初中德育教科书

按照习惯说法，有些人经常将“教材”(subject matter)和“教科书”(textbook)等同于一个词，从而造成在很多地方将这两个词混用的现象，认为这两个词不外乎是同一个物品的不同称谓而已。事实果真如此吗？其实不然。因此，先要辨析和界定“教材”和“教科书”这两个概念。“教材”和“教科书”这两个词在大多数的词典里面往往都被当作是同义词，将这两个概念放在一起使用。而实际上“教材”和“教科书”在现行的几种汉语词典里的解释都有出入，这样缺乏严格的界定和区分的现象，容易让人造成对这两个词的混淆和误用。因此，有必要对“教材”和“教科书”这对概念进行简要辨析和界定。

关于“教材”的概念，《辞海》将其解释为“根据教学大纲编选的供教学用和要求学生掌握的基本材料”，①而在《汉语大词典》被解释为“根据教学大纲和实际需要，为师生教学应用而编选的材料”。② 这两个解释都强调了教材是根据教学大纲而编写的，即先有教学大纲而后才有教材。而实际上，教学大纲与教材之间并没有想象中那种鱼水相连的紧密关系，教学大纲并非一定早于教材而出现。在我国晚清时期的学校教育中就一直没有所谓的教学大纲。教材通常是按照课程

① 辞海编辑委员会. 辞海(缩印本)[M]. 上海：上海辞书出版社，1999：819.

② 汉语大词典编辑委员会，汉语大词典编纂处. 汉语大词典(第5卷)[M]. 上海：汉语大词典出版社，1990：446.

标准(或教学大纲)的规定,分学科门类和年级顺序编辑,它包括文字教材和试听教材,其中文字教材主要有教科书、讲义、讲授提纲、图表和教学参考书等。它是教师和学生据此进行教学活动的材料。它的内容要素一般包括3个部分:构成知识体系的术语、事实、概念、法则和理论;与技能和能力有关的各种技术、作业方式和步骤;作为世界观基础的态度、观念以及可以激发非认知因素的事实。[①]因此,本书更赞同"供教学用的材料,包括教科书、讲义、参考资料、录像、图片,等等"[②]的界定。从这个界定中,可以看出教材包括教科书和其他资料等,教科书隶属于教材之中,属于其中的一种。

通过上面的界定可以看出,虽然教科书隶属于教材之中实存已久,然而"教科书"这一名称在中国的出现始于19世纪70年代。由来华基督教传教士在中国成立的"学校教科书委员会"(School and Textbook Series Committee)于1877年5月统一编订教会学校教科书开始,"教科书"一词开始在中国使用,一般也因此认为"教科书"一词即由此而来。[③] 教科书亦称"课本""教本",在《辞海》里的解释是:"按照教学大纲编写的教师和学生用书。"[④]《汉语大词典》里被解释为:"根据教学大纲的要求,专门为学生上课和复习而编写的书。"[⑤]《现代汉语词典》里的解释是:"按照教学大纲编写的为学生上课和复习用的书。"[⑥]《现代汉语规范词典》将其解释为:"根据教学大纲编写的供教师讲授和学生学习的正式课本。"[⑦]《中国大百科全书·教育》中也将它称为课本,"是根据教学大纲(或课程标准)编写的系统地反映学科内容的教学用书,是教学内容的主要依据和师生教与学的主要材料。"[⑧]因此,通过上述不同词典对教科书所描述的概念可以看出教科书的共性,它是教材的主体部分,是各科根据教学大纲(或课程标准)而编写的供教学使用的图书,是教学中教师"教"和学生"学"的主要材料,同时也是教育部门及学校考核教学效果的主要依据。在我国目前的学校教育系统中,教科书通常是按学年或学期来进行分册编写的。在教科书的结构和内容上,每册中划分成单元或章节的形式,主要有主题文(课文)、注释、练习等组成部分,当然,不同学科的教

---

① 顾明远.教育大辞典(增订合编本)[M].上海:上海教育出版社,1998:695.

② 李行健.现代汉语规范词典[M].北京:外语教学与研究出版社、语文出版社,2004:661.

③ 石鸥,吴小鸥.简明中国教科书书史[M].北京:知识产权出版社,2015:7.

④ 辞海(缩印本)[M].上海:上海辞书出版社,1999:819.

⑤ 汉语大词典(第5卷)[M].上海:汉语大词典出版社,1990:448.

⑥ 现代汉语词典[M].北京:商务印书馆,2005-2016.

⑦ 李行健.现代汉语规范词典[M].北京:外语教学与研究出版社、语文出版社,2004:661.

⑧ 陈桂生.常用教育概念辨析[M].上海:华东师范大学出版社,2008:132.

科书其组成部分又有不同,具体另论。

就逻辑学上来说,根据概念之间上、下属关系,可以将概念对应地分为上位概念与下位概念两种。[①] “教材”和“教科书”这对概念就是上位和下位概念之间的关系。在对“教材”和“教科书”概念进行梳理后,不难发现,“教材”这一概念的外延比“教科书”要大,是教科书的属概念或称上位概念,它是成套化的系列,不仅仅局限于“教科书”;而“教科书”是“教材”的种概念或称下位概念,是最具代表性的核心“教材”。教科书虽然隶属于教材,但又不完全等同于教材,教科书是在课程演变到一定阶段之后才形成的特殊的教材样式。[②] 简单来说,所有的教科书都是教材,而有的教材却不一定是教科书;因为教材除含教科书之外,还包括教学参考书、习题集、教学挂图等其他众多的印刷出版物,以及随着现代化教学手段的使用而出现的一些非印刷出版物等。[③] 另外,从使用的学段范围看,“教科书”一词主要用于基础教育阶段的中小学教育领域,而在高等教育系统中则一般多用“教材”这一概念。

综上所述,本书立足于教科书的研究,为了避免由于词汇的不同而造成“教材”和“教科书”语义上的差别,特将研究概念界定在“教科书”范围内,在综述前人概念的基础上尝试性地给出教科书的定义:教科书是在教学过程中,供师生分别教授或学习的基本用书,主要是指师生用的课本,但同时也包括仅供教师用的教学参考书。它是教师进行教学活动的主要依据,也是学生获取基本知识的重要来源。但在本书的研究中,所提及的教科书专指正式课本,不包括除正式课本外的其他参考书,专指“依据教学大纲编写的供教师讲授和学生学习的正式课本”,研究的教科书均以这种正式课本为准,下同。

在对本研究中教科书的概念进行界定之后,接下来对其下位概念“德育教科书”和“初中德育教科书”进行说明。“教科书”“德育教科书”“初中德育教科书”这3个概念在外延上呈逐渐减小之势。“德育”是对教科书学科性质的限定,而“初中”则是对德育教科书学段的规定。有研究者指出,“从学理上看,德育不能称其为一门学科课程,这是因为德育本身就已经包括了高度综合性的教育内容,而且也没有专门的学术性学科作为其知识背景,不存在自身固有的逻辑和系统,需要其他多种学科内容和通过多种途径实现整合”[④]。为此,需要弄清楚德育的

---

① 金岳霖.形式逻辑[M].北京:人民出版社,1979:36-37.

② 陈桂生.普通教育学纲要[M].上海:华东师范大学出版社,2008:178.

③ 瞿葆奎.教育学文集:课程与教材(下册)[M].北京:人民教育出版社,1993:145.

④ 刘黔敏.道德人的生成与流变:中国中小学德育课价值取向研究[M].北京:中国社会科学出版社,2014:13.

概念以及发展概况以便确定其是否能够成为一门学科。提到德育,人们常常想到该概念源于古代。其实,古人并没有"德育"这一概念,更未使用"德育"这个名称。"德育"这一概念的出现始于中国近现代教育,多数时候都是被用作道德教育的简称和同义语。同时,外国道德教育(moral education)的中译也常用德育作为简称。① 早在18世纪七八十年代,康德(I. Kant)和裴斯泰洛奇(J. Pestalozzi)似乎也使用"道德教育或德育"(moralische Erziehung)一词。随着英国学者斯宾塞(H. Spencer)在《教育论》(1960年)一书中把教育明确划分为"智育"(intellectual education)、"德育"(moral education)、"体育"(physical education)后,从此"德育"逐渐成为教育世界中的一个基本概念和常用术语,并于20世纪初传入我国。②

德育的概念一般有广义和狭义之分。广义的德育,是历来学校教育的重要组成部分,在社会主义中国主要包括思想教育、政治教育、道德教育等方面,是指有目的、有计划地对受教育者施加一定影响,使其行为能够朝着社会所规范的方向发展的教育活动过程;在西方,一般指伦理道德教育以及有关价值观的教育③。而狭义的德育则主要指道德教育,是形成人们一定的道德意识和道德行为的教育。它表现在两个方面:第一,对于人们符合道德要求的情感、意志、信念以及行为方式和手段,随时予以激励和强化;第二,对于人们不符合道德要求的情感、意志、信念以及行为方式和手段,则予以纠正和克服,使人们及时改变行动方向和方式,避免产生不良后果。④ 在我国,"德育"起初限指狭义的"道德教育",与"世界观教育"等相提并论。但由于受到本土社会意识发展状态的影响,德育概念在我国迅速泛化。⑤ 人们对德育外延的界定,因文化及语言的背景、习惯、经验和需要、视角和视野、逻辑方法和概括分类标准的不同,差异性是很大的。⑥ 就我国的国情来看,多在广义层面上使用"德育"一词。半个世纪以来,其外延分别经历了从"政治教育"到"思想政治教育"、从"思想品德和政治教育"到"思想、政治和品德教育"和从"社会意识教育"到"社会意识与个性心理教育"3个阶段的演变。⑦ 通过对中外德育的任务、目标、内容的概括和分类,在德育的

① 鲁洁,王逢贤.德育新论[M].南京:江苏教育出版社,2000:119.

② 黄向阳.德育原理[M].上海:华东师范大学出版社,2000:2.

③ 顾明远.教育大辞典(增订合编本)[M].上海:上海教育出版社,1998:249.

④ 顾明远.教育大辞典(增订合编本)[M].上海:上海教育出版社,1998:237.

⑤ 黄向阳.德育原理[M].上海:华东师范大学出版社,2000:6.

⑥ 鲁洁,王逢贤.德育新论[M].南京:江苏教育出版社,2000:121.

⑦ 黄向阳.德育原理[M].上海:华东师范大学出版社,2000:6-7.

外延范围内，大致可以划分为思想教育、政治教育、法制教育、道德教育等组成部分。[①] 如今，我国流行的“德育”观念及德育实施的范围，已经包括：世界观、人生观教育，政治教育，法制教育，品德教育，等等。[②] 尽管国内外对“德育”一词的内涵和外延界定略有不同，但通过上述梳理也可以得出德育的相通之处。为此，可以将德育定义表述为“德育是教育者根据一定社会和受教育者的需要，遵循品德形成的规律，采用言教、身教等有效手段，在受教育者的自觉积极参与的互动中，通过内化和外化，发展受教育者的思想、政治、法制和道德几个方面素质的系统活动过程”[③]。通过对德育发展的梳理，可以将德育理解为是一种对教育对象实施影响的一种教育活动。所以，从教学实际的角度出发，在学校课程体系中开设德育学科，运用专门的德育课程对青少年学生进行道德教育是符合现实中学校教育要求的，在中小学开设专门的德育课程很有必要。在我国目前中小学课程设置体制中开设了专门的德育课程，与其他课程一样，有着明确的课程标准、教科书以及专门的德育课程教师队伍等。因此，可以说，德育课程是学校在明确的道德教育目的的指引下，通过一定的内容载体进行道德教育的一门制度化课程。[④] 德育课程是真实存在于学校教育教学的实践之中，依据我国目前德育课程标准的规定，德育课程的内容主要包括道德、心理健康、法律和国情教育 4 个部分，只不过德育课程的“名”与学校实际德育的“实”还存在着一定程度的不一致。

与上面关于德育课程的“名”与“实”论述相类似的是，在具体的教科书名称上，与“语文”“数学”“英语”学科相比，也没有专门以“德育”二字来命名的教科书。但既然存在着真实的德育课程，也就会有与之相对应的德育教科书。在此思路的基础上，界定学科性质的德育教科书即是学校对学生进行道德品质教育而使用的教科书。同理，规定学段范围的初中德育教科书就是在初中阶段对学生进行道德品质教育使用的《思想品德》教科书，在我国目前中小学教育的课程设置体系中，德育教科书就是指中小学思想品德教科书。德育教科书既有着一般教科书的共性，也有着其学科的特殊性。教科书的共性自然不必言说，其特殊性主要体现在初中德育教科书是旨在培养初中学生养成良好的行为规范和道德情操的教科书。但由于历史的发展和时代的变迁，新中国成立以来尤其是改革

---

① 鲁洁，王逢贤. 德育新论[M]. 南京：江苏教育出版社，2000：123.

② 陈桂生. 常用教育概念辨析[M]. 上海：华东师范大学出版社，2008：227.

③ 鲁洁，王逢贤. 德育新论[M]. 南京：江苏教育出版社，2000：129.

④ 刘黔敏. 道德人的生成与流变：中国中小学德育课价值取向研究[M]. 北京：中国社会科学出版社，2014：13.

开放以来的不同阶段，我国中小学德育教科书的课程名称也在不断演进变化。小学德育课程名称就先后经历了从“政治课”到“思想品德”再到“品德与生活”“品德与社会”（小学一年级至二年级为“品德与生活”，三年级至六年级为“品德与社会”）的演变，初中德育课程名称先后经历了从“政治”课到“思想政治”课再到“思想品德”课的变化。① 因此，也相继出现了德育教科书名称略有变化的这一现象，为了研究的便捷性和用词的统一和规范性，本研究将此类教科书统称为德育教科书，特此说明。同样，在此基础之上，初中德育教科书就是指初中阶段学生使用的这类德育教科书。

进行“初中德育教科书价值取向研究”，需要对研究对象和范围有明确的认识和界定。由于中小学教科书是最能反映教科书制度化过程的文本，它和其他教育阶段的教科书比起来，有着更强的文本规范性和制度连续性，有着较大范围的规范和统一。所以，本研究将德育教科书的研究对象聚焦于初中德育教科书。这是因为高中德育教科书较多地倾向于政治类教育，有关道德教育方面内容的因素相对薄弱；而小学德育教科书又主要以直观的图文形式来呈现课程内容，相比之下价值教育部分又会略显单薄，而且对有些道德教育方面的阐述不够深入；而介于这两个学段之间的初中德育教科书则更多的是以学生品德行为习惯养成为主要教育目的，从内容和形式上都能较好地展现道德教育的因素：在内容上避免了高中德育教科书过于重视政治化教育的倾向，同时在形式上又不像小学德育教科书那样有着过多的图片而导致其内容过于浅显的现象。

另外，虽然我国初中德育教科书所涉及的跨度比较久远，而且涉及数套不同时代、不同版本的教科书，但实际上，这些只是本研究的一个概述而已。所以，本书以现在我国初中阶段学校正在使用的德育教科书（初中《思想品德》教科书）为研究中心，选取依据 2003 年《思想品德课程标准（实验稿）》编写的，由教育科学出版社出版发行的（以下简称“教科版”）《思想品德》实验教科书作为主要分析对象，通过对该套德育教科书的梳理分析，并适当辅以其他时期不同版本的德育教科书进行相关研究，试图探究我国初中德育教科书价值观念，概括总结出我国初中德育教科书的价值取向及其嬗变与发展。具体说来，新课改之前，适当选取以人民教育出版社为主出版发行的初中德育教科书有《青少年修养》《社会发

① 注：在 2016 年 4 月教育部办公厅颁发的《关于 2016 年中小学教学用书有关事项的通知》（教基二厅〔2016〕12 号文件）指出，为了贯彻落实十八届四中全会关于在中小学设立法治知识课程的要求，决定从 2016 年起，将义务教育阶段起始年级的“品德与生活”和“思想品德”教科书名称统一更改为“道德与法治”。

展简史》《公民》《中国社会主义建设常识》《思想政治》等。新课改之后，选取教育科学出版社《思想品德》实验教科书为主，并适当辅以人民教育出版社《思想品德》实验教科书。所以，初中德育教科书在选取上，从纵向的视角来看，是从新中国成立以来影响较大、使用范围较广的初中德育教科书入手；但也有所聚焦，前面纵向的梳理只是为了对现今初中学校广泛使用的德育教科书能够有更加清晰的认识。因此本研究主要聚焦于新课改以来的实验版教科书，通过对教科版《思想品德》实验教科书的分析，再适当加上同时期的人教版《思想品德》实验教科书的横向比较分析，以期更好地阐释我国初中德育教科书的价值取向。为了概念的统一和研究的方便，本书中所提及的德育教科书主要还是以初中学段为主，因此所提及的德育教科书价值取向研究即为初中德育教科书价值取向研究，特此说明。

二、价值和价值取向

探讨价值取向，首先需要对"价值"一词进行追根溯源。什么是价值？"价值"一词被作为广泛使用的概念，常常也有着几个方面的基本含义。一是人们在日常生活中经常使用的"价值"含义，这个"价值"主要指人或事物的某些有效性或其发挥的积极作用，也就是通常所说的"好""善"的意思，比如说"某人的建议是很有价值的"中的"价值"即是此意。二是经济学等社会科学中经常使用的概念，这时候的"价值"是指"凝结在商品中的一般人类劳动"。[①] 这个意义的"价值"属于商品的属性之一，主要是通过价格来体现。三是认为"价值"属人的或为人的，是客体对主体的一种效用，因而是主观的，是高度主体性的。而客体只有当它对主体有用的时候，才能被赋予一种价值属性，这样一来，客体在主体的主观世界中是无差别的，差别之来源为主体的主观世界本身。"萝卜青菜，各有所爱"，关键不在于客体是什么，而在于主体选择什么，认为什么有价值。[②] 这种价值的含义就已经趋向于哲学意义上的概念了。"价值"作为一个哲学上的范畴，在哲学史上主要表现为客体说、主体说和关系说 3 种答案。[③] 价值客体说认为，价值是独立于价值携带者之外，与主体无关；价值主体说认为，价值是主体的欲求、兴趣和情绪倾向；而价值关系说则介于两者之间，是一种在客体和主体之间

---

① 张雷声. 马克思主义政治经济学原理[M]. 北京：中国人民大学出版社，2003:40.

② 竹立家. 道德价值论[M]. 北京：中国人民大学出版社，1998:52.

③ 黄希庭，等. 当代中国青年价值观与教育[M]. 成都：四川教育出版社，1994:1.

的关系中寻求价值的观点。[①] 而哲学意义上的一般价值概念，是从各个具体学科抽象出价值的本质特征而形成的对价值概括的认识。

价值的本质特性在于任何价值和价值观念从理论上看都具有其特定的主体性。因此在谈论价值和价值观念时，一定要明白它是谁的价值和价值观念体系。弄清楚是“谁的”价值之后，就要用谁的社会存在和社会实践来说明，而不能够用随便什么人的主观意愿来代替。早期的马克思注重价值问题，认为“‘价值’这个普遍概念是从人们对待满足他们需要的外界物的关系中产生的”[②]；“是人们所利用的并表现了对人的需要的关系的物的属性”；“表示物的对人有用或使人愉快等等的属性”；“实际上是表示物为人而存在”[③]。在马克思看来，所谓价值，就是客体与主体需要之间的一种特定的（肯定与否定）关系。因此，正确了解价值问题的理论前提就是主体—客体关系问题。只要弄清了主体—客体的复杂关系，弄清了主体需要的客观社会性，也就廓清了价值哲学的基本框架。相比于西方价值哲学探讨主、客体之间的关系而言，中国哲学探讨更多的是关于“义利之辩”或者“理欲之争”的问题，而且这场争论贯穿于漫长的中国伦理史。一直到现如今，这个争论的实质还是可以归结为物质价值与精神价值之争。李连科认为，价值是客体属性与主体需要的辩证统一，并将物质价值分为自然价值和经济价值，将精神价值分为知识价值、道德价值和审美价值。[④] 张岱年认为，价值有两层含义：一是具有较高价值的有益于解决生活中的实际问题。二是也有一定的知识，虽无直接用处，与生产技术没有直接联系，但如其是客观实际的正确反映，也就有一定的内在价值。[⑤] 在此基础上，本书将价值理解为：当人们对某一事物提出了某种需要的时候，而这一事物又刚好能够满足人们的这一需要，我们就可以说这一事物是有价值的，也就是说，是客体对主体需要的满足。

价值取向(value orientation)是价值哲学的重要范畴，在丰富多元的现代社会，“价值取向”一词运用广泛，涉及各个领域、学科及人群，是价值问题的进一步演化。关于价值取向的概念，不同学者的界定也不尽相同。吴康宁认为，价值取向“是指影响个人或团体对事物所作判断及行为选择的组织化、内在化了的、稳定的理念”[⑥]。徐贵权认为，价值取向是“一定的主体基于自己的价值观在面对

---

① 黄希庭，等. 当代中国青年价值观与教育[M]. 成都：四川教育出版社，1994：1-3.

② 马克思，恩格斯. 马克思恩格斯全集(第19卷)[M]. 北京：人民出版社，1965：406.

③ 马克思，恩格斯. 马克思恩格斯全集(第26卷)第三册[M]. 北京：人民出版社，1974：139，326.

④ 李连科. 价值哲学引论[M]. 北京：商务印书馆，1999：14-15、192-200、241-256.

⑤ 张岱年. 文化与价值[M]. 北京：新华出版社，2004.

⑥ 吴康宁. 课程社会学研究[M]. 南京：江苏教育出版社，2003：78.

或处理各种矛盾、冲突、关系时所持的基本价值立场、价值态度以及所表现出来的基本价值倾向。具有实践品格、价值取向的突出作用就是决定、支配主体的价值选择,因而对主体自身、主体间关系、其他主体均会有重大的影响”①。李德顺认为,价值取向“是主体在价值选择和决策过程中的一定的倾向性”②。阮青指出,价值取向是“价值主体在进行价值活动时指向价值目标的活动过程,反映出主体价值观念变化的总体趋向和发展方向,同时担负着社会规范、社会定向和社会驱动功能,其最高的价值取向可以理解为理想、信念和信仰三个层面”③。顾继玲(2004)在其博士论文《现代数学课程的价值取向研究》中,依据李德顺的《价值哲学大辞典》、袁贵仁的《价值学引论》、汝信的《社会科学新辞典》、马志政等的《哲学价值论纲要》、毛信德的《当代中国词库“价值取向”条目》、王珏等的《中日价值哲学新论》中的相关表述,将价值取向归纳为“倾向性价值取向”“价值标准价值取向”和“行动取向价值取向”3 种类型④。三者都认为价值取向和价值观念与决定选择的方向有一定的关系。换言之,价值取向是在价值选择的过程中,主体根据信奉的价值标准,对行为方向做出有意识的选择。⑤ 顾明远主编的《教育大辞典》中认为,价值取向是指某些价值观成为一定文化所选择的优势观念形态,或为个体所认同并内化为人格结构中的核心部分,具有评价事物、唤起态度、指引和调节行为的定向功能。⑥ 在综合上述不同概念的基础上,本书更赞同“价值取向是一定主体基于自己的价值观在面对或处理各种矛盾、冲突关系时所持有的价值立场、价值态度以及所表现出来的基本价值倾向”⑦这一概念。

在界定了教科书和价值取向概念之后,本书在此将教科书价值取向概括为:“教科书的编写主体⑧在编写教科书时,在依照国家主流价值观念和国家制定颁发的课程标准(教学大纲)的基础上,基于自己的价值观在选择和组织教科书文

---

① 徐贵权.论价值取向[J].南京师范大学学报(社会科学版),1998(4):45-50.

② 李德顺.价值学大辞典“价值取向”条目[M].北京:中国人民大学出版社,1995.

③ 阮青.价值哲学[M].北京:中央党校出版社,2004:160-195.

④ 顾继玲.现代数学课程的价值取向研究[D].南京:南京师范大学,2004:9.

⑤ 何文胜.人民教育出版社初中语文教科书的价值取向研究[J].陕西师范大学学报(哲学社会科学版),2008(S1):156-162.

⑥ 顾明远.教育大辞典(增订合编本)[M].上海:上海教育出版社,1998:674.

⑦ 李德顺.价值论[M].北京:中国人民大学出版社,2007:224.

⑧ 注:教科书的编写主体一般由相关学科的专家学者、教研员及一线教师等组成,最终出版的教科书是在课程标准的统领下,多方权力和价值观念博弈的产物。因此,最终呈现出来的教科书文本代表着各种权力相互博弈的结果,既有诸如国家统治阶层主流意识形态的体现,又有课程标准等纲领性文件的规定和编写者自身价值观念的体现,同时还有审定者的价值观念等各方价值观。

本内容时所持有的基本价值立场、态度和倾向。”德育教科书价值取向研究就是基于对我国基础教育初中学段的德育教科书中所持有的价值立场、态度和倾向的一种研究。

第三节　文献综述

进行德育教科书价值取向研究，需要对前人的相关研究成果进行梳理、把握和分析，才能在此基础上明确与该研究相关的进展和动态，从而可以站在前人的肩膀上为继续下一步可能的研究提供一定理论支撑和依据。因此，对于“德育教科书价值取向”这一主题的研究之前，有必要对与德育教科书相关的德育理论、教科书和德育教科书价值取向这3个方面的相关研究做简要梳理，以期为后续研究工作奠定基础。

一、与德育教科书相关的德育理论简述

德育教科书的编写离不开德育理论的支撑和指导。因此，既然研究德育教科书也就需要对与其相关的德育理论做必要梳理。但德育理论博大精深，综述很难做到全面概括，难免会挂一漏万。在此，根据本书研究的着重点，主要立足于德育理论中与德育教科书相关的观点及价值观念进行简要综述。纵观历史，中外很多思想家和政治家都十分重视道德教育，将培养人的道德作为调节人与人之间的关系、促进社会发展的手段之一，也因此构筑了德育思想理论的丰富内涵，这些思想也成为编写德育教科书的指导性思想。以下按照时间跨度分别从国外和国内两个方面对相关德育思想做简要梳理。

（一）国外研究

古希腊文化是欧洲文化的源头，考察国外德育思想的形成和发展，自然应该追溯到古希腊时代。古希腊这一时期的思想家中比较有影响的当数苏格拉底、柏拉图和亚里士多德等，他们都有着对德育的相关论述。苏格拉底认为道德不是天生的，正确的行为基于正确的判断，人之所以做坏事是因为他按照了错误的判断来行事而造成的。因此，教人道德就是应该“教人智慧、教人辨别是非、善恶”，他提出“智慧即德行”（知识即道德）的论断[①]，认为教育的目的“在于通过认识自己来达到获得知识，并最终成为有智慧、有完善道德的人”[②]。柏拉图强调

---

① 吴式颖.外国教育史[M].北京：人民教育出版社，1999：55.

② 高雅珍.古代西方德育思想[J].道德与文明，1995(3)：36.

教育在人的发展过程中的作用，重视人在不同发展阶段中各科教育与德育培养的密切关系。意识到青少年不同发展阶段的心理特征对德育的影响，从而采取不同的教育方法来对待不同年龄的儿童。① 并提倡“寓学习于游戏”，通过使孩子们参加符合法律精神的游戏，成为品行端正的守法公民②。亚里士多德在继承柏拉图教育分期思想的基础上，提出了和谐发展教育观点。他认为，教育内容的一个重要部分就是培养必要的道德品质。道德教育的目的就在于通过实际活动和不断地练习来逐渐使受教育者养成具有“中庸”“适度”“公正”“节制”和“勇敢”的美好德行。③ 到古罗马时期，昆体良则坚持把培养良好的道德放在教育任务的首要位置，认为教育的目的就是要培养演说家和雄辩家；而且真正的雄辩家在德行上是无可指责的，应当是高尚的、值得尊敬的。④

文艺复兴时期的捷克教育家夸美纽斯也非常重视道德教育。他用博学、德行或恰当的道德、宗教或虔信这 3 个词来表示人生的 3 件事情：熟悉万物、具有管束万物与自己的能力、使自己与万物均归于万能的上帝⑤，并提出形成道德的艺术的十六条基本规则来强调道德教育的方法。⑥ 而杜威则认为道德教育的主要任务是协调个人与社会的关系，他反对个人至上论，也反对社会至上论，认为二者都有片面性。⑦ 杜威在道德教育的途径和方法上，认为教育的道德性和社会性是相通的，道德教育应在社会性的情境中进行，而不能仅仅停留于口头说教，“威胁着学校工作的巨大危险，是缺乏养成渗透一切的社会精神的条件；这是有效的道德训练的大敌”，从而提出只有具备“①学校本身必须是一种社会生活，具有社会生活的全部含义；②校内学习与校外学习连接起来”这两个条件，学校道德教育才能有效进行。⑧

20 世纪 60 年代以来，由于政治的变化和经济的发展，西方各国在道德教育方面出现了许多新的理论学派，主要有认知发展道德教育理论、价值观澄清理论、道德符号理论、逻辑推理价值观教育理论和完善人格道德教育理论等⑨，这些道德教育理论为德育及德育教科书的发展提供了理论支持，也为德育课程和

---

① 高雅珍．古代西方德育思想[J]．道德与文明，1995(3)：37．
② 吴式颖．外国教育史[M]．北京：人民教育出版社，1999：64．
④ 吴式颖．外国教育史[M]．北京：人民教育出版社，1999：96．
⑤ 夸美纽斯．大教学论[M]．傅任敢，译．北京：教育科学出版社，1999：11．
⑥ 夸美纽斯．大教学论[M]．傅任敢，译．北京：教育科学出版社，1999：164．
⑦ 吴式颖．外国教育史[M]．北京：人民教育出版社，1999：527．
⑧ 杜威．民主主义与教育[M]．王承绪，译．北京：人民教育出版社，2001：376．
⑨ 罗石．现代西方德育理论综述[J]．比较教育研究，1999(1)：41-42．

教科书建设起到了重要的推动作用。

认知主义流派的主要代表人物柯尔伯格通过设计典型的海因兹偷药的“道德两难问题”故事来测定青少年的道德发展水平，并据此提出了三种重要的道德判断水平和道德发展的六个阶段理论①（“三水平六阶段”理论即“前习俗水平、习俗水平、后习俗水平”的“三水平”和分别与之对应的“以惩罚和服从的定向、工具性的相对主义定向阶段、好孩子的道德定向阶段、维护权威和秩序的道德权威阶段、社会契约的道德定向阶段、普遍原则的道德定向阶段”的“六阶段”），主张建立普遍的道德价值，他通过强调社会环境对人们道德发展的巨大作用，主张将“在学校中树立良好的公正群体气氛”作为道德教育的必要条件。价值澄清学派理论以拉思斯和哈明等人为代表，突出强调了个人价值选择的自由，将教育的重点从价值内容转移到澄清个人已有价值的过程上，认为教师的任务在于帮助学生澄清自己的价值观而不是将教师自己认可的价值观传递给学生。② 拉思斯等人认为，生活在纷纭复杂社会里的人类在每一个转折关头，或者处理每件事务时都面临着选择。在选择时人们往往会依据自己的价值观去进行选择，但却常常不清楚自己所持的价值观到底是什么就已做出了选择。拉思斯强调，学校道德教育的目的不是向儿童传授和灌输特定的价值观，而是在于帮助他们澄清自己的价值观，促进统一价值观的形成③，也就是使学生能够更好地生活在现实社会中，并解决生活中所遇到的各种价值冲突，在价值澄清的教育过程中真实地了解自己的价值倾向，形成稳定的价值观念，做出正确的价值选择。因此，价值澄清法的主要任务是在于帮助学生澄清其自身的价值观，并将其公之于众、付之于行动，而不是认同和传授“正确的”价值观。以英国威尔逊为代表的道德符号理论指出，道德教育理论研究和实践操作过程中的许多混乱现象模糊了人们的视线，从而使人们常常陷入烦恼、争执和误解之中，于是主张从古希腊文字中选出一些单词的缩写形式作为符号，分别代表符合道德概念之下的具体道德含义。④ 加拿大库姆斯等人和美国的穆克斯等人共同提出的逻辑推理价值观教育理论认为，价值观教育应引入逻辑学知识，一种有效的教育途径是把逻辑推理形式应用于道德价值判断过程之中。以美国的里考纳为代表的完善人格道德教育理论，在总结大量实际经验和前人研究成果的基础上，从道德认识、道德情感和道德行

① 柯尔伯格．道德教育的哲学[M]．魏贤超，柯森，等译．杭州：浙江教育出版社，2000：99-101.

② 檀传宝．德育原理[M]．北京：北京师范大学出版社，2007：36.

③ 路易斯·拉思斯．价值与教学[M]．谭松贤，译．杭州：浙江教育出版社，2003：2.

④ 袁桂林．当代西方道德教育理论概论[J]．比较教育研究，1994(5)：7.

为3个方面来理解完善人格，并提出了学校进行完善人格教育以及传授道德价值观的核心内容。[①] 与以前的道德教育理论相比，这些理论都有着反对灌输的教育方式，注重微观操作和道德教育形式等方面的特点。

另外，美国的内尔·诺丁斯(Nel Noddings)为代表的"关怀教育理论"(Caring Theory)[②]，托马斯·里可纳(Thomas Lickona)、爱德华·怀因(Edward A Wynne)、凯文·莱茵(Keven Ryan)和威廉·贝内特(William J. Bennett)等为代表的品德教育(character education)也是当代德育理论中颇具影响力的流派。[③] 这些德育理论都为德育教科书的繁荣发展提供了一定的理论支撑和依据。

(二)国内研究

中国德育思想缘起于先秦，从先秦至秦汉时期主要表现为政教合一、天人合一和百家趋同等特点。[④] 汉唐时期的德育思想从当时的社会思潮，即汉初的黄老之学，武帝后被神话和定于一尊的儒学，魏晋时的玄学，南北朝的佛、道，隋唐时期的佛、儒、道"三教归一"，宋明的理学中得以体现。[⑤] 宋元时期，德育在理论基础上对人性学说有了新的发展，出现了理欲之辨和义利之辨；在德育思想上都提出各自人才培养的德育模式和理想人格的成才要求；在德育过程上对知与行关系的新论证主要集中在知行的先后、轻重关系的探讨；在德育方法上，提出德育的根本方法是打扫田地，去人欲，抛弃"意见"，先立其大，存心养心。[⑥] 明清时期的德育思想：其一，表现在"心"与"物"的关系上，更多地强调"致良知"的道德意义；其二，在"内圣"与"外王"的关系上，强调德育思想与澄清吏治的关系，一反宋代只注重"内圣"而不重视"外王"的偏见；其三，在理与欲的关系上，表现为对程朱"存理灭欲"论的批判；其四，在公与私、义与利、善与恶等关系问题上，也都有较具特色的论述，使这一时期的德育思想有若干转型时代的特征。[⑦] 近代的德育思想主要表现为中西杂糅、古今兼容的混合体，爱国主义成为其主要内容，

---

① 袁桂林.当代西方道德教育理论概论[J].比较教育研究，1994(5)：7.

② 内尔·诺丁斯有关"关心(care)理论"的主要著作有《关心：伦理和道德教育的女性路径(第2版)》(北京大学出版社，2014)、《学会关心：教育的另一种模式(第2版)》(教育科学出版社，2011)等。

③ 檀传宝.德育原理[M].北京：北京师范大学出版社，2007：53.

④ 罗炽，等.中国德育思想史纲[M].武汉：湖北教育出版社，1997：5-15.

⑤ 罗炽，等.中国德育思想史纲[M].武汉：湖北教育出版社，1997：135-270.

⑥ 罗炽，等.中国德育思想史纲[M].武汉：湖北教育出版社，1997：277-283.

⑦ 罗炽，等.中国德育思想史纲[M].武汉：湖北教育出版社，1997：441-444.

具有强烈的实践性和革命性特点①。

新中国成立以来，尤其是改革开放之后，通过我国德育理论和实践工作者的不懈努力，促使了我国的德育理论研究呈现出多元发展的趋势，可谓是“百花齐放，百家争鸣”。各种德育思潮、流派异彩纷呈，德育理论得到了很好的发展。20世纪八九十年代以来，国内学者对德育的研究比较重视，成果颇丰。班华教授通过对20世纪90年代近10年的德育思想进行梳理和研究，将一些学者在德育思想建设方面翻译和出版的译著和专著归纳为3个方面：第一，翻译出版的西方德育论著作中，除了《儿童的道德判断》（皮亚杰著，傅统先、陆有铨译，1984）、《社会学习论》（班杜拉著，陈欣银、李伯黍译，1989）、《道德教育模式》（哈什著，傅维利译，1989）之外，在瞿葆奎先生主编的《教育学文集》（1989）的第二、第七卷中均收录了一定数量的德育译著。第二，出版的关于介绍西方德育思想理论著作中，有《当代西方学校道德教育》（冯增俊著，1993）、《现代德育原理》（魏贤超著，1993）、《现代德育理论与实践》（魏贤超著，1994）、《道德心理学与道德教育学》（魏贤超著，1995）、《当代西方道德教育理论》（袁桂林著，1995）、《冲击与整合——20世纪西方道德教育理论》（戚万学著，1995）、《中国德育全书》（詹万生主编，1996），其中都较为系统地介绍了美国、英国、法国、德国、日本、新加坡等国家的道德教育理论与实践。第三，国内学者编著的一定数量关于现代德育论的著作和教材，如《情感德育论》（朱小蔓著，1993）、《活动道德教育论》（戚万学著，1994）、《德育新论》（鲁洁、王逢贤主编，1994）、《心育论》（班华主编，1994）、《德育新论》（詹万生著，1996）、《现代德育论》（班华主编，1996）、《现代德育论》（戚万学、杜时忠编著，1997）等②。德育理论在指导实践的同时也在实践中自我提升、自我完善和自我发展。另外，同一时期的学术组织以及相关学者也对德育理论的研究做出了一定的贡献。学术组织当数中国教育学会教育学分会德育学术委员会（Chinese Academy for Moral Education），简称“全国德育学术委员会”。该学术组织成立于1985年，是我国由专门从事德育教学与研究的专业人士组成的中国德育研究者的专门组织。在这个学术组织内，鲁洁、王逢贤、班华等老一辈教授以及朱小蔓、杜时忠、傅维利、檀传宝、魏贤超、易连云、赵志毅、戚万学、高德胜、黄向阳等中青年学者们，都有着自己对德育的一些独到理解和创见，对德育理论的传承和进一步发展做出了很大程度的贡献。这些理论也为德育教科书的发展与繁荣提供了依据。

① 罗炽，等.中国德育思想史纲[M].武汉：湖北教育出版社，1997：624-628.

② 班华.近十年来德育思想现代化的进展[J].教育研究，1999(2)：18-22.

二、教科书和德育教科书研究的历史与现状

通过世界教育史可以了解到：在古希腊和古罗马，上学时就开始使用教科书了，而在中国古代则以《四书》和《五经》作为学校最主要的教科书。[①] 所以，关于教科书的研究可以说是一项既古老又年轻的事业。说其古老，是因为从古代开始就有很多先哲们对教科书（那时还尚未正式出现“教科书”这个概念）或者说通过教学中所用的材料对其进行过非正规性的探究，比如孔子所采用的以“仁学”为中心的人文道德学说来评价和编制教材，等等；说其年轻，是因为真正对教科书进行深入系统研究则是20世纪以后的事情。[②] 近年来，国内外对教科书的研究都比较重视，很多学者对教科书的研究都有涉足，并相应地产生很多关于教科书研究的理论。

（一）国外研究

了解国外教科书研究概况是研究教科书的基础。近代以来，西方研究教科书的视角呈现出多层次和多角度的特点，从教科书研究者来看，既有个人对教科书研究的涉猎，也有地区和组织对教科书研究的重视；从教科书研究类型和方法上看，更是呈现出多样化的特点。

在教科书研究者方面，近代以来，西方教育学者对教科书的研究多有涉足。夸美纽斯认为教科书是实施“泛智”教育的百科全书式的读本。[③] 为了使教师的书籍能够达到“泛智”的目标而应该构成一种全部学科的完全的、彻底的、准确的缩影的教材，并强调教材的内容应该是省略紧缩后的原文或阐释性的图像与浮雕，书中应该配有插图，力争做到图文并茂[④]；乌申斯基明确教科书是进行教学的基础，根据教科书中概括多、材料少，重知识、轻思考，重记忆、轻理解的弊病，提出教科书的内容应该是科学的，并且是符合实际情况和历史事实的材料[⑤]；杜威强调教科书的社会性，教科书必须与人类共同利益相联系，将和最广大的社会群体共同参与的经验的有关的事物体现进去[⑥]；奥苏伯尔提出教科书应遵循渐进分化和综合贯通的编排原则；皮亚杰从结构主义出发，强调教科书的

---

① 曾天生．论教科书的传统与革新[J]．教育革新，1997(4)：1.

② 李祖祥．控制与教化[D]．长沙：湖南师范大学，2007：1.

③ 王天一，等．外国教育史（上）[M]．北京：北京师范大学出版社，2001：139.

④ 夸美纽斯．大教学论[M]．傅任敢，译．北京：教育科学出版社，1999：130-131.

⑤ 王天一，等．外国教育史（上）[M]．北京：北京师范大学出版社，2001：383.

⑥ 杜威．民主主义与教育[M]．王承绪，译．北京：人民教育出版社，2001：209.

结构定向思想，着重主体心理结构的搭建①。

除了个人对教科书的研究之外，国外的相关组织也开始重视教科书的研究。早在20世纪20年代，新成立的国际联盟(League of Nations)就非常关注教科书的比较研究，第二次世界大战后联合国教科文组织承担了该项任务，从事开展教科书比较研究工作，使其得以继续发展壮大②，并于70年代开展合作共同致力于国际教科书的研究工作，尤其对历史教科书的研究较为深入③。20世纪50年代后期，国际上对教科书研究的重视主要体现在专业教科书研究机构的成立。很多国家都依托各自的大学或研究所而成立了专业的教科书研究机构，其中比较有代表性的有成立于1951年的德国国际教科书研究所、1976年的日本教科书研究中心、1986年的澳大利亚教科书研究联盟和1989年的美国教科书委员会等教科书研究机构，这些组织和机构通过召开国际会议、出版专业刊物等形式对教科书的研究进行了积极有效的交流和探索④。20世纪80年代以后，教科书研究逐渐成了课程中的"显学"，很多国家对教科书的研究都热了起来，在美国、英国、德国等国家尤甚。美国这一时期的教科书研究主要指向程序化教科书和专门预定教科书两类问题。这一时期英国的教科书编制打破了长期以来学校自主编制课程、教师自由教学的局面。德国则设有"教育媒体研究所"等专门的教科书研究机构。概括起来说，根据上述不同国家和地区的教科书研究中呈现出的多样化特点，可以将教科书研究概括为"教科书开发""教科书的分析与评价""教科书制度""教科书的接受"四大领域⑤。

在教科书的研究类型上，德国教育家威布瑞那(Weinbrenner P)等在教科书的研究类型上曾将研究分为过程取向、产品取向和接受取向研究三类⑥。其中，在过程取向研究中又可以分为发展、批准、市场、采用、应用、报销等6个阶段；产品取向研究则将教科书作为教学媒介和视觉沟通的工具来进行研究；并将大众对某一类教科书的反馈、沟通和解释作为接受取向的目的。美国教育学者约翰

---

① 吴瑞祥.关于教科书分析与评价的理论探索[D].上海：华东师范大学，2003：8-9.

② Jason Nicholls. Methods in School Textbook Research[J]. *International Journal of Historical Learning, Teaching and Research*, 2003(2): 2.

③ Jason Nicholls. The philosophical underpinnings of school textbook research[J]. *Paradigm*3/1, 2005.

④ 李文田.改革开放30年我国中学地理教科书变革研究[D].武汉：华中师范大学，2011：18-19.

⑤ 李祖祥.控制与教化[D].长沙：湖南师范大学，2007：6-7.

⑥ Weinbrenner P. Methodologies of textbook Analysis used to date. In History and Social Studies. Methodologies of Textbook Analysis [R]. Report of the Educational Research Workshop Held in Braunschweig(Germany), 11-14 September 1990, H. Bourdillon(ed), 1992. 21-34.

逊(Johnsen, E. B.)依据教科书研究的主题将教科书研究从内容分析、评价与选择规准、编辑与开发、运用 4 类对教科书进行了研究①。在教科书内容的选择上,泰勒(Ralph W. Tyler)从内容选择的角度提出选择学习经验(亦即教科书的内容选择)需要合乎的 5 个原则(提供实践目标所蕴含的内容和行为的机会、使学生从实践目标的行为而获得满足感、提供给学生能力范围内的东西、不要为达成目标而限定学习经验、相同的经验也会产生不同的结果)②。美国教育家 P. H · 赫斯特教授在其著作《文科教育和知识的实质》(1965)中对教科书的选择提出"社会的效用、社会责任感、共同文化教养、个人满足感、有关认知的方面、家长与社会压力、心智能力"等七条原则③。罗伯特(Robert Stradling)在其《20 世纪欧洲史教学》(*Teaching 20th - century Europe History*)一书中,详述了关于教科书分析的有价值的内容④。塔巴(H. Taba)根据学校的社会功能、社会需要、知识和学科的性质制定了教科书内容选择的 6 个标准,其中"内容的有效性和重要性,与社会现实的一致性"两个标准分别位列前两位⑤。而阿普尔认为,课程知识的选择和分配不是技术性的问题,而是阶级、经济的权力、文化霸权之间相互作用的产物,是显性的或潜在的价值冲突的产物。所以解释这个问题的最好的方式是突出教育争论的深刻的政治本质,也就是"谁的知识最有价值"⑥。在教科书的研究方法上,从总体上看主要有内容分析法、检核表法(依据需要研究对象的特点列出问题,形成检核表从而核对讨论解决问题)、德怀术(通过问卷等形式来完成,成员可以不用面对面就能达到解决复杂问题的一种方式)和实验研究法等几种。⑦ 另外,较为系统完善地介绍教科书研究方法的著作主要有德国威布瑞那的《教科书分析方法论》(*Methodologies of Textbook Analysis*)、爱沙尼亚共和国让 · 梅克(Jaan Mikk)的《教科书——研究与编写》(*Textbook: Research and Writing*)以及美国教育家罗伯特(Robert Stradling)的《20 世纪欧

---

① Johnsen, E. B. Textbooks in the Kaleidoscope. A Critical Survey of Literature and Research on Educational Texts(Trad. L. Sivesind)[M]. New York:Oxford University Press,1993:33-37.

② 拉尔夫 · 泰勒. 课程与教学的基本原理[M]. 施良方,译. 北京:人民教育出版社,1994:51-53.

③ 丹尼斯 · 劳顿. 课程研究的理论与实践[M]. 张渭城,等译. 北京:人民教育出版社,1985:126-129.

④ Stradling, R. Teaching 20th-century Europe History Strasbourg[M]. Council of Europe Publishing, 2001.

⑤ 陈月茹. 国际教科书研究要素综述[J]. 外国教育研究,2007(6):77-80.

⑥ 阿普尔. 意识形态与课程[M]. 上海:华东师范大学出版社,2001:序言.

⑦ 陈月茹. 中小学教科书改革研究[M]. 北京:教育科学出版社,2009:7-8.

洲史教学》等,这些著作分别从不同角度对教科书的研究方法进行了论述[①]。

（二）国内研究

中国的学校教育渊源较早,《礼记·学记》中有记载:“家有塾,党有庠,术有序,国有学。”教科书的起源可以追溯到原始社会。那时的社会生活和生产经验就是自然形成的教材[②]。只不过没有将其正式命名为教科书或者教材而已。在教科书产生之前,我国古代就有关于教材的研究,但大都以个人研究为主,立足于自身主观的感受,是凭借经验与直觉的研究。[③] 就教材而论,商周时期就出现了作为教材的典籍。“四书五经”就是对传统教育产生了重大影响的文献,可以称之为传统社会最具代表性的教科书。我国古代为了适应学科的发展,逐渐形成了较为全面的教科书体系。如宋代的蒙学教科书就大致可以分为掌握文字工具并学习一般人文伦理知识的综合型教科书、为培养道德观念和修身处世的教科书、历史与历史故事教科书、诗歌、自然常识类教科书等五类。[④] 其中《三字经》《百家姓》《弟子规》《千家诗》《千字文》等更是中国社会历来影响深远的蒙学教材,在特定的时代发挥着教科书的作用。教科书像所有传统时代的典籍一样,担负着接续传统文化、传播社会教化的职责。[⑤] 但那个时候并无“教科书”一词之称,而用诸如“课本”“读本”之类的词来概括。“课本”一词可以从“凡定有程式而实验稽核之,皆曰课”和“凡事之根源为本”两句中组合而成。这些词语在教科书出现之前,已在各种官私文献中得到使用,接近于俗语和泛称,在中国近代使用上与教科书的概念呈现出并行同一的趋势。[⑥] 据毕苑考证,清光绪二十三年(1897),南洋公学外院成立,使用的教科书有《笔算教科书》一种,董瑞椿译《物算教科书》一种,张相文编《本国初中地理教科书》二种。这是“教科书”一词第一次在中国出现的时间。[⑦]

石鸥认为现代意义的教科书应该满足“产生了现代学制,根据学制依学年学

① 主要著作分别为:(1)Weinbrenner P. Methodologies of textbook Analysis used to date[M]. // Bourdillon H. History and Social Studies-Methodologies of Textbook Analysis. Amsterdam, Swets and Zeitlinger. 1992:77. (2)Jaan Mikk. Textbook:Research and Writing[M]. Astonian:Peter Lang GmbH Press,2000. (3)Stradling,R. Teaching 20th-century Europe History Strasbourg[M]. Council of Europe Publishing, 2001.

② 曾天山.教材论[M].南昌:江西教育出版社,1997:38-39.

③ 任亚南.质化方法在教科书研究中运用的现状分析及问题反思[D].长春:东北师范大学,2009:7.

④ 蓝维.德育学科教学心理学[M].北京:人民出版社,2004:6.

⑤ 毕苑.建造常识:教科书与近代中国文化转型[M].福州:福建教育出版社,2010:1.

⑥ 吴小鸥.中国近代教科书的启蒙价值[M].福州:福建教育出版社,2011:8.

⑦ 毕苑.中国近代教科书研究[D].北京:北京师范大学,2004:10.

期编写出版；有与之配套的教授书（教授法、教学法）或教学参考书；依据教学计划规定的学科分门别类地编写出版”[①]这 3 个条件。基于这一认识，石鸥、刘学利认为现代意义的教科书肇始时间应该在 19 世纪—20 世纪之交。[②] 据此，中国第一套现代意义上的教科书以 1903 年商务印书馆出版的与学制配套的“最新教科书”系列为标志[③]，这也是晚清唯一一套完整的、始终是最重要、最有影响的中小学教科书[⑥]。“最新教科书”由各年级、各课程组成。由于每种、每门、每册书上都有“最新教科书”5 个字（比如《最新初等小学国文教科书》《最新初等小学算术教科书》《最新高等小学国文教科书》《最近高等小学算术教科书》，等等），所以被称为“最新教科书”[⑦]。民国时期，中华书局的诞生打破了商务印书馆对教科书独家垄断市场的局面，促进了国文、修身等教科书的发展。一般认为，从文明书局的“蒙学教科书”到商务印书馆的“最新教科书”，标志着中国教科书步入近代化进程。[⑧] 从 20 世纪 30 年代开始，我国一些学者就对教科书进行了研究，如孙钰的《小学教材研究》(1932)、张宗麟的《乡村小学教材研究》(1933)、俞艺香的《小学教材研究》(1934)、俞子夷的《新小学教材研究》(1935)、梁士杰的《幼稚园教材研究》(1935)、吴研因的《小学教科书述评》(1936)，等等。[⑨] 中国近代中小学教科书的研究，也随着近年来教育史、文化史、社会史研究的重心由抽象到具体、由宏观到微观的不断变化，逐渐被当今学界所重视。[⑩]

新中国成立以来，我国针对不同时代教育教学的实际情况，提出了中小学教科书建设的指导思想和编写方针，并相应地采取了一系列的措施来保证教科书的编写工作，促使教科书的质量不断提高。[⑪] 新中国成立之初，中央要求教科书的出版在可能的条件下，有计划、有步骤地走向统一集中，自此教科书的出版渐次统一并在全国通用。“文化大革命”期间，我国的课程结构和教材体系都遭到了严重的破坏，“停课闹革命”，全盘否定原有教科书的地位，教科书的研究陷入

---

① 石鸥.最不该忽视的研究——关于教科书研究的几点思考[J].湖南师范大学教育科学学报，2007,6(5):5-9.

② 石鸥，刘学利.跌宕的百年：现代教科书发展回顾与展望[J].湖南师范大学教育科学学报，2013,12(3):28-34.

③ 吴小鸥.中国近代教科书的启蒙价值[M].福州：福建教育出版社，2011:109.

⑥ ⑦ 汪家熔.民族魂：教科书变迁[M].北京：商务印书馆，2008:55.

⑧ 毕苑.中国近代教科书研究[J].教育学报，2007(1):79-81.

⑨ 李祖祥.控制与教化[D].长沙：湖南师范大学，2007:8.

⑩ 吴小鸥.近年来中国近代中小学教科书研究综述[J].湖南师范大学教育科学学报，2008,7(3):49-52.

⑪ 石鸥，吴小鸥.百年中国教科书图说[M].长沙：湖南教育出版社，2009:1.

了停滞状态。

改革开放初期，我国的教科书编写和出版工作得到了恢复与规范，中小学通用教科书迅速启动和出版，并呈现出异彩纷呈之势。1985 年，教育部颁布发行的《全国中小学教材审定委员会工作条例（试行）》中指出，“今后中小学教材建设，应该把教材的编写和审查分开，全国中小学教材审定委员会负责审定，审定后的教材由教育部推荐，供各地选用”①。由此开启了我国教科书“一纲多本”的竞编选用制模式，将我国教科书建设推到了新的发展阶段。1985—1999 年，我国中小学教科书建设从编审合一到编审分离，从“一纲一本”到“一纲多本”的多样化发展模式。教科书出版发行的多样化也促进了教科书研究的发展，在停滞过后呈现出良性发展的态势。

20 世纪 90 年代以来，我国课程理论界出现了对教科书本质和功能界定的众说纷纭现象，关于教科书本质的论争比较有代表性的观点有“材料说、材料知识技能体系说、媒介说、课程说、工具说、手段说”等，从不同侧面揭示了教科书的本质特征，也体现了教科书含义的丰富性和多样性。在对教科书功能的认识上的主要观点有从课程教学论角度和课程社会学角度这两个方面的论述。② 同时，我国也出版了一些教科书研究方面的学术著述。如周士林、李嘉姚编著的《教材建设论》着重谈到了教科书的发展历史和对教科书建设方面的设想；范印哲编著的《教材设计与编写》专门研究了高等教育教材编制设计；王建军的《中国近代教科书发展研究》主要研究了我国近代中小学教科书的发展历程；高凌飚主编的《基础教育教材评价：理论与工具》专门探讨了基础教育教材评价的理论与工具；黄忠敬的《知识 · 权力 · 控制》中从社会学角度研究课程文化的控制特性③；曾天山在《教材论》中，从教材的本体论、史论、编制论、教学论、管理论、改革论、比较论、发展论等方面进行了全貌的概述④。另外，在钟启泉的《世界课程改革趋势研究》(2001)、《基础教育课程改革纲要（试行）解读》(2001)、《现代课程论（新版）》(2003)中，都设有专门章节对教材设计与编写等问题进行了详细的论述。

除了有相关论著之外，近年来还有很多论文从不同的角度对教科书问题做了深入细致的探讨。通过查阅中国知网，搜索到近年来一些研究教科书的论文，

---

① 石鸥，吴小鸥. 百年中国教科书图说[M]. 长沙：湖南教育出版社，2009：9.

② 陈月茹. 中小学教科书改革研究[M]. 北京：教育科学出版社，2009：25-29.

③ 李祖祥. 控制与教化[D]. 长沙：湖南师范大学，2007：7-8.

④ 曾天山. 教材论[M]. 南昌：江西教育出版社，1997：1-330.

这些研究教科书的论文既有期刊论文，也有各高校的硕士、博士学位论文，这些论文大都选择一定的视角对教科书的相关问题进行研究。在期刊论文方面，比较有代表性的是曾天山教授和石鸥教授。曾天山教授的教科书论文以 20 世纪 90 年代居多，主要有《教材发展的比较研究》(1994)、《论教材在教学中的地位与功能》(1995)、《论教科书的传统与革新》(1997)、《国外关于教科书功能论争的述评》(1998)、《国外关于教科书插图研究的述评》(1999)等等，这些论文对教科书的发展、地位、功能和插图等方面进行了研究。石鸥教授以及其教科书研究团队，近年来对教科书进行了卓有成效的研究，形成了较为系统的教科书研究体系。从 2002 年其教科书研究工作室酝酿阶段开始，石鸥教授的博士生赵长林(2004)、刘丽群(2007)、李祖祥(2007)从知识社会学等角度分别对教科书的意识形态、知识准入、社会控制与教化等理论问题进行了深入的研究。① 石鸥编著的《百年中国教科书图说(1897—1949)》及《百年中国教科书图说(1949—2009)》全景式地呈现了我国百年来中小学教科书的珍藏版图书，见证了从传统到现代中国社会变迁中知识分子的漫漫求索②。如石鸥、刘学利的《论教科书的基本特征》(2012)，石鸥、石玉的《跌宕的百年：现代教科书发展回顾与展望》(2013)等，其整个团队对教科书的研究也形成一定的规模。

进入新世纪以来，关于教科书研究更是呈现出生机勃勃的繁荣景象，除了期刊文章的研究外，很多高校的硕士、博士论文都对教科书进行了系统研究。其中硕士、博士论文主要有华东师范大学韩艳梅的博士论文《语文教科书编制研究》(2004)，华东师范大学杨治平的博士论文《面向个体的教科书设计》(2006)，山东师范大学毕华林的博士论文《走向生本的教科书设计研究》(2006)，东北师范大学的任亚南、陈为霞的硕士论文《质化方法在教科书中运用的现状分析及问题反思》和《量化方法在教科书中运用的现状分析及问题反思》(2009)，陕西师范大学王晗的硕士论文《小学六年级德育教科书价值取向研究》(2012)，湖南师范大学赵志明的博士论文《重新定义教科书》(2014)，湖南师范大学李水平的博士论文《新中国教科书制度研究》(2014)等分别从教科书的编制、设计、分析、价值取向、发展趋势和制度等方面进行了卓有成效的研究和探索。

在德育教科书的研究方面，近年来也呈现出欣欣向荣之势。在相关研究论

---

① 上述论文分别为：(1)赵长林. 科学课程及其变革的社会学审视[D]. 长沙：湖南师范大学，2004. (2)刘丽群. 论知识准入课程中的国家介入[D]. 长沙：湖南师范大学，2007. (3)李祖祥. 控制与教化[D]. 长沙：湖南师范大学，2007.

② 石鸥，吴小鸥. 百年中国教科书图说[M]. 长沙：湖南教育出版社，2009：1-11.

文上，既有对我国德育教科书历史、变迁和发展的研究，如赵昕的《小学德育教材的六十年之路》(2010)，赵飞的《中国古代教材的基本特征及现代价值》(2014)，冯铁山的《民国德育教材言说论》(2014)，李振的《小学德育教材变迁研究：1981—2013——以人教版小学一年级思想品德教材为例》(2014)等；也有对德育教科书建设及理念革新等方面的研究，如陈春生的《谈德育教材建设》(1997)，徐斌的《九年义务教育小学思想品德教材研究与实验》(1998)，高德胜的《〈思想品德〉教材理念的革新》(2006)，杨艳利的《何谓育德好教材》(2014)，钟晓琳的《〈思想品德〉教材改进：基于新课标的思考》(2014)等。另外，还有很多学位论文就义务教育阶段的德育教科书某一方面进行了深入具体的研究，如傅娟娟的《初中思想品德教科书中心理教育内容研究》(2010)，植薇的《初中思想品德教科书中道德教育内容研究》(2011)，余世明的《思想品德教科书中法治教育内容研究》(2012)，何丽丽的《思想品德教科书的法制教育内容研究——以人教版〈思想品德〉七—九年级为例》(2013)，谢盈宇的《初中思想品德教科书中的生命教育内容研究》(2015)等学位论文分别就教科书中的心理教育、道德教育、法制教育、生命教育等方面内容进行了深入研究。[①]

虽然关于教科书和德育教科书研究取得了长足进步，但还是存在着一些有待进一步解决的问题。近年来，从教科书研究的学科来看，对历史和语文学科教科书的研究较多，相对而言，政治、地理、外语教科书的研究较少。[②] 教科书的研究价值和空间也都有待进一步去挖掘和拓展：在研究视角上侧重于出版学和历史学而轻视教育学和社会学；在研究阶段上多以清末民初为主而对民国后期尤其是不同体制背景下的教科书发展研究较少；在学科类型上重人文社会类(如语文和历史)而自然科学类和实用技术类教科书研究较少；在研究方法上，着眼于二手资料的研究大大多于立足于教科书文本的实证研究[③]。依据上述分析可以发现，结合教科书文本对教科书所蕴含的价值取向进行研究，对改善教科书研究

---

① 注：上述论文分别为：傅娟娟. 初中思想品德教科书中心理教育内容研究[D]. 上海：上海师范大学，2010；植薇. 初中思想品德教科书中道德教育内容研究[D]. 上海：上海师范大学，2011；余世明. 思想品德教科书中法治教育内容研究[D]. 芜湖：安徽师范大学，2012；何丽丽. 思想品德教科书的法制教育内容研究——以人教版《思想品德》七—九年级为例[D]. 重庆：西南大学，2013；谢盈宇. 初中思想品德教科书中的生命教育内容研究[D]. 上海：上海师范大学，2015.

② 吴小鸥. 近年来中国近代中小学教科书研究综述[J]. 湖南师范大学教育科学学报，2008，7(3)：49-52.

③ 吴小鸥. 近年来中国近代中小学教科书研究综述[J]. 湖南师范大学教育科学学报，2008，7(3)：49-52.

的不足之处具有一定的现实意义。

三、教科书及德育教科书价值取向的相关研究

教科书在世界各国的学校中随处可见，因为它是教师进行教学和学生进行学习的主要依据，如果教学离开了教科书，那么必然是空洞的，无本之木、无源之水的教学。作为知识载体的教科书，从表面上看只是方便教学的一种工具，但实际上由于语言工具本身的特殊性，就体现出了一种思想和价值观。我们的教科书从哪里来的？这些教科书为谁的利益在服务？教科书传达的意义背后又存在着怎样的竞争和矛盾？学校到底应该用什么样的文化来教育孩子？在这个问题上，教科书起到了很重要的作用[①]。教科书的知识到底是什么样的知识？这是一个很突出的问题。因为教科书不仅仅是“事实”的“传输系统”，同时它还是政治、经济、文化活动、斗争及相互妥协等共同作用的结果。因此，教科书的出版发行总是会受到政治和经济领域中市场、资源、权力等因素的制约。[②] 这些教科书是“从一定社会文化里选择出来的材料”[③]，它们总是依据一定的价值标准进行精心选择之后成为一种教科书文本。在选择和组织这些文本的过程中必然会将编写者的价值观、情感和思想等因素融入进去，体现出特定的意义和价值特征。[④] 教科书文本中呈现出什么样的价值观念，为什么是这些价值观念，这些都是值得进一步深入探讨的关于教科书价值取向的问题。

所以，研究教科书价值取向主要是讨论教什么知识和谁的知识最有价值？阿普尔等发现“在斯宾塞著名问题——‘什么知识最有价值’的背后，存在着另一个更具有争议性的问题”，即“谁的知识最有价值”[⑤]有研究者在此基础上进一步指出：“研究教科书的价值取向主要是讨论教谁的知识最有价值，教科书中选的是谁的知识，为什么要选这些知识，这些知识体现了谁的利益和意识形态，这些意识形态是否不可置疑等问题。”[⑥]那么，究竟什么样的内容应该被选入教科书之中呢？代表什么类型的知识才能被选进教科书呢？教科书为什么要这样编

---

① 阿普尔，史密斯. 教科书政治学[M]. 侯定凯，译. 上海：华东师范大学出版社，2005：1.

② Allan Luke, Literacy, Textbooks and Ideology[M]. Philadelphia: Falmer Press, 1988, p. 9.

③ 丹尼斯·莱. 课程的两大理论[M]. 吴棠，译. 外国教育资料，1982(4)：23.

④ 吴小鸥. 中国近代教科书的启蒙价值[M]. 福州：福建教育出版社，2011：19.

⑤ 阿普尔，史密斯. 教科书政治学[M]. 侯定凯，译. 上海：华东师范大学出版社，2005：1.

⑥ 傅建明. 内地香港小学语文教科书价值取向比较研究[M]. 广州：广东教育出版社，2009：6.

排，反映“这些人”的观点，而不是“另外一些人”的观点，我们还需要认识到图书的世界和经济的世界是不分离的。[①] 从表面上看，通过教科书文本呈现和传递的知识是中立的，但实际上教科书内容的选择标准不可能保持价值中立，而是各种政治、经济和文化因素相互作用的结果，它代表着统治阶级的利益，是这些统治阶级意志的表现，这已得到了很多学者的认同。

教科书的价值取向研究随着课程社会学的发展而日渐成为国内外的一个热点话题。中外学者针对教科书中政治、经济和文化特征，对教科书的价值取向进行了研究。自 20 世纪 60 年代以来，国外关于教科书价值取向研究的学者主要有谢弗(Schaefer)、杨(M. Young)、塔巴(Taba)、阿普尔(Apple, M. W)、安扬(J. Anyon)、佛兰兹(N. Franzier)与萨德克(M. Sadker)、斯利特(Christine E. Sleeter)与格兰特(Carl A. Grant)等。而国内学者则以大陆的吴康宁和吴永军以及台湾的詹栋梁、陈伯璋、黄政杰和欧用生等为代表。这些研究主要从意识形态方面来展开对教科书价值取向的剖析。

(一)国外研究

美国的谢弗(Schaefer)于 1965 年在《学校研究》秋季号上发表“反省、价值标准和社会学科教科书”的论文，采用频度统计和内容分析法，通过对 93 本美国教科书的研究分析发现，美国学校的教科书在竭力地向学生灌输一些诸如自由、平等、民主等抽象的政治准则，在教科书的价值取向上主要采取强化某些国家认可的价值取向而回避某些不利于国家的社会冲突与矛盾。[②] 通过这样的分析可以看出，对教科书的分析研究已经超越了教科书作为知识载体的层面，而是更多地深入到了教科书所体现的价值层面，尽管这样的分析还不够深入，但却可以对研究教科书的政治价值以及价值取向提供思考。英国学者杨(M. Young)认为，世界上所有的知识都不可能保持着价值中立的，而必然是带有一定的社会价值取向的。所以课程的知识或者说是教科书的编制，总是为某种社会目的而服务的；在一定程度上来说，教科书知识的选择和编制就是为社会的“共同利益”或者说是国家利益服务的。[③] 塔巴(Taba)根据学校的社会功能、社会需要、知识和学科的性质制定了教科书内容选择的 6 项标准，其中内容的有效性和重要性、与社会

① 阿普尔，史密斯. 教科书政治学[M]. 侯定凯，译. 上海：华东师范大学出版社，2005：6.

② 李祖祥. 教科书分析的三种取向[J]. 湖南师范大学教育科学学报，2007，6(5)：10-13.

③ 鲁洁. 教育社会学[M]. 北京：人民教育出版社，2001：626-627.

现实的一致性位列前两位。① 从这些都可以看出,教科书的选择和制订内容都应该反映社会现实或社会需要的政治、经济和文化利益的需求,从而反映统治阶级的意识形态和社会控制的特征。

因此,教科书其本身具有特定的价值立场和判断,文本呈现的内容不仅仅代表着知识和技术,在文本背后往往蕴含着一定的思想和价值取向,代表着一定社会阶层的意识形态。教科书是国家意志的"角斗场",无论是国家内部还是国家之间的权力、思想意识的交锋都会在教科书中得以体现。② 从课程社会学的角度来看,教科书是教科书编撰者根据"课程目标"编撰而成的一种系列文本。但这些编撰者们在选择或撰写这种文本时不能完全按照自己的想法和思路来进行,而必须遵循课程目标所规定的价值要求,精心选择出那些能够体现国家主流价值观念的材料来组织和编写教科书文本。这样,教科书便成了传递国家主流价值观念的载体,履行着"意识形态的守护职能"。③ 佛兰兹(N. Franzier)与萨德克(M. Sadker)通过忽略不计、成见、选择与失衡、失实、片段与孤立和语言 6 个方面来表现教科书价值取向,为教科书的分析提供了一个具有普遍适用性的操作框架,教科书研究者可以选取其中一个或多个角度,并结合具体的教科书来对其价值取向进行分析,对研究教科书价值取向的呈现方式有着很强的实用价值和积极意义。斯利特(Christine E. Sleeter)与格兰特(Carl A. Grant)根据插图分析、选文分析、"人物"分析、语言分析、故事主线分析、综合分析等 6 个指标对社会学习、阅读/语言艺术、科学、数学四类教科书进行分析,认为:教科书内容对学生具有重大影响,因为它隐含着特定的利益、信仰和价值判断。从这个意义上来说,教科书所蕴含或呈现的价值观念应该与课程目标及国家的主流意识形态相吻合。无论是课程目标的确定、课程内容的选择与编制、课程实施以及评价都受一定价值取向的影响,甚至可以说是受制于价值取向。如果说课程是学校教育的核心或心脏,那么价值取向则是学校课程的关键或灵魂④。因此,教科书价值取向的研究在一定程度上就代表着课程的理念和价值观念。

---

① Taba, H. Curriculum Development: Theory and Practice[M]. New York: Harcourt Brace Jovanovich. 1962.

② 陈月茹. 中小学教科书改革研究[M]. 北京:教育科学出版社,2009:128.

③ 吴康宁. "课程内容"的社会学释义[J]. 教育评论,2000(5):20-22.

④ 施良方. 课程理论:课程的基础原理与问题[M]. 北京:教育科学出版社,1996:283.

(二)国内研究

大陆学者吴康宁和吴永军等主要从课程社会学角度对教科书价值取向进行了研究。

吴康宁提出了“课程的价值认可”和“课程的价值赋予”两个概念的课程价值取向,认为课程的教学内容其实就是社会对其未来成员加以社会控制的一种中介。① 也就是说,社会统治阶层为了实现其意识形态在学校课程中的控制,必然会通过一定的权力和手段使自认为“有价值”的知识合法化、名正言顺地传递给下一代,达到实现本阶层价值控制的目的。吴永军指出,要想透视课程内容的意识形态和社会控制性,可以通过对教科书的社会学分析来实现。其中,“内容分析法”是教科书社会学分析的具体运用和体现,主要用来分析教科书中的价值取向或价值特性。通过使用这样的理论和方法,吴永军分析了新中国成立以来3套初中历史教科书,得出我国历史教科书中“渗透着皇权崇拜,‘阶级斗争是历史发展的动力’的历史观被逐步取代,官本位意识依然存在,知识和人才备受尊重、科学家和思想家等人群在教科书中有一席之地,历史人物的沉浮有着鲜明的时代特色,存在着一些不该被忽视的历史人物”等6个方面隐含的价值特征。② 另外,吴永军还通过统计分析,对中国大陆与中国香港九年义务教育初中语文教科书的价值取向进行了比较研究,为教科书的编制提供参考建议。③

我国台湾学者詹栋梁、陈伯璋、欧用生和黄政杰等人也从教科书意识形态的角度对教科书价值取向进行了研究。詹栋梁通过对教科书与意识形态的研究后提出了教科书选编的“6个主题(知识与兴趣,政治与经济,社会与文化)和3个原则(兴趣的原则,政策的原则,文化的原则)”,体现了教科书的产生离不开国家政策、民族精神以及文化传统等方面因素的影响和制约,是一个强烈的价值倾向的文化选择过程。④ 陈伯璋认为,学校不仅仅是学生学习知识的最佳场所,同时也是学生进行价值学习的重要场所。在知识的选择、传递、分配和评价过程中,由于受到文化社会权力结构的影响,必然反映出既得利益者的价值观或者价值倾向。教科书作为知识的一种物质载体,也就必然具有了一定的意识形态性质。

① 吴康宁.对教学内容的若干社会学分析[J].教育评论,1993(4):42-47.

② 吴永军.课程社会学[M].南京:南京师范大学出版社,1999:175-177.

③ 吴永军.课程社会学[M].南京:南京师范大学出版社,1999:178-199.

④ 傅建明.教科书价值取向研究:人教版小学《语文》教科书分析[M].北京:中国社会出版社,2004:6-7.

对此，他从社会分工分配的需要、政治权力的运作和分配、文化资本(cultural capital)这3个角度进行了具体的阐述①，并通过分析台湾地区社会科教科书，提出社会科教科书价值取向的特点。欧用生则赞同阿普尔的观点，认为“谁的知识最有价值”比“什么知识最有价值”问题更重要。因为这是在讨论是谁通过其权力来决定教科书中的知识，学校应该教导和传授谁的知识和谁的价值？教科书制度不仅是一种文化政策，更是政治的、经济的政策②。黄政杰通过对台湾地区小学一年级至六年级的“生活与伦理”教科书内容的分析，提出“女性缺乏可认同的现代角色、传授单一成就模式、生活伦理教育大高空、部分传统内容未予现代化、政治社会化崇尚领袖至上观”等5个方面的价值取向。③

近年来，国内关于教科书的价值取向研究相对较多，截至2021年5月，在中国知网上以“教科书价值取向”为主题进行搜索，共搜到590篇相关文献，其中硕、博士论文321篇。而以“教科书价值取向”为篇名搜索到的硕博论文则相对较少，只有50篇，其中博士学位论文4篇。在这些关于教科书价值取向的研究中，可以从几个方面进行分析。首先，在教科书价值取向研究方法和视角上，主要运用文献研究、内容分析、统计和比较研究等方法，以教科书为载体，从教科书文本中探讨价值教育的变迁与发展。如李飞通过对不同时期历史教科书的分析，探讨了历史教科书在理论知识和实际应用中的价值教育变迁④。其次，从学科类型上看，主要包括语文、历史、德育、社会、英语、地理、化学、数学、生物等学科教科书价值取向的研究，涉及学科较为全面，并且以语文和历史等教科书价值取向研究较为明显，如傅建明对我国义务教育小学语文教科书的价值取向进行了深入研究⑤，李贞对初中历史教科书价值取向的研究⑥；同时还有一些对其他学科教科书价值取向的研究，如山西师范大学赵丽峰硕士论文《高中人文地理教科书价值取向的比较研究》(2013)、山西师范大学贾桂枝硕士论文《新课标下高中英语教科书价值取向比较研究》(2014)、哈尔滨师范大学周丽威博士论文《百年中学生物教科书价值取向研究》(2020)，分别对地理、英语、生物等学科教科书的价值取向进行了研究。再次，关于教科书价值取向研究涉及的教科书学段主

---

① 陈伯璋.意识形态与教育[M].台北：师大书苑有限公司，1988：5-7.
② 欧用生.课程与教学革新[M].台北：师大师苑有限公司，1996：26.
③ 黄政杰.教育理想的追求[M].台北：心理出版社，1988：112-123.
④ 李飞.初中历史教科书价值教育变迁研究[D].临汾：山西师范大学，2015.
⑤ 傅建明.我国小学语文教科书价值取向研究[D].上海：华东师范大学，2002.
⑥ 李贞.初中历史教科书价值取向研究[D].临汾：山西师范大学，2014.

要是基础教育阶段，包括小学、初中和高中3个阶段。如南京师范大学刘娇硕士论文《小学德育教科书价值取向的比较研究》(2017)、华东师范大学董玮硕士论文《部编版初中语文教科书道德价值取向研究》(2019)、福建师范大学黄玉琼硕士论文《人教版高中语文必修教科书的价值取向研究》(2019)就从不同学段对教科书的价值取向进行了深入研究，而关于其他学段教育的教科书价值取向研究则不多见。然后，在教科书价值取向研究的时间跨度上，主要有清末时期的教科书、民国时期的教科书和新中国成立以后教科书的价值取向研究等。如顾炜(2014)通过"涵养之品格和应有之操行"的分析框架对清末初等小学堂女子国文教科书的价值取向进行了研究①；李学(2015)通过对百年高中语文教科书发展的梳理，归纳出我国高中语文教科书价值取向主要体现出从文言文到白话文、从学术中心到活动设计、从指定内容到选择内容的开放性等方面的特点。最后，在选取教科书价值取向研究的出版地域上。如吴永军对我国内地、香港特别行政区九年义务教育初中语文教科书进行的价值取向进行了比较研究②，许红(2007)通过统计分析对内地与香港的小学语文教科书的道德要素进行了比较研究③，王燕娜(2016)通过对大陆人教版和我国台湾地区翰林版小学语文教科书的比较对大陆与台湾小学语文教科书选文的价值取向进行了研究④。

同时，国内关于德育教科书价值取向研究在研究对象上主要以改革开放后我国的小学和中学德育教科书为主，并且研究主要表现出以下两个方面的特征：一是依据特定的分析框架对德育教科书价值取向进行剖析，如肖强、马云鹏(2009)根据高中思想政治教科书的分析，揭示出其在公民意识教育、意识形态教育、道德教育等方面的价值取向研究⑤；孙凤华(2007)从公民教育中的意识形态教育、道德教育、公民意识教育3个维度的分析框架对人教版初中《思想品德》教科书中公民教育价值取向进行了研究⑥。二是依据德育教科书的基本构成对德育教科书价值取向进行分析，如王晗(2012)通过对小学六年级德育教科书中的人

---

① 顾炜.清末初等小学堂女子国文教科书价值取向研究——以《最新女子初等小学国文教科书》为例[D].上海：上海师范大学，2014.

② 吴永军.中国大陆、香港九年义务教育初中语文教科书价值取向的比较研究[J].教育理论与实践，1999(11)：34-38.

③ 许红.大陆与香港小学语文教科书道德教育要素比较研究[D].金华：浙江师范大学，2007.

④ 王燕娜.大陆与台湾小学语文教科书选文的价值取向比较研究[D].苏州：苏州大学，2016.

⑤ 肖强，马云鹏.教科书价值取向研究——以高中思想政治课为例[J].教育科学，2009，25(1)：53-57.

⑥ 孙凤华.思想品德教科书中的公民教育价值取向研究[D].广州：华南师范大学，2007.

物、语言、故事结构和插图的分析，概括出小学德育教科书的价值取向及其追求①。

另外，关于教科书究竟应该反映什么样的价值观，这些价值观如何反映出来，不同的研究者也依据不同的分析框架对其进行过具体分析。如，傅建明(2002)依据《小学德育纲要》和《小学语文教学大纲》将小学语文教科书价值取向的分析框架分成“热爱祖国、热爱中国共产党、无私奉献、热爱科学……”等20个分析项目对我国人教版小学语文教科书价值取向进行了分析。② 何文胜(2008)从个体、家庭、社会、国家、民族、世界、自然、其他等8个类型的分类细目对人教版初中语文教科书价值取向分别进行了论述。③ 赵长林、吕金伟(2011)在此基础上，认为上述8个分类细目中“国家”与“民族”的价值取向在内涵和本质上重合度较高，建议将这二者合二为一，因此在对3个不同版本的初中语文教科书价值取向分析时将维度界定为个体、家庭、社会、国家、世界、自然、其他等7个类型。④ 何立新(2012)在《新课程背景下语文教科书价值取向研究——以人教版义务教育课程标准实验教科书·语文为例》一文中通过人本主义视域下“人与自然、人与社会、人与自我”3个维度对教科书的价值取向进行分析，并在此框架下将其中的“人与自然”部分分为人与自然的关系、人对自然的态度两个方面；将“人与社会”部分分为包括人与世界的关系、对待国家和民族的态度和行为、对待他人的态度和行为3个方面；将“人与自我”部分分为包括对待生命和死亡的态度、生命成长过程中的体验和感悟、自我品性的修炼、健康的性别意识和取向等4个方面。⑤ 所以，在教科书价值取向的研究中，不同的分析维度就会对应着不同的分析框架，而每一个框架也会对应着不同的分析结果。通过对上述教科书不同分析框架的阐述可以看出，教科书所呈现或反映的价值取向既有显性和隐性之分，还有体现国家的、编写者的、教师的(教学过程中使用教科书时所理解和传播的)和学生的(所领悟的)价值取向。

上述关于教科书及德育教科书价值取向的研究都从一定的视角对教科书蕴含的价值观进行了分析和剖析，为研究教科书的价值教育发挥了积极作用。从总体上看，这些研究也还存在着进一步提升的空间，大多数研究是从某一个方面

---

① 王晗. 小学六年级德育教科书的价值取向探究[D]. 西安：陕西师范大学，2012.

② 傅建明. 我国小学语文教科书价值取向研究[D]. 上海：华东师范大学，2002：40-42.

③ 何文胜. 人民教育出版社初中语文教科书的价值取向研究[J]. 陕西师范大学学报(哲学社会科学版)，2008(S1)：156-162.

④ 赵长林，吕金伟. 三版本初中语文教科书选文价值取向的比较研究[J]. 湖南师范大学教育科学学报，2011，10(6)：10-14.

⑤ 何立新. 新课程背景下语文教科书价值取向研究[D]. 成都：四川师范大学，2012：12-13.

对教科书或德育教科书的价值取向进行了探讨，在全面系统分析德育教科书关于如何弘扬民族文化和融合世界文化的价值观分析研究上则略显不足，这也正是本书研究的重要出发点。因此，本研究立足于初中德育教科书价值取向研究，拟定初中德育教科书关于如何体现“中华优秀传统文化、外国优秀文明成果和社会主义核心价值观”的分析框架，以教科版《思想品德》实验教科书为中心，并配套比较同一时期人教版《思想品德》实验教科书，通过对其内容和形式的系统分析，提炼出其蕴含的价值取向；并按照新中国成立以来初中德育教科书的发展脉络，结合其他不同时间段的初中德育教科书，并由此引发出对同类德育教科书价值取向的思考，为德育教科书的发展及学校德育的走向提供一些可供参考的理论和实践的素材。

第四节 研究目的和意义

一、研究目的

本书的研究目的主要包括两个方面：一方面，通过中华优秀传统文化、外国优秀文明成果以及社会主义核心价值观这3个维度的分析框架对我国初中《思想品德》实验教科书进行具体分析，试图从上述提及的3个方面来剖析我国初中德育教科书中关于道德教育的传统与现代、中国与外国之间的关系，从而对德育教科书实际拥有的价值取向进行探讨。另一方面，通过对现行广泛使用的初中德育教科书价值取向的深入研究，并对比梳理出新中国成立以来我国初中德育教科书价值取向的嬗变与发展，分析我国德育教科书应该具有的价值观念，同时对我国德育教科书价值理念的未来走向进行初步探索和展望。

二、研究意义

德育教科书在学校教育中起到了联结“教师教”与“学生学”的中间纽带作用，教科书编制过程中内容选择的价值取向和对学科课程理念的体现程度会影响学习者综合素养的提高和学科教学目标的达成。在新形势下，教科书设计理念与教师素养及现有学科教学实际水平存在着一定的脱节现象，导致了教科书的设计理念和实际的教学效果之间存在着一定偏差。因此，如何全面合理地理解教科书中秉承的价值观念并将其具体落实到学校教育中去，是新时期新时代赋予教师和教育研究者的历史使命。在学校教育教学中，教师在如何使用课本这个问题的观点上也莫衷一是，是完全“听命”于教科书，将其视为“圣经”，做教科书忠诚的执行者和贯彻者；还是在课程理念的指引下，创造性地使用教科书？这些观点目前还尚未形成统一定论。另外，由于部分原因造成少数教师难以全面地理解教科书中所秉承的价值观念，从而不能很好地运用教科书进行教学，导致学校教育中实际教学效果的低下，在这种情境下教师该如何恰当地使用教科书来完成教书育人的责任？教科书究竟扮演着一种什么样的角色？相对而言，教科书作为“读者最多、某种意义上也最重要的文本竟然最缺乏强大的学术研究和评论队伍，最不该忽视的文本，却最少被研究，最不该忽视的研究被忽视了”①。教科书的研究略显薄弱，被人所忽视。为此，对教科书进行深入研究就显得很有必要和意义非凡。另外，任何教科书都是一定历史时期内、一定社会环境中，依据一定的哲学思想、社会伦理、教育方针编制而成的；都是国家意志、民族精神、文化传统等方面在教育中的集中体现；都是为教师有效地教和学生有效地学而服务的。所以，一般来说，教科书都具有时代性、地域性和适切性的特征。② 进行教科书价值取向研究，能够帮助教师和学生更好地理解教科书文本中的显性和隐性意义，也能够为教科书的出版和编写提供理论和实践上的指导作用，真正将教科书的作用发挥最大化。

第一，探寻德育教科书中所蕴含的道德价值观念，更好地为学校德育工作服务。一般来说，我国目前的学校德育大多是通过专门的道德教育活动和渗透性教育活动这两种途径来实现的。专门的道德教育活动主要是指通过学校的思想品德或政治课程的教学以及班主任的德育工作来完成的德育活动，而渗透性的教育活动往往是借助于其他学科的教学以及各种形式的活动来进行的。而作为专门性道德教育活动主要载体的德育教科书，其所蕴含的显性和隐性道德价值观念对学生的影响无疑是巨大的。学生通过对德育教科书的系统学习，懂得基本的道德认知，培养常规的道德情感和道德意志，并最终外化为具体的道德行为，真正实现“知、情、意、行”的完美统一，做到将道德规范“内化于心，外化于行”。学校的德育工作需要各方面的综合作用才能真正收到良好的效果，通过对德育教科书价值取向的研究，能够对学校德育工作起到一定的促进作用，为学校德育工作的实效性服务，从而更好地为学校德育工作添砖加瓦，锦上添花。

第二，为教科书的编写和使用提供理论和实践上的指导。当前，我国基础教育课程改革已经进入全面推广阶段，与 2001 年开始颁布的课程标准(实验稿)相

① 石鸥.最不该忽视的研究——关于教科书研究的几点思考[J].湖南师范大学教育科学学报，2007，6(5)：5-9.

② 谢利民，钱扑.中小学教材比较研究[M].北京：中国人民大学出版社，2009：2.

对应的实验版教科书在全国使用已经有十几年了，各级、各类的实验教科书在全国各地的中小学校相继投入使用，但在实际的推广使用中也暴露出了一些诸如“课程教材编审队伍泥沙俱下、良莠不齐，教科书设计理念、设计技术和评价尺度非常落后”[①]等问题，再加上国际和国内的时代背景等综合因素的影响，进一步修订和完善德育课程标准和教科书显得很有必要。为此，教育部委托国家基础教育课程教材专家工作委员会组织了课程标准的进一步完善修订工作，并于2011年3月在之前实验版课程标准的基础上完成了新版德育课程标准的修订任务。这样，原来实验版的德育教科书也在依据2012年1月出版发行的《义务教育思想品德课程标准(2011年版)》的要求下组织进行新一轮教科书的修订工作。以史为鉴，方能面向未来。结合对德育教科书的研究，厘清了德育教科书价值取向的嬗变，为进一步修订和完善德育教科书提供一些力所能及的帮助，为编写者在编写教科书时对内容和材料的抉择提供一定的参考依据。

第三，为教师进一步地理解和使用教科书提供一定的视野、框架和方法。学生和教师是学校教育中教科书的直接使用者。教科书对学生的价值主要就是能够提供他们所学知识，相比于学生来说，教科书对于教师的价值就要复杂多了。教师该如何正确树立对待教科书的态度，陈伯华在其博士论文《小学教师教材观比较》一文中综述总结了“圣经式”“经验自然主义”“科学取向”“结构主义”“范例式”“人本取向”“建构主义”等7种不同类型的教师对待教科书的观点。[②] 随着课程改革的深入推进，教师在面对如何使用教科书这一问题上，也有学者将其概括为教师“教”教科书、教师利用教科书来“教”和教师不用教科书来“教”3种类型。[③] 这些不同的观点也会引发更多教师对于教科书的思考，教师在使用德育教科书对学生进行道德教育的时候，是将其视为绝对权威的“圣经式”的文本来教学，还是采用其他方式来处理教科书进行教学呢？希望通过对德育教科书价值取向的研究，能为教师全面系统地认识和使用教科书提供一些理论指导和实践上的帮助。

为此，对新中国成立以来尤其是进入新世纪课程改革以来的初中德育教科书价值取向进行分析研究，既有促进学校德育内容和价值观发展的理论意义，又有推进新时期学校德育活动实效性的实践意义。

---

① 钟启泉.课程改革的文化使命[J].人民教育，2004(8)：4.

② 陈伯华.小学教师教材观比较[D].广州：华南师范大学，2007：44—59.

③ 钟启泉，崔允漷.新课程的理念与创新：师范生读本[M].北京：高等教育出版社，2003：90.

第五节　研究思路和方法

一、研究思路

本书在论述教科书研究理论的基础上，从德育教科书的文本入手，通过对我国初中德育教科书(尤其是新世纪课程改革以来的大部分地区在使用的《思想品德》实验教科书)内容和形式的解读与分析，从中华优秀传统文化、外国优秀文明成果和社会主义核心价值观这3个维度对初中德育教科书的价值取向进行分析，并总结概括出我国德育教科书价值取向的嬗变与发展，在此基础上对德育教科书及学校德育的未来走向进行初步探讨。

全书共分六章。第一章为导论。首先，详细阐明了研究的缘起和问题提出的背景；其次，对教材、教科书、德育教科书和初中德育教科书，价值和价值取向等概念进行辨析和界定，明确了研究的对象和范围；再次，按照国别的顺序对国内外与德育教科书有关的德育理论、关于教科书的研究和关于德育教科书价值取向的研究等3个方面的相关研究文献进行了梳理和综述；最后，阐释了本研究的目的和意义，以及研究中所使用的方法和具体的研究思路。第二、三、四章依据教科书秉承的价值观念应该体现出“古今中外”的原则，来设定德育教科书价值取向的分析框架，分别从中华优秀传统文化、外国优秀文明成果和社会主义核心价值观3个维度对我国德育教科书，尤其是对新世纪课程改革以来教育科学出版社出版的《思想品德》实验教科书进行具体梳理分析，概括出我国德育教科书中呈现或蕴含的价值观。其中，第二章是德育教科书对中华优秀传统文化的传承与弘扬。中华优秀传统文化具体内容的划分可谓仁者见仁、智者见智，各具特点。本书在分析相关研究的基础上，依据2014年教育部关于印发《完善中华优秀传统文化教育指导纲要》的通知要求，从关于家国情怀教育、社会关爱教育和人格修养教育3个方面来对初中德育教科书中体现中华优秀传统文化的价值观念进行分析。第三章是德育教科书对外国优秀文明成果的借鉴与吸纳。德育教科书既要立足于中国国情，还要顺应国际课程改革的发展趋势，具有广阔的国际视野，对待除中国文化之外的其他国家的优秀文明成果该有什么样的态度，是接受、排斥还是折中地对待？依据习近平总书记提出的人类共同价值观念，从和平发展思想、公平正义思想、民主自由思想等方面来对德育教科书中关于外国优秀文明成果的内容进行具体分析。第四章是德育教科书中社会主义核心价值观的渗透和融合。在继承中华优秀传统文化和借鉴外国优秀文明成果的基础上，德育教科书应该体现传统文化与现代文化、外国文化与中国文化的融合，凸显社会主义核心价值观的理念。从德育教科书中涉及的关于国家层面的价值目标、社会层面的价值取向和公民个人层面的价值准则展开具体剖析。第五章是德育教科书的价值追求。通过对德育教科书价值取向的总结和德育教科书价值取向的可能走向进行分析，对德育教科书未来的价值进行展望，并结合德育教科书价值取向的研究提出对德育教科书发展的思考。第六章是结语，对全书的主要观点进行了概括，并就本研究可能的创新和存在的不足进行了阐释。

二、研究方法

在研究方法上，本书主要采用文献分析和调查研究相结合、内容分析和诠释学相结合、历史分析和比较研究相结合等方法。具体说来，主要表现为以下几个方面。

（一）文献分析和调查研究相结合的方法

人类知识是一代又一代逐渐积累起来的，任何科学研究都是站在前人研究基础之上的，尤其对于人文社会学科的研究而言更是如此，对相关文献资料的收集和整理自然是必不可少，因为文献资料是人类知识的海洋和人类智慧的结晶。本研究以教科书问题为基础对新中国成立以来德育教科书价值取向进行考察和分析，由于涉及纵向跨度数年的初中德育教科书，为了全面梳理不同时期我国德育教科书价值取向及其相关研究，需要查阅相应时段的政策文本及历史资料等相关文献；正如石鸥教授所言，不论什么样的研究态度和方法，教科书研究特别需要占有实物，进而分析实物。因为只有在详尽占有大量原始资料，并把研究建立在实物基础之上，才可能进行深入研究，从而得出比较客观的结论。为此，笔者收集了一些我国德育教科书原本，尤其是改革开放以来初中德育教科书近百本，通过对不同时期不同版本的德育政策法规的文件、德育教科书及指导书等方面的资料进行分析来挖掘其本身的价值观念，并通过中国知网、杂志检索等方法选择出与本研究相关的文献，然后筛选整理，为本研究所用。因此，收集文献、分析文献和整理文献基本上贯穿于本研究的始终。在占有大量文献资料的基础上，还需要透过这些文献资料对其内容进行透视，从文献资料中还原或寻求文本本身以及文本之外需要表达的信息，因此，文献分析的方法在本研究中显得尤为重要。同时，为了弥补文献法在研究初中德育教科书文本背后所蕴含价值观念的不足，在研究过程中采取了调查研究的方法，对该版教科书的主编及主要编写人员进行了访谈[①],并依据浙江大学思想品德课程研制课题组2003年在杭州市部分中学的调查结果[②],对该套初中德育教科书文本的编制过程进行了追踪调查,以便更好地了解德育教科书文本中所秉承的价值观念。

(二)内容分析和诠释学相结合的方法

内容分析(content analysis)是一种以量化分析为主的文本研究方法,在传播学、社会学、历史学和政治学的研究中广泛采用。现如今,也被广泛运用于世界各国的教科书研究之中。[③] 美国学者丹尼(Dane)将内容分析法定义为"对与理论有关的讯息做系统和客观推论的一种研究方法"[④]。我国学者林聚任等(2014)认为文本分析法"是指对文献内容做客观的、系统的和量化的描述和分析的方法。它的基本目的在于把一种用言语表达而不是数量表示的文献转换成为一种用数量表示的资料,并以频数或者百分数的图表加以描述"[⑤]。这种方法通过制订分析类目和分析单位,对文献进行量的分析,是对所保留下来的有关文字、图片或音像资料等相关文本进行分析、比较、综合,并从中提炼出需要评述性说明的一种方法。同时,文本分析不仅仅是单调地再现文本的形式或内容,而是在此基础上适当地借用诠释学的理论观点试图对教科书的文本做更深层次的分析。通过对德育教科书内容和文本的深入分析,从而剖析其所蕴含的价值观念。

---

① 注:通过对教科版《思想品德》实验教科书主编之一的魏贤超教授及主要编写者关于该套教科书总体编写思路的内部访谈,了解到当初教科书编写团队编写这套教科书的理论基础和编写思想。第一,在理论基础上,近年来,在全球化、科技主义、物质主义等社会大背景下,一些诸如生活德育观、活动德育课程理论、情感德育理论、整体德育理论以及主体德育理论等德育理论研究成果的产生,对德育教科书的编写都有一定的影响,这些理论成果应该需要凝聚到这次教科书的编写之中。如情感德育理论中强调"体验的道德""情感大于认知的作用",主体德育理论中突出学生的主体作用,学生不是观众和听众,而应该是生活和教育舞台上的演员;学生不是配角,而是主角,要主动参与和安排自己的生活,在教科书的编写中不能用"你""你们",要用"我""我们"等表达,突出对学生主体的重视。第二,在编写思想上,突出教科书对时代精神的提炼、把握、渗透与反映,正确处理好民族文化和人类文化的关系,既体现中华文化特色,又注重国际意识和全球意识的培养;同时注意贴近学生的日常生活,让学生喜欢,编写出让农村和城市的学生都能认同的适合全中国的德育教科书。

② 注:浙江大学国家品德课程研制课题组.杭州市初中思想政治或思想品德教材调查报告,2003.(为了给德育教科书的编制提供参考依据,也为了了解初中学生对理想文本内容主题、文本形式等方面的"偏好"以及德育课教师对教科书编制的意见,该套教科书部分编写成员蒋一之、王小飞、王向华、曹汉斌、焦建英、叶明非等对杭州市部分中学的学生、家长、班主任及德育课程的任课教师进行了问卷调查,从而得出初中学生主要关心的生活事件及问题)

③ 姚冬琳.内容分析法在教科书研究中的应用[J].现代教育科学(普教研究),2011(2):45-47.

④ Dane F C. Research method, C A. Brooks/Cole,1990.转引自陈月茹.中小学教科书改革研究[M].北京:教育科学出版社,2009:7.

⑤ 林聚任.社会科学研究方法[M].济南:山东人民出版社,2004:143.

而诠释学(hermeneutik)最初是作为一种诠释技艺出现的,后经德国哲学家施莱尔马赫(Friedrich Ernst Daniel Schleiermacher)和狄尔泰(Wilhelm Dilthy)的努力,发展出一般诠释学以及建构为精神科学的一般方法论基础。① 西方诠释学一般是以作者、文本和读者之间的关系问题构成了其重要主题。② 作为一种对教科书文本进行质的分析时,自然离不开诠释学中关于对文本理解和解释的方法。通过探讨教科书文本所蕴含的意义,来分析教科书文本所表达和传递的价值观念。因此,内容分析和诠释学相结合的方法,是通过定量和定性研究相结合来分析教科书文本,以利于更好地剖析文本所蕴含的价值观念。量的分析主要以频数分析,频数和百分比可以统计出各类目出现的次数。诠释学试图透过文本对文本蕴含的意义进行具体解释和说明。为此,本书采取内容分析和诠释学相结合的研究方法,先是在各个分析框架之下从对教科书的主题文、阅读材料和名言警句等进行量上的具体统计,然后在此基础上对教科书文本的内容进行质的分析,从而得出德育教科书所蕴含的价值观念。

(三)历史分析与比较研究相结合的方法

由于本研究是将我国德育教科书作为研究对象,所以采用历史发展的顺序对我国德育教科书进行分析研究。具体来说,通过对我国德育课程及教科书的沿革梳理,从时间维度上对中共中央、国务院及教育部有关德育工作的意见或通知进行梳理后,结合不同时期德育教科书的文本内容,提炼出其所蕴含的德育价值观念。另外,由于研究涉及不同时期和不同阶段的社会背景、社会发展水平下出版发行的德育教学大纲(课程标准)及德育教科书,可以对不同时期的教科书进行对比分析,从而得出不同时期德育教科书的价值取向的异同,进一步认识和把握各个阶段德育教科书价值取向的基本特征。在对比分析上,重点通过对新课改以来教育科学出版社《思想品德》实验教科书和人民教育出版社教科书的对比研究,归纳出代表目前德育教科书价值取向的核心思想和主要走向。

---

① 彭启福.理解之思——诠释学初论[M].合肥:安徽人民出版社,2005:9.

② 彭启福.理解之思——诠释学初论[M].合肥:安徽人民出版社,2005:61.

第二章　德育教科书对中华优秀传统文化的传承与弘扬

从实际角度来看，我国德育教科书究竟有着什么样的价值观念？这需要对教科书的价值取向进行具体分析。分析教科书的价值取向，需要建立或依据一定的分析框架来展开。本书依据教科书价值取向在全面系统分析德育教科书关于如何弘扬民族文化和融合世界文化的价值观分析研究上的不足，结合中共十四届六中全会关于社会主义精神文明建设“三个如何”的历史性课题，按照德育教科书如何体现古今中外文化的原则，从中华优秀传统文化、外国优秀文明成果和社会主义核心价值观这3个维度构建框架来分析我国初中德育教科书的文本，试图从中华优秀传统文化、外国优秀文明成果和社会主义核心价值观这3个方面来具体分析我国初中德育教科书实际上所蕴含的价值取向，并在此基础上从德育教科书如何体现人类共同价值以及怎样渗透融合社会主义核心价值观的角度来进行分析概括。为此，在接下来的三章中将依据这样的思路分别对初中德育教科书中如何传承和弘扬中华传统文化、怎样借鉴和吸纳外国优秀文明成果以及如何将这两者有机结合起来凸显国家、社会和公民个人层面的核心价值观念来展开具体论述。本章在分析初中德育教科书中中华优秀传统文化的内容选择之后，将从家国情怀教育、社会关爱教育和人格修养教育3个方面对初中德育教科书中所继承和弘扬的中华优秀传统文化进行具体分析。

第一节　德育教科书中中华优秀传统文化的内容选择

中华优秀传统文化是中华民族万古长青的根基和永世不灭的灵魂，对青少年的成长和发展起到了很好的奠基作用。在推进社会主义现代化和实现民族复兴的伟大事业中，需要在全社会特别是在青少年中大力继承和弘扬中华优秀传统文化和时代精神，这样才能在建设中国特色社会主义事业的进程中，更好地构建具有中国特色的核心文化价值体系，为中华民族的繁荣发展做出贡献。学校作为普及中华优秀传统文化的重要阵地之一，主要是通过国民教育的内容和形式来宣传优秀传统文化知识和弘扬优秀传统文化精神。而教科书作为教育内容的主要载体，自然也会成为宣传和弘扬中华优秀传统文化的一个重要阵地。因此，德育教科书的内容选择上体现出中华优秀传统文化的教育内容符合教育的需要以及课程标准的要求。

那么，德育教科书如何体现中华优秀传统文化？这些优秀传统文化又是通过什么样的方式来体现，本部分将对此展开论述。在分析德育教科书中关于如何继承传统文化的价值取向之前，需要分别对文化、传统文化以及中华优秀传统文化做简要介绍，以便更清晰地认识它们之间的相互关系。文化是一个最具人文意味的词语，最早将"文化"一词作为专门术语来使用的是英国人类学家、文化学奠基人爱德华·泰勒(Edward Burnett Tylor)。在其 1871 年首版的《原始文化》一书中就对文化的定义进行了界定。在《原始文化》的开篇就给出了关于"文化"的定义："文化是一个复杂的总体，包括知识、信仰、艺术、道德、法律、风俗，以及人类在社会里所获得的一切能力与习惯。"①文化，一般来说都有广义和狭义之分。《教育大辞典》将其解释为："人类在社会历史过程中创造的物质财富和精神财富的总和。"②这是其广泛意义上的文化概念。《现代汉语词典》中将"文化"定义为："人类在社会历史发展过程中所创造的物质财富和精神财富的总和，特指精神财富，如文学、艺术、教育、科学等。"③相比之下，这个概念更倾向于狭义的文化。而《辞海》中则将其具体界定为："广义指人类在社会实践过程中所获得的物质、精神的生产能力和创造的物质、精神财富的总和。狭义指精神生产能力和精神产品，包括一切社会意识形式。有时又专指教育、科学、文学、艺术、卫生、体育等方面的知识与设施。"④

通过上述不同辞典对文化概念的界定，使我们对"什么是文化"有着更深层次的理解。本书是基于传统文化的角度来考察文化，所以更应该从狭义的角度来界定文化："人类在历史发展进程中凝结成的稳定的生存方式，核心是一个社会中的价值观、态度、信念、取向以及人们普遍持有的见解。"⑤文化是人类精神和实践活动的方式及其物质与精神成果的总和。中华传统文化指的是以中华文

① 爱德华·泰勒. 原始文化[M]. 连树声，译. 上海：上海文艺出版社，1992：1.

② 顾明远. 教育大辞典(增订合编本)[M]. 上海：上海教育出版社 1998：1619.

③ 中国社会科学院语言研究所词典编辑室. 现代汉语词典(增补本)[M]. 北京：商务印书馆，2002：1318.

④ 夏征农，陈至立. 辞海(第 6 版缩印本)[M]. 上海：上海辞书出版社，2010：1975.

⑤ 赵绪生. 传统文化与时代精神[M]. 西安：陕西师范大学出版总社有限公司，2015：6.

化为源头、中国境内各民族共同创造、长期历史发展所积淀的文化。[①] 它是中华文化的根，是中华民族的精神和灵魂所在，是贯穿于中华民族在各个历史时期中的各类文化的核心精神，影响和支配着中国人的行为、思想以及灵魂。关于中华传统文化的内涵，学术界理解也不尽相同。总体来讲，有两种比较有代表性的观点：一种观点认为传统文化是在过去一个很长的历史进程中形成和发展起来的文化，时间上的跨度涉及从周、秦到清中叶这 3000 多年。另一种观点则认为传统文化是植根于自己民族土壤中既稳定又动态的东西，体现了过去与现在交融的过程，渗入了各时代的新思想、新血液。在此基础上，可以将中国传统文化理解为中国古代思想家所提炼出的理论化和非理论化的并转而影响整个社会的、具有稳定结构的共同精神、心理状态、思维方式和价值取向等精神成果的总和。[②]

在认识了中国传统文化之后，可以进一步深入探讨中华优秀传统文化。中国传统文化中既有着几千年来发展过程中留下来的精华，同时也不同程度地存在着一些不合时代发展需要的糟粕。因为，并不是所有的传统文化都是值得继承和弘扬的，只有优秀的传统文化才是值得我们继续学习和弘扬的。所以，需要在明确中国传统文化的基础上进一步了解中华优秀传统文化。中华优秀传统文化作为中国传统文化中的重要部分，其精华从最早人们所提到的“忠孝仁义礼智信”的核心内容，到现代以来，不同研究者也有着不同的观点，可谓是仁者见仁，智者见智。诸如张岱年先生就将中华优秀传统文化中的中国伦理道德的优秀传统概括为爱国主义思想、人格价值观念、人际和谐思想、社会责任观念等 4 个方面。[③] 罗国杰在《中国传统道德 · 规范卷（重排本）》中，从基本道德、职业道德、家庭伦理、文明礼仪 4 个部分对中国传统道德规范进行了解说。[④] 这些关于中国传统伦理道德的概括和论述为我们从古人的生活准则中汲取人生智慧提供了有益的借鉴，为进一步理解中华优秀传统文化的精髓提供了依据。

中华优秀传统文化是一个博大精深的体系。它是中华民族经过几千年积淀下来的民族财富，是维系中华民族数千年历史延续不断的精神力量。传统文化是文化的根和源，它可以让我们知道人类从哪里来；也只有知道从哪里来，我们才知道将要到哪里去。中国之所以为中国，中华民族这么些年来虽历经磨难却

---

① 教育部基础教育课程教材专家工作委员会组织编写. 义务教育思想品德课程标准解读（2011 年版）[M]. 北京：北京师范大学出版社，2012：169.

② 黄安余. 中国传统文化课程纲要[M]. 上海：上海社会科学院出版社，2001：3.

③ 张岱年. 传统伦理道德与精神文明建设[N]. 光明日报，1998-01-17.

④ 罗国杰. 中国传统道德 · 规范卷（重排本）[M]. 北京：中国人民大学出版社，2012.

仍在蓬勃发展，其中一个很重要的原因就在于五千多年来一脉相承的中华文化的根基。一般认为儒家文化是中国传统文化的核心，但却不能说儒家文化就是中国传统文化；其实，中国传统文化的外延比儒家文化要宽泛得多，它是中华民族各种思想文化、观念形态的总体表征。① 但对于中华传统文化我们也应该以审视的眼光来看待，因为在这些传统的伦理道德文化中，既有凝聚着民族精神、推动社会进步和发展的精神、精华，但同时也有着阻碍社会进步与个人发展的糟粕。因此，只有中华优秀传统文化才是值得我们去进一步继承和弘扬的，而对于传统文化中的糟粕则是毫无疑问应该舍去的。在继承和弘扬中国传统伦理道德文化的时候，需要明确究竟符合什么样的标准才是中国传统伦理道德文化的精华，必须要有一个客观公正的态度，这样才能很好地将中华优秀传统文化向青少年进行弘扬和传承。

近年来，也有很多研究从不同的角度对中华优秀传统文化的构成进行了论述。李申申等(2011)认为中华优秀文化传统的精华主要表现在“天人合一、道法自然的宇宙人生观；以民为本、崇尚和谐、德行仁善的道德伦理观；承担责任、自强不息、爱国奉献的社会价值观”3 个方面。② 张岂之(2014)提炼出关于中华优秀传统文化“天人之学、道法自然、居安思危、自强不息、诚实守信、厚德载物、以民为本、仁者爱人、尊师重道、和而不同、日新月异、天下大同”的 12 个核心理念。③ 赵绪生等(2015)将中华优秀传统文化的内容归纳为“爱国主义、整体主义、民族团结、仁爱包容、自强不息”这 5 个方面。④ 刘怀荣等(2015)从“爱国、敬业、孝亲、惜缘、尊师、重友”6 个方面对中华优秀传统文化进行了具体阐述。⑤ 每个研究者都有各自的关于中华优秀传统文化的划分依据，形成了各种不同结论。虽然这些论述在表达和侧重上略有差异，但总的来说，都基本上包括了国家、社会和个人等层面对传统文化和道德的要求。

我国长期重视加强对青少年学生进行优秀传统文化的教育，尤其从 20 世纪 90 年代开始，国家层面相继出台过一些关于重视中华优秀传统文化的通知文件。其中，1993 年中共中央印发了《中国教育改革和发展纲要》，提出要重视对学生进行中国优秀传统文化教育。1995 年 3 月 18 日第八届全国人民代表大会

---

① 赵绪生. 传统文化与时代精神[M]. 西安：陕西师范大学出版总社有限公司，2015：9-10.

② 李申申，等. 传承的使命：中华优秀文化传统教育问题研究[M]. 北京：人民出版社，2011：209.

③ 张岂之. 中华优秀传统文化核心理念读本[M]. 北京：学习出版社，2014：1-348.

④ 赵绪生，王士龙，刘鑫. 传统文化与时代精神[M]. 西安：陕西师范大学出版总社有限公司，2015：13-21.

⑤ 刘怀荣. 中华优秀传统文化通俗读本[M]. 济南：山东人民出版社，2015：19-223.

第三次会议通过的《中华人民共和国教育法》中第七条明确规定，教育应当继承和弘扬中华民族优秀历史文化传统。2006年，中共中央印发的《国家"十一五"时期文化发展规划纲要》中指出，重视中华优秀传统文化教育和传统经典、技艺的传承。2007年，胡锦涛同志在党的十七大报告中指出："要全面认识祖国传统文化，取其精华，去其糟粕，使之与当代社会相适应、与现代文明相协调，保持民族性，体现时代性。"①近年来，随着国学热的升温，学校教育中对传统文化的重视程度日趋明显。2013年，中国共产党十八届三中全会提出要完善中华优秀传统文化教育。在此基础上，教育部于2014年3月26日颁发《教育部关于印发〈完善中华优秀传统文化教育指导纲要〉的通知》(教社科〔2014〕3号)，对加强中华优秀传统文化教育的意义、原则和内容都做出了明确的说明和规定，从而为各类学校开展中华优秀传统文化教育提供了明确的依据，并将中华优秀传统文化教育的主要内容具体划分为"开展以天下兴亡、匹夫有责为重点的家国情怀教育；开展以仁爱共济、立己达人为重点的社会关爱教育；开展以正心笃志、崇德弘毅为重点的人格修养教育"3个方面。其中，家国情怀教育主要在于着力引导青少年学生增强国家的认同感，以祖国的繁荣和衰落作为最大的光荣和耻辱，培养爱国情感，树立民族自信，将青少年学生培养成为自信、自尊、自强的中国人。社会关爱教育旨在引导青少年学生学会如何正确处理好与社会和他人之间的关系，培育集体主义精神和乐于奉献、热心公益慈善的良好风尚。人格修养教育旨在引导青少年学生自觉弘扬中华民族优秀道德思想，形成良好的个人道德品质和行为习惯。具体到初中德育教科书的内容选择上，可以依据前面对中华优秀传统文化的分析框架，结合个人与国家、个人与社会以及个人自身人格品性来展开中华优秀传统文化的内容选择。其文本中有很多关于中华优秀传统文化的具体体现，将中华优秀传统文化融合渗透到教科书中。以下就我国初中德育教科书中涉及的关于中华优秀传统文化方面做具体分析。

第二节　德育教科书关于中华优秀传统文化的体现

对学生进行道德品质教育的德育教科书中关乎中国优秀传统文化方面的元素很多。依据前面的论述，本书在阐述了传统文化和中华优秀传统文化以及分析很多关于中华优秀传统文化的分类依据和标准的基础上，依据2014年教育部关于《完善中华优秀传统文化教育指导纲要》内容的分类要求，具体从家国情怀、

① 胡锦涛.在中国共产党第十七次全国代表大会上的报告[N].人民日报，2007-10-25.

社会关爱和人格修养3个方面对我国初中德育教科书中如何弘扬中华优秀传统文化,尤其是中华优秀传统道德文化方面的价值取向进行具体剖析。

一、家国情怀教育

家国情怀是中国儒家的千年传统,《大学》中"格物、致知、诚意、正心,修身、齐家、治国、平天下"的"儒家八法"就是对家和国的论述:"古之欲明明德于天下者,先治其国;欲治其国者,先齐其家;欲齐其家者,先修其身。"[①]这样的论述将国家和家庭串联成一个密不可分的整体,为国人齐家、治国提供了道德理想和行为准则,也因此成为我国知识分子广为推崇的家国情怀。一般来讲,家国情怀包括"修身、齐家、治国、平天下"这种把个人追求与社会目标统一起来的儒家信念。由个人而家庭,由家庭而社会,由社会而国家,由国家而天下,这些是中国人特有的社会价值逻辑。国与家是互相联系,相辅相成的。从古至今,关于家国情怀的人物和故事是说不完道不尽,很多仁人志士都有过关于家国的论述,如:"天下之本在国,国之本在家,家之本在身。"(《孟子》)"为什么我的眼里常含泪水?因为我对这土地爱得深沉……"(艾青《我爱这土地》)"家是最小国,国是千万家。我爱我的国,我爱我的家。"(歌曲《国家》)这些论述都是关于家国情怀的具体体现。严格来说,家和国是紧密联系,不可分割的,论述家国情怀也不能人为地将家与国割裂和分开。但为了论述的需要,在分析初中德育教科书中关于家国情怀部分,本书还是对教科书中关于对国家和民族的情感、家庭的情感进行分别论述。

(一)教科书中对待国家和民族的情怀

每个人都有自己的国家和民族,而且都会对自己的国家和民族有着浓厚的情感。这些情感主要体现在对待国家和民族的态度和行为上,对自己国家国土、主权的尊重和捍卫,对自己国家语言、文字、习俗、民族尊严的维护等。对祖国的热爱之情,不仅表现为对祖国壮丽河山、悠久历史和勤劳人民的热爱,还表现为对社会主义制度的拥护和热爱,怀有对祖国深厚的感情和为国家、民族而奋斗献身的崇高爱国主义、英雄主义情怀。在民族的关系上表现为拥有强烈的民族精神和民族文化支撑的民族自豪感,忧国忧民,关注现实,勇于承担的责任感。既能做到儒家入世精神的"达则兼济天下,穷则独善其身",更能坚持"天下兴亡,匹夫有责"的当代社会公民的基本时代责任感。

地球上的每一个人首先是世界公民的一员,他(她)属于这个世界,更有自己的国家和民族。即使是在全球化大趋势的当下,国家和民族意识也应该是每个

---

① 陈晓芬,徐儒宗,译注.论语·大学·中庸[M].北京:中华书局,2011:250.

公民血液中应该流淌的主流元素。对祖国、民族和家乡的热爱既是每一个公民应该享受的权利，同时也是公民必须要尽到的义务。祖国是人们魂牵梦萦的地方，是人们难以割舍的情怀，作为国家的成员，对祖国的热爱之情毋庸置疑，正如海涅所言："谁不属于自己的祖国，他就不属于人类。"因此，对公民尤其是青少年学生进行爱国主义情怀教育也成为学校教育的必备内容，在各科的课程标准中都有一定程度的体现。

在任何国家的任何时代，爱国主义都不是抽象、虚幻的，都是有着具体的内容和思想原则的。[①] 爱国主义不可能和每个时代国家的实际内容相脱节，它都紧密联系着中国的国情和实际，尤其是中国的国家制度、政治制度和社会制度。中华民族在几千年的发展中，逐渐形成了以爱国主义为核心的伟大民族精神。在初中德育课程中，纵览新中国成立以来的德育课程教学大纲或课程标准，无一不把"热爱祖国"作为一个重要的课程目标单独列出，同时在相对应的德育教科书中也都安排相应的单元或章节专门对关于自己祖国和民族的论述。在课程标准或者教学大纲上，1982 年初中《青少年修养》大纲中"热爱祖国"、1986 年《公民》教学大纲中规定"祖国和人民利益高于一切的观念"的内容、1988 年初中《公民》改革实验教学大纲中将"热爱祖国"作为十二条教学内容的第一条、1997 年《小学思想品德课和初中思想政治课课程标准》中提出的"培养爱国情操"、2003 年《思想品德课程标准(实验稿)》和 2012 年《思想品德课课程标准(2011 年版)》中都提出"热爱祖国"的情感态度价值观目标和"了解我国基本国情、基本路线、基本国策"的知识目标。[②]

与课程标准对应的初中德育教科书中也充分体现了这种热爱祖国的思想和理念。以改革开放后我国初中德育教科书为例，20 世纪 80 年代的德育教科书《青少年修养》第一课就是"热爱祖国"这个主题。这个主题之下又分为"可爱的祖国""社会主义祖国在前进""培养和发扬爱国主义精神"3 个部分来论述热爱祖国。具体内容包括："热爱祖国，既要爱祖国的壮丽山河、悠久历史和勤劳勇敢的人民，更要爱祖国优越的社会主义制度，并愿把自己的一切献给社会主义祖

---

① 宇文利. 中国人的价值观[M]. 北京：中国人民大学出版社，2012：65.

② 这些课程不同时期的课程标准(教学大纲)中均提到了"热爱祖国"的目标要求，具体可参见：(1) 20 世纪中国中小学课程标准、教学大纲汇编·思想政治卷[M]. 北京：人民教育出版社，2001.(2)中华人民共和国国家教育委员会编订. 九年义务教育小学思想品德课和初中思想政治课课程标准(试行)[M]. 北京：人民教育出版社，1997.(3)教育部基础教育司编. 全日制义务教育思想品德课程标准(实验稿)[M]. 北京：北京师范大学出版社，2003.(4)中华人民共和国教育部制定. 义务教育思想品德课程标准(2011 年版)[M]. 北京：北京师范大学出版社，2012.

国。""热爱祖国，要立志把建设祖国的重任担当起来。""热爱祖国，要立志把保卫祖国的光荣职责担当起来。""热爱祖国，要尊重国旗、国徽、国歌。""热爱祖国，也要发扬国际主义精神。"①对热爱祖国的内容进行了详细的规定和阐述。

在1992年人教版《思想政治》教科书中，爱国主义教育的内容安排在第一课"祖国的利益高于一切"和第二课"热爱社会主义祖国"进行讲述。通过对个人前途与国家命运关系的论述，提出个人利益必须服从于国家利益，祖国利益放在第一位，发扬为祖国英勇献身的精神。并将热爱祖国同热爱社会主义祖国联系到一起，因为社会主义使我们的祖国走向了光明，从贫穷走向富强；热爱并立志建设社会主义祖国；维护祖国的统一和民族的团结，维护祖国的尊严和荣誉，奋发进取，为国争光。在表述方式上，相比于前一版德育教科书而言，对爱国内容的描述比重更多一些，同时文字叙述的形式也显得相对生动和丰富，并增加了一些具体人物的故事和话语，如方志敏《可爱的中国》中的话语，容国团、许海峰等体育人士为国争光的例子，华罗庚、中国女排把祖国利益放在第一位的例子，等等。这些表述方式的变化让教科书在原有版本的基础上更加鲜活。如："朋友！中国是生育我们的母亲，你们觉得这位母亲可爱吗？我想你们是和我一样的见解，都觉得这位母亲是蛮可爱的。"②这样的语句相比于前面的版本就显得更为生动活泼。

在1997年版《思想政治》教科书，初中一年级下册第九课"培养爱国情操，树立崇高理想"中对爱国情操进行了描述，将爱国情操概括为"爱国认知""爱国情感"和"爱国行为"三大要素："爱国情操是由深刻的爱国认知、强烈的爱国情感和坚定的爱国行为紧密结合在一起而形成的。"③相比于前两版教科书对爱国的论述，1997年版教科书中对爱国情操的描述在形式上有所变化，通过主题文、阅读材料、名言及插图来全方位地表述，主题文是对爱国内容的具体表述，阅读材料则通过一些经典的名人爱国故事及事件来对主题文的内容进行深化，并结合丰富的插图和名言的补充，达到爱国主义教育的目的。

2003年教科版《思想品德》实验教科书中，关于热爱祖国的内容主要集中安排在九年级，"历史启示录"单元从历史的角度对中华民族几千年光辉灿烂的文明进行了描述，并在记取历史启示的基础上号召青少年担负起振兴中华的时代责任，"回溯五千年历史足迹，感受百年沧桑巨变，感悟中华民族之魂——团结爱

① 吴铎，等. 青少年修养（上册）[M]. 北京：人民教育出版社，1981：8-15.

② 国家教委中学思想政治课教材编写组. 思想政治一年级（上册）[M]. 广州：广东高等教育出版社，广东教育出版社，1992：9.

③ 小学思想品德和中学思想政治教材编写委员会. 思想政治一年级（下册）[M]. 北京：人民教育出版社，2002：56.

国、勤劳勇敢、自强不息；记取历史的启示——没有共产党就没有新中国，只有社会主义才能救中国；担负起历史和时代赋予我们的责任——振兴中华”①。中华民族有着伟大的民族精神，在教科书中也得以重点提及，“五千年的奋斗、百年的抗争，中华民族创造了富有特色、绵延不绝的中华文明，铸就了民族之魂——以爱国主义为核心的团结统一、爱好和平、勤劳勇敢、自强不息的伟大民族精神”②。除了爱国主义教育部分之外，在后面的两个单元“又到两会时”“国策经纬”中分别对基本国情和基本国策进行了讲述。“全国人民代表大会”和“中国人民政治协商会议”(简称“两会”，下同)是人民当家作主、共商国是的一个平台，根据《宪法》规定：“两会”召开的意义在于将“两会”代表从人民中得来的信息和要求进行收集及整理，传达给党中央。教科书通过讲述“两会”的意义和功能，让学生认识人民当家作主的途径，充分懂得选票的分量，深入了解基层民主，走进人大代表和政协委员，学会参与政治生活。国策是立国之本、治国之方，通过“国策经纬”单元，对社会主义初级阶段的基本国情以及从这一国情出发制定的社会主义初级阶段的“一个中心，两个基本点”基本路线进行讲述，并通过对党的指导思想的概括，提出应该坚持实施计划生育和生态文明建设的基本国策，从而努力建设美丽中国，实现中华民族的永续发展。

同样，在2003年人教版《思想品德》实验教科书中，九年级安排了两个单元来讲述关于热爱祖国和基本国情的内容。在“了解祖国、爱我中华”单元中，通过“认清基本国情”“了解基本国策与发展战略”“中华文化与民族精神”三课，让学生立足基本国情，理解基本国策，放眼未来，与祖国一起成长。“认清基本国情”旨在了解我国的基本国情，承担起对社会、国家的责任，将建设美好祖国的重任勇敢地担当起来。“了解基本国策与发展战略”着重讲述了“对外开放”和“计划生育与保护环境”这两个基本国策以及贯彻实施的“可持续发展”和“科教兴国”发展战略，对国家现行的国策和发展战略有了必要的关心和了解。“中华文化与民族精神”描述了博大精深、光辉璀璨的中华文化，生生不息、薪火传承的民族精神，从而让学生认识我们自己的文化之根，熔铸中华民族之魂，让伟大的中华民族精神更加发扬光大。在“融入社会、肩负使命”单元中，安排了“参与政治生活”“关注经济发展”“投身于精神文明建设”三课，让学生在自己的具体行动中，体会到自己所肩负的责任和使命。“参与政治生活”着重从人民当家作主的法治国家、宪法是国家的根本大法、依法参与政治生活等方面对作为国家主人的青少年

---

① 朱小蔓，魏贤超．思想品德(九年级全一册)[M]．北京：教育科学出版社，2007：1.

② 朱小蔓，魏贤超．思想品德(九年级全一册)[M]．北京：教育科学出版社，2007：9.

如何参与政治生活的表现进行了介绍。“关注经济发展”通过感受身边生活的变化来体验我们国家造福于人民的经济制度，在奔向富裕的道路上，坚持按劳分配为主体、多种分配方式并存的分配制度，先富带动后富，共同走向富裕。在各种思想文化相互激荡的当今世界，如何体现中国特色社会主义文化建设的特点，共同浇灌灿烂的社会主义精神文明之花是当代青少年需要用自身的实际行动去诠释的问题，需要把握先进文化的前进方向，于细微之处见行动，努力让神州大地开满灿烂的文明之花，“投身于精神文明建设”从上述几个方面发出了倡导。上述不同时间段我国初中德育教科书中关于爱国主义的教育内容可以用表 2.1 来表述。

表 2.1　不同时期德育教科书中关于热爱祖国的内容

教科书中关于热爱祖国内容的表述
热爱祖国： 一、可爱的祖国；二、社会主义祖国在前进；三、培养和发扬爱国主义精神
祖国的利益高于一切： 一、个人前途和国家命运紧密相连：祖国养育了时代儿女；祖国的治乱兴衰，关系个人的安危荣辱 二、个人利益必须服从国家利益：把祖国利益放在第一位；发扬为祖国英勇献身的精神 热爱社会主义祖国： (1)祖国的命运和前途同社会主义紧密相连：社会主义使祖国走向光明和富强；热爱祖国，就要热爱社会主义 (2)维护祖国的统一、尊严和荣誉：维护祖国统一和民族团结；维护祖国的尊严和荣誉；奋发进取，为国争光
树立爱国情操，树立崇高理想： 一、爱国情操——高尚的道德情操：深刻的爱国认知，是爱国情操的基点；强烈的爱国情感是爱国情操的核心；坚定的爱国行为，是爱国情操的归宿 二、爱国情操的表现：对祖国的热爱和忠诚；对国家统一、民族团结的强烈企望；对祖国的繁荣昌盛抱有坚定信念；对祖国的尊严要坚决维护 三、立志培养爱国情操：努力学习，丰富爱国情感；利用情境，陶冶爱国情感；在报国的实际行动中，增进爱国情感
历史启示录： 一、回溯五千年历史足迹，感受百年沧桑巨变，感悟中华民族之魂——团结爱国、勤劳勇敢、自强不息；记取历史的总结(教训)——没有共产党就没有新中国，只有社会主义才能救中国；担负起历史和时代赋予我们的责任——振兴中华 二、五千年的奋斗、百年的抗争，中华民族创造了富有特色、绵延不绝的中华文明，铸就了民族之魂——以爱国主义为核心的团结统一、爱好和平、勤劳勇敢、自强不息的伟大民族精神

（续表）

教科书中关于热爱祖国内容的表述
又到“两会”时： 关注“两会”，认识人民当家作主的途径，理解共商国是的意义；懂得选票的分量，了解基层民主；崇尚法律尊严，培养依法办事的意识；走进人民代表和政协委员，学会参与社会政治生活
了解祖国、爱我中华： 我们共同生活在中华民族这个大家庭，源远流长、博大精深的中华文化滋养和熏陶着我们。我们深深地爱着自己的祖国，渴望为祖国建设奉献我们的青春和才华。为了更好地肩负起建设祖国的重任，我们需要认识我国的基本国情、理解基本国策，内容包括“认清基本国情”“了解基本国策与发展战略”“中华文化与民族精神”3 个部分

（二）教科书中对待家庭的情感

中国是一个十分注重家庭伦理的国度。在中国人的心目中，家是一个非常亲切的名称和充满温情的概念，同时也是人们温暖的归宿。从传统意义上来说，中国文化是一种伦理文化，而中国传统伦理体系的核心是家庭伦理。[①]“一心装满国，一手撑起家；家是最小国，国是千万家”，中国人坚信“齐家”是“治国平天下”的基础。每个人的生命体验都会和家庭与国家发生着千丝万缕的联系。在国与家之间，有国才有家，同时家庭又是祖国的组成单位，无数个家组成了国。家与国是相辅相成的，家庭是一个人从出生开始就要与其发生不可分割联系的组织，是人生的第一所学校。人存活于人世间，就会和家庭这个以婚姻、血缘和收养关系为纽带的社会组织机构产生必然的联系，血缘关系是人类最基本、最原始的感情。无论时代如何变化，家庭永远都是人身体的安全归宿、心灵的温馨港湾。良好的家风、家教都会对人的成长以及家国情怀的培养起着非常重要的作用。习近平总书记也多次谈及“家风”建设，在 2015 年春节团拜会上的讲话就曾指出：“家庭是社会的基本细胞，是人生的第一所学校。中华民族自古以来就重视家庭、重视亲情。”[②]中国人一贯倡导的诸如“家和万事兴”等观念都体现了中国人对家庭的独特情感和期待。

张岱年、方克立在《中国文化概论》中指出：“在中国文化中，‘仁’与‘人’、

① 檀传宝. 德育原理[M]. 北京：北京师范大学出版社，2007：171.

② 习近平在 2015 年春节团拜会上的讲话[EB/OL]. http://news.xinhuanet.com/2015-02/17/c_1114401712.htm.

'道'是同一的,是人之所以为人的根本特征。"[①]"仁者爱人"(《孟子·离娄下》),"仁"德的核心是爱人,其根本是孝悌,"孝悌也者,其为仁之本欤"(《论语·学而》)。孝悌之德的基本内容是父慈子孝、兄友弟恭,它形成一种浓烈的家庭亲情,这在社会道德生活中具有崇高的地位,为中国几千年来稳定家庭关系发挥着极为重要的作用,并在家庭的基础上逐渐上升到民族和国家的高度,对中华民族的团结稳定也起到了很重要的作用。百善孝为先,"孝"是家庭中最重要的伦理道德,父母无私地养育了孩子,所以孩子应该理解和孝敬父母,这是基本的做人原则,同时也是中华优秀美德的具体体现。每个人都有自己的家庭,都有自己的父母,家是每个人内心最温暖的港湾,是人们情感的栖息地,是我们物质生活的坚强后盾。因此,孝敬父母也就理所当然地成为初中德育课程教学的基本目标之一,"尊老爱幼,看重亲情"的理念自然应该在我国初中德育教科书中体现出来。

近年来,我国初中德育课程标准和德育教科书中,关于对待家庭情感部分的内容没有被专门列出来,关于家庭情感教育方面的内容所占比例也不是太多,在表现形式上主要是通过如何与父母相处来表达的。通过对比新中国成立以来至2001年新课改之前的初中德育课程标准(教学大纲)和教科书,可以发现在这一段时间以来我国初中德育课程中基本没有专门关于对待家庭情感的目标和内容,只是在"尊敬师长"里出现了"孝敬父母长辈"的论述。到2003年实验稿和2011年版的思想品德课程标准中的"交往"部分才首次出现"体会父母为抚养自己付出的辛劳,孝敬父母和长辈。学会与父母平等沟通,调适'逆反'心理。增强与家人共创共享家庭美德的意识和能力"[②]的课程标准要求。在实验版初中德育教科书中,对待家庭的情感部分主要表现为孝敬、尊敬父母长辈和如何与家人相处这两个方面。

在教科版《思想品德》实验教科书中,家庭的情感教育内容也必不可少。在"跨越代沟"单元中安排了"走近父母"来讲述家庭情感。教科版《思想品德》实验教科书首先直接从"孝"引入对待家庭的情感,父母赋予子女生命,给予了子女世界上最伟大、最无私的爱,乌鸦反哺、羔羊跪乳,人又如何能够例外?教科书中通过"谁言寸草心,报得三春晖"一个三级标题下的内容来将"孝"这样的中华基本道德规范体现到学生日常的生活中去,让学生从具体的生活实际中真正做到孝

---

① 张岱年,方克立.中国文化概论(修订版)[M].北京:北京师范大学出版社,2004:213.

② 教育部基础教育司.全日制义务教育思想品德课程标准(实验稿)[M].北京:北京师范大学出版社,2003.中华人民共和国教育部.义务教育思想品德课程标准(2011年版)[M].北京:北京师范大学出版社,2012.

敬父母，弘扬中华民族的传统美德。在讲述“孝敬父母”的家庭传统美德的基础上对在与父母相处中的“代沟”进行了剖析，“‘代沟’析疑”部分就给出了客观公正的介绍和分析，帮助学生了解代沟产生的原因，从而让学生正确认识代沟。代沟既然不可避免，那么如何处理这个问题就显得很有意义，良好的代际关系有助于良好家庭情感氛围的营造和培养，积极有效的沟通可以起到较好的作用，在此基础上提出了“沟通与和谐”是正确处理代际冲突的方法。① 同样，人教版《思想品德》实验教科书在“相亲相爱一家人”单元中，用“爱在屋檐下”和“我与父母交朋友”两课来讲述家庭情感。其中“爱在屋檐下”一课中，从“我知我家”“我爱我家”“难报三春晖”3 个角度层层递进，分别论述了家庭的关系及结构、感受家庭的温暖以及对父母长辈的孝敬。在“我与父母交朋友”一课中，告诉学生该如何在家庭生活中与父母处理好关系，“在家庭生活中，我们享受亲情、关爱和欢乐，家庭是个乐园；化解不了与家人的矛盾和冲突，家庭就成了樊笼。走近父母，奉献爱心，善于沟通，化解矛盾，克服逆反心理的危害，我们就能为和睦的家庭增添温暖”②。教科书中列出来的这些与父母相处的良策，体现了“孝”文化的传统魅力和现代精神，突出了家庭成员之间友善关系的重要性，为帮助青少年树立正确的家庭观念起到了较好的教育作用。

表 2.2　德育教科书中关于家庭方面的内容

不同时期的初中德育教科书	教科书中关于家庭方面的表述
1981 年《青少年修养》	没有专门部分提及，但在上册第七课“尊敬师长”中有“孝敬父母”和“孝敬长辈”的论述
1993 年《思想政治》	初一年级下册第八课“尊敬他人 尊敬师长”中讲述了孝敬父母和中华传统美德
1997 年《思想政治》	没有专门论述家庭情感方面的内容
2003 年教科版《思想品德》	第一单元 跨越代沟：走近父母（谁言寸草心，报得三春晖；“代沟”析疑；沟通与和谐）
2003 年人教版《思想品德》	第一单元 相亲相爱一家人：爱在屋檐下（我知我家；我爱我家；难报三春晖）；我与父母交朋友（严也是一种爱；两代人的对话）

① 朱小蔓，魏贤超．思想品德（八年级上册）[M]．北京：教育科学出版社，2006：1-15.

② 朱小蔓，魏贤超．思想品德（八年级上册）[M]．北京：教育科学出版社，2006：18.

作为初中生，正处于成长的重要时期，学校道德教育应该教会其基本的文明礼仪，对待父母需要有一颗孝心，对待家人要有爱心，学会正确地与父母及家人相处、交往和沟通。初中德育教科书中虽然关于家庭情感教育部分的内容和爱国主义相比显得不足，也没有专门将家庭情感作为一个重要部分来讲述，但通过对初中德育教科书发展脉络的梳理，至少已经将家庭的意识提到了课程标准和教科书内容中来，并且已经将家庭情感中非常重要的“孝亲”思想充分体现出来了，达到了家国情怀中对待家庭的要求，帮助学生从小树立了“孝敬父母，沟通亲情”的文化意识，展示了中华优秀传统文化中关于家庭忠孝思想的成分。孝文化是中国传统文化的重要内容之一，也是中华民族最重要的传统伦理道德规范。当然，孝也有不同的境界之分，简单来说，可以分为“小孝”和“大孝”这两种不同境界。所谓“小孝”，就是对自己父母及长辈的孝，主要强调的是家庭伦理；而“大孝”则是指将纯粹的家庭伦理转化、升华为爱国主义，上升为对国家和民族的关爱。“小孝”和“大孝”之间其实是相互关联的，从孝敬自己的父母开始，推己及人，并将这种孝延伸至天下的父母甚至成就圣贤之道，普利天下，变成伟大的民族和国家情怀。这种相通性体现了家国情怀的家国之间的不可分割性，表明了家国一体的重要性。

总体来看，德育教科书中关于家国情怀教育部分的内容，主要是围绕着对祖国和家庭的情怀教育来展开。通过对学生热爱社会主义祖国和中国共产党的教育来阐明国家对整个民族和人民的重要性，从而教育青少年一代要从小树立热爱祖国的决定，肩负起建设伟大祖国的重任。相比于对待国家的情感，教科书中关于家庭教育情怀部分则体现不多，对待家庭情感部分的内容也没有被专门列出来，主要是通过如何与父母的相处来表达对待家庭的情怀。关于“国”和“家”两个方面教育内容的比例不太均衡，更多地注重“国”层面的教育，而关于“家”层面的教育则显得相对不够。其实国和家相辅相成，家国情怀强调国与家的统一、家国一体。这是因为“中国古代国家的形成，不是由发达的奴隶制国家取代以血缘为纽带的氏族社会；恰恰相反，它是由家族走向国家。……由此，形成了中国独具特色的家国一体的社会体制与社会结构”①。遵循这种家国一体的文化脉络，中华民族建立了以血缘关系为纽带的宗法社会，并逐渐形成了家和国的对应关系——家是最小国，国是最大家。在中国的传统文化里，家占据着重要的地位，家是国的细胞，国的很多问题都是由家的问题导致的，家与国密不可分。既然“家-国一体”，那么，家事，不仅是一家一户的事情，而且事关社会风气，是时代

① 林存阳，刘中建.中国之伦理精神[M].成都：四川人民出版社，2000：71.

的事情、国家的事情。爱国首先就要爱家。因此，德育教科书中可以适当增加对家庭情怀的教育，教育学生在现代商品经济的大潮中，学会坚守住一些传统文化中的优秀品质，把这些年失去的、淡化的“家庭意识”重新唤醒，把自己家庭中好的传统、基因传承下去。每个人都有对上、对下的责任感，那么我们整个国家就会变得很美好。

二、社会关爱教育

以“仁爱共济、立己达人”作为重点的社会关爱教育，是旨在引导青少年学生正确处理好个人与社会、个人与他人的关系，学会关心社会和理解他人，形成乐于奉献、热心公益等良好品德的一种教育。从一般意义上讲，社会关爱可以包括关爱社会和关爱他人两个方面。为此，本部分从关爱社会的教育、关爱他人的教育两个方面来剖析初中德育教科书中关于社会关爱教育的价值取向。

(一)教科书中关爱社会的教育

人存活于世间，在与社会的交往中，必将与社会发生着千丝万缕的联系。因为“人的本质不是单个人所固有的抽象物，在其现实性上，它是一切社会关系的总和”[①]。人从出生开始，就在一直实现着从具有生物学特征的“自然人”向符合社会化进程的“社会人”转变。每一个人的成长过程、发展变化以及对各种需要的满足，都离不开社会的活动与服务，这是因为人是社会的人。“教育上一切设施应该注重培养社会化的个人。”[②]所谓社会化的个人，就是“成为自己社会关系的主人，成为自然界的主人，成为自己的主人——自由了”[③]。因此，关爱社会的教育在初中德育教科书中主要表现为融入社会、积极参与公共生活；并热心社会公益活动，表现出良好的亲社会行为。

1. 参与公共生活

人是社会的人，只有积极地参与社会生活，并热心为社会公益事业服务才是健康的社会生活方式，也是关爱社会的具体表现。公共生活是人们在公共空间里发生相互联系和影响的生活。它比家庭生活和学校生活有着更广泛的活动范围、更公开的活动内容、更复杂的交往对象和更多样的活动方式等特点。学生的日常学习和生活除了在家庭和学校这两个固定的场所之外，不可能避免社会公共生活的活动，也不可能脱离社会公共生活而成长。为此，如何培养学生的社会

---

① 马克思，恩格斯．马克思恩格斯全集(第1卷)[M]．北京：人民出版社，1995：56．

② 钱亦石．现代教育原理[M]．福州：福建教育出版社，2006：34．

③ 钱亦石．现代教育原理[M]．福州：福建教育出版社，2006：35．

实践能力,在丰富多样的活动中认识、体验和践行良好的思想观念和道德品质就成为德育课程的迫切目标。中国传统文化中的“己欲立而立人,己欲达而达人”“己所不欲,勿施于人”等经典都为学生如何参与公共生活提供了宝贵的参照,也成为德育教科书中的一个重要课程资源。初中德育课程需要培养学生积极参与公共生活、参与社会活动的能力和精神,但初中生由于其生活、学习等方面的特点又不可能完全走入真实的社会去参与和体验;而这时候,社区就是一个很好的选择。社区,是真实社会的一个缩影,是学生日常生活的地方,是学生们休息、娱乐、交往和生活的场所,它为学生创设了良好的学习、锻炼、成长和发展的环境。我们可以通过社区这个环境,指导学生走进社区、体验社区、研究社区,从而了解社区、服务社区、建设社区。

教科版《思想品德》实验教科书在七年级下册专门设置了“走进社区”一个单元,并通过“我们生活的地方”和“在社区中生活”两课来分别讲述。“我们生活的地方”一课中,一方面是关注社区。通过对社区的素描和社区的感受,告诉学生什么是社区(社区是指聚居在一定地域范围内的人们所组成的社会生活共同体。它是社会的一个区域或者一个部分,是社会的一个细胞或缩影)、社区的类型(农村社区和城市社区两类)和特点,并让学生了解和关心、感受与体验社区的人和事。另一方面,是考察社区。要想深入了解社区的最好方法之一就是对社区进行实际的考察和研究,通过考察,可以了解很多不被我们了解的可爱之处,并学会社区考察程序的具体步骤。“在社区中生活”一课,告诉学生在社区的公共生活中如何行使权利、履行义务,学会正确处理权利与义务之间的关系;同时学会关心和参与社区生活,服务社区、建设社区,从而服务社区。在人教版《思想品德》实验教科书中,则是在九年级通过“承担责任,服务社会”和“融入社会,肩负使命”两个单元来讲述当代中学生应该如何融入社会并服务于社会。一方面,在社会生活中,责任与角色同在,在社会生活的舞台上,每个人都扮演着不同的角色,每一个角色往往都意味着一种责任,相应的角色就赋予该角色应有的责任。尤其是作为社会成员,更应该担负起社会公民应该承担的责任,为建设美好和谐的社会生活环境尽到相应的责任,中学生在这样的形势下理当义不容辞。另一方面,教科书呼吁当代中学生要融入社会,参与国家的政治生活,关注祖国经济的发展,投身于精神文明建设的实际行动中去,以自己的实际行动来参与公共生活,从身边做起,以便能够更好地走进社区,服务社会。

2.热心公益活动

作为社会的成员,每一个人都从社会获得过帮助,因此,也应该用同样的方式来回报社会。这就要求社会成员发扬志愿精神,积极参与社会公益活动,在自己能力范围之内尽可能地来关爱社会、服务社会、回报社会，增进关心社会的兴趣和情感，从而养成良好的亲社会行为。所谓亲社会行为，就是指人们在社会交往活动中所表现出来的谦让、帮助、合作、分享等行为，甚至是为了他人利益而做出自我牺牲的一切有助于社会和谐的行为趋向。① 中学德育课程需要教育学生养成学会谦让、懂得分享、乐于助人等良好的亲社会行为，从而做到服务社会，关心和帮助需要照顾的弱势群体，力所能及地热心于社会公益事业，努力做到“老吾老以及人之老，幼吾幼以及人之幼”，彰显社会关爱的大爱之心。

教科版《思想品德》教科书集中体现了这种理念，“爱人者，人恒爱之；敬人者，人恒敬之”。教科书中彰显了中华优秀传统文化中“爱”的理念，爱，不仅是付出，还是分享。“赠人玫瑰，手留余香”，帮助他人，既可以收获内心的安宁与快乐，同时还可以赢得世间的美好与真情。该套德育教科书的九年级“同在阳光下”单元讲述了对弱势群体的关爱。“生活在同一个星球上，人们沐浴着相同的阳光。然而，由于贫困、疾病等原因，不同的人却有着不同的人生境遇。坚守平等的理念，我们相互理解，相互信任，相互宽容，相互关爱，帮助和扶持那些处于弱势群体的人，让太阳的光辉温暖世界的每一个角落。”从“关注弱势群体、日月无私照、共享阳光”3 个方面来讲述如何热心公益，共享阳光。“关注弱势群体”一课中通过对我们现实生活中真实存在的弱势群体进行了界定，符合某些方面特征的人群才是弱势群体，让学生了解这些人群，尤其是了解与当下初中学生同龄的处于艰苦环境中的群体；让学生知道，在我们的生活中，确实存在着这样一些孩子，他们因为遭遇家庭变故或是其他方面的原因导致了食不果腹、居无定所，生活十分艰难。这些人理应受到全社会的关注和帮助。在“日月无私照”一课中，讲述了我们的社会正在积极为人与人之间生命的平等创造和提供条件，从根本上改变落后地区的贫困面貌，确保实现真正意义上的平等。接下来在“共享阳光”一课中，强调关心和帮助社会弱势群体不仅是政府的职责，同时也是全社会的责任，号召大家只有社会全体成员共同努力，一起来关心弱势群体，才会形成良好的社会氛围，体现对社会的关爱，使我们的社会不断走向公平与正义。“同在阳光下”单元体现了对社会的大爱，真正的大爱是无私的，是对全体社会成员的，为了全体社会成员的共同利益而努力奋斗。实现阳光的共享，既需要政府的不懈努力，通过一系列的政策措施来切实推进社会的平等公正；同时也需要社会的力量，通过各种各样的国际和地区组织来开展扶贫济困行动；另外，还需要大家的关爱，“只要人人都献出一点爱，世界将变成美好的人间”。德育教科书通

① 寇彧，王磊．儿童亲社会行为及其干预研究述评[J]．心理发展与教育，2003(4)：86-91．

过参与社会公益活动，努力将乐善好施、扶贫济困的中华传统美德传递给学生，让学生用自己的行为去实现“一方有难、八方支援”的中华传统美德。

（二）教科书中关爱他人的教育

人存活于人世间，如何关爱他人必然会有人与人之间的交往。因此，如何正确处理好与他人的关系就成为个体的一门必修课。而与他人的交往主要取决于对待他人的态度，以及由态度所表现出来的具体行为。对于中学生的日常生活来说，最常见的与他人交往主要表现为与父母的交往、与老师的交往和与同龄人的交往这 3 个方面。简单来说，即“孝亲尊师善待人”①，就是要做到孝敬家中的父母长辈，尊敬老师，并友善地与同学和朋友相处，妥善处理好与他人交往中的各种关系。关于如何与人交往，怎样交往，2003 年和 2011 年思想品德课程标准中都有关于与他人交往的总体要求：“掌握基本的交往礼仪，学会人际交流与沟通。善于与人合作，努力建立良好的人际关系。”②具体来说，就是认识父母对自己的关爱，学会与父母平等沟通，避免交往中可能产生的“矛盾”，并努力克服逆反心理；在理解老师工作特点的基础上，和教师进行有效沟通；积极与同学、朋友交往，并学会用恰当的方式与异性交往，养成活泼、开朗的性格。所以，与人交往成为关爱他人的重要体现，初中德育教科书关于“与他人交往”有着比较大的比例，以人教版《思想品德》实验教科书为例，在八年级上册教科书中，基本上用了70％的篇幅来讲述与他人的交往，从“相亲相爱一家人”“师友结伴同行”“交往艺术新思维”3 个单元讲述在家与家人、在校与老师和同龄人、彼此友好交往的细节问题，突出了交往的重要性，表明对培养学生交往能力的重视。结合青少年学生的特点，主要就是通过与师长和同龄人之间的交往来完成与他人的相处。因此，下面就通过“与师长的交往”和“与同龄人的交往”两个方面来具体分析初中德育教科书中与人交往部分的价值取向。

1. 关爱师长，学会与师长相处

师长，即父母长辈和教师，是青少年成长过程中不可缺少的引路人，他们共同担负着抚养、教育青少年的重任，在青少年生活和教育中发挥着重要的作用，成为青少年日常交往中必不可少的人。为此，该如何培养青少年学生与师长相处的能力就显得意义非凡，自然也就成为初中德育教科书中一个不可缺少的内

① 教育部 2015 年 8 月 20 日发布的《中小学生守则（2015 年修订）》中第五条。

② 注：（1）教育部基础教育司. 全日制义务教育思想品德课程标准（实验稿）[M]. 北京：北京师范大学出版社，2003；（2）中华人民共和国教育部. 义务教育思想品德课程标准（2011 年版）[M]. 北京：北京师范大学出版社，2012：10-11.

容来安排设置。由于孝敬父母以及与父母相处的部分已经在前面的家国情怀部分有过论述，所以在此只对德育教科书中关于尊敬爱戴老师的内容进行阐述分析。

“师者，所以传道，授业解惑也。”尊师重教是中华民族的优良传统，尊敬老师，这是各个阶层共同坚守的准则。在中国，无论是民间谚语“一日为师，终身为父”，古训“三人行必有我师”，还是传统习俗祭拜之礼的“天地君亲师”等，无不体现出中华民族对尊师重要性的重视。在人的成长过程中，尤其对青少年来说，老师是重要的引路人，是他们在青少年幼小的心田中撒下求知的种子，是他们循循善诱地勾起青少年求知的欲望，是他们谆谆教导带领青少年走进知识的殿堂。为此，作为青少年儿童，除了学会如何与父母长辈相处和孝敬父母之外，还应该学会如何与老师相处以及如何尊敬老师。总的来说，“向师性”是大部分学生的共性，即有着乐于接受教师指导的自然倾向，都希望得到教师的注意、重视、关怀和鼓励，都希望有个好教师来教他们。[①] 但由于教师与学生的角色差异，日常学校生活中也存在教师与学生之间的交往沟通问题。那么，在学习的过程中，该如何与老师相处？该怎样尊敬爱戴老师？为此，德育教科书在安排这部分内容时基本上都是按照走近老师和了解老师这两个层次来递进地讲述与老师的相处。第一个层次是走近老师，了解老师，热爱老师。尊重老师首先表现在对老师的了解和热爱上，只有先“亲其师”，然后才能“信其道”。第二层次是在走近和了解老师的基础上，学会该如何与老师相处，学会正确的沟通与交往方式。

第一层次，走近老师，了解老师，热爱老师。在人教版《思想品德》实验教科书八年级上册“第四课老师伴我成长”中，首先通过“我知我师，我爱我师”一节内容的讲述，让学生对自己的老师及其工作有了一定的了解，从而走近老师，然后去热爱老师。“同言而信，信其所亲；同令而行，行其所服。建立爱生尊师、和谐融洽的师生关系，我们就能与老师心相应、情相融，就能快乐地学习，更快地进步。”[②]教科版《思想品德》实验教科书中在“阳光下最灿烂的职业”部分从了解老师和尊重老师说开来，作为肩负着教书育人神圣使命的教师这个职业理应受到人们的尊重和爱戴，尊师重教应该成为一种优良传统广为流传。教科书中通过“程门立雪”的典故和毛泽东主席尊敬自己在湖南第一师范学校老师徐特立的例子来教育学生要继承和发扬尊师重教的传统美德。

---

① 韩震．思想品德课程标准解读[M]．北京：北京师范大学出版社，2003：108-109.

② 课程教材研究所思想品德课程教材研究开发中心．思想品德（八年级上册）[M]．北京：人民教育出版社，2008：46.

在了解和热爱的基础上开始第二个层次即学会如何和老师相处和交往。人教版《思想品德》实验教科书通过“主动沟通，健康成长”一节讲述了师生之间交往的一些新观念，以及如何构筑师生之间情感的桥梁。在传统师道尊严的权威压迫下，导致学生往往在更多的时候扮演着“遵从者”的角色，属于“服从、被动”的“知识的接受者”和“被管理者”。时代的发展呼吁建立在民主、平等基础上的新型师生关系，与学生建立“亦师亦友”的关系，提倡教师成为学生学习的合作者、引导者和参与者，倡导建立人格平等、相互尊重的师生关系，在教学中共同进步，教学相长。当然，在与老师的相处和交往过程中，也会因为一些事情会与老师产生一些误解和矛盾，在面对这些情况的时候该如何正确应对也是需要探讨的问题，学会合理的换位思考，正确处理好与老师的交往和沟通。“从老师的角度看问题、正确对待老师的表扬和批评、原谅老师的错误、礼貌待师、注意场合、勿失分寸。”①教科版《思想品德》实验教科书在“良师益友”部分也对如何与老师建立起新型的师生关系给出了具体对策。“第一，客观认识师生关系的特点，摆正位置，在追求独立自主的同时，自觉接受老师的指导。第二，正确对待老师的表扬与批评。第三，了解老师的优点和长处。第四，理解和宽容老师的缺点、过失。”②当然，这些都不是固定不变的条条框框，在初中德育教科书后面部分都相应安排设置了让学生分享和讨论的环节，让学生根据自己的理解去提出一些关于师生交往的策略或想法。人教版《思想品德》实验教科书八年级上册第 53 页最后“关于师生交往，你可以根据自己的经验和体会提出一些策略或想法，与同学分享”，教科版《思想品德》实验教科书八年级上册第 23 页活动中要求学生“通过一定的途径和方法去了解、整理与老师沟通与交往的方法和策略”，这些具有一定操作性的活动，都为学生进一步思考如何更好地与教师交流沟通提供了可行性参考方案。

2. 关爱同学，学会与同龄人交往

青少年的人际交往除了与父母长辈及教师的相处之外，还有很多时间是和同龄的同学们在一起的，这些同龄同学自然成为青少年彼此交往的一个重要对象。与同龄人的交往更多体现的是友情的成分，当然对于处于青春期的青少年而言，也可能会有超出友情的，在介于友情和爱情之间的这种青春期懵懂的情愫成分，这其实就是涉及友情和爱情的边界问题。从人的情感来看，人一生的情感

---

① 课程教材研究所思想品德课程教材研究开发中心. 思想品德（八年级上册）[M]. 北京：人民教育出版社，2008：52-53.

② 朱小蔓，魏贤超. 思想品德（八年级上册）[M]. 北京：教育科学出版社，2006：21-22.

包含和贯穿着“亲情、友情、爱情”这3个方面，任何人也难以逃脱这3个方面。亲情是一种不求回报的阳光沐浴，是一种血浓于水的深度；友情是一种浩荡宏大的理解堤岸，是一种坦诚的知心相待；爱情是一种神秘无边的心灵照耀，是一种忠贞的两情相悦。人们常说：“亲情如山，友情似水，山水环绕，人生便有了稳定和灵动；而爱情是生活的调味品，因为爱情，人生才能锦上添花，充满暖意和情趣。”青少年需要对这三者及其关系有一个比较清晰的认识，学会如何正确处理这些关系。

由于亲情部分在前面与父母的交往中已经阐释过，在此不再过多重复。下面主要集中精力分析青少年尤其是初中学生在日常生活中如何在朋友之间寻求情感的纽带——友谊。“人生如歌，友谊是乐曲中最动听的乐章；人生如画，友谊是画面中最美妙的色彩；人生如诗，友谊是诗篇中画龙点睛之笔。友谊是一抹彩虹，染饰着我们的生活；友谊是一泓清泉，润泽着我们的生命；友谊是一盏明灯，照亮了我们的旅程；友谊是一座火炉，温暖了我们的人生。”教科版《思想品德》实验教科书在“友谊的天空”单元中，通过对友谊的描述，讲述“有朋友的感觉”，友谊作为心灵的需要，在成长过程中与学生同行，然而友谊也不是自然而然地就会产生，人与人之间的友谊需要敞开心扉。为此，要坦诚地与他人交流，真诚地帮助别人，从而获得友谊。在与朋友的交往中，有人因友得福，有人因友惹祸。因此，交友需要智慧，在“交友的智慧”部分，努力做到善交益友，远离损友。德育教科书中选取了自古以来广为传颂的“割席绝交”的典故来说明善交益友和远离损友的重要性，接着通过被誉为交友最高境界的“管鲍之交”典故来说明真正的友谊需要理解、宽容和信任，这也体现了中华传统文化的精品，展示了中华优秀传统文化的魅力所在。

在讲述同学之间普通的友谊后，该版德育教科书安排了在青春期交往中一种比较特别的关系——男、女生之间关系的相处，“男生女生之间”从“男孩！女孩！”“纯真的友情”“青春的心弦”来分别讲述，懵懂的青春期有着对异性的一种欣赏与好感，这其实是青少年生长发育过程中一种很正常的生理现象。世界本来就是由男、女组成，男、女之间的交往也是一种正常的自然现象，需要以正常的心态去面对。但在交往的同时应该注意保持“自然”和“适度”相结合的原则。面对男女之间青春的萌动，需要保持理性和克制，果实只有在成熟之时采摘才是最美好的，不要提前去品尝，否则就会是苦涩的滋味。相比于教科版《思想品德》实验教科书而言，人教版《思想品德》实验教科书在八年级上册“第三课同侪携手共进”中，分“同学·朋友”和“男生·女生”两节的内容来分别讲述友情和爱情。我们都希望自己拥有良好的人际关系，该如何建立自己的人际圈？在良好的人际圈中如何获得朋友的支持和帮助？在“同学·朋友”部分就分别从“我的朋友圈”和“与友同行”对上述问题进行了解答，帮助学生如何与别人建立良好的朋友关系，广交朋友，珍惜朋友的情谊；同时，在广交朋友的基础上也要慎重，不要不分好坏地滥交朋友，要有所选择，善交诤友，不交损友。

友情与爱情之间有时候是很难划清界限的，对处于青春期的异性交往该如何面对的问题，教科书在“男生·女生”一节中，首先通过对男生、女生的差异上入手，对男、女生有个初步的了解，然后正确处理好与异性之间的正常、健康交往，获得异性之间的尊重和友谊。青少年尤其是中学生正处于青春的懵懂时期，在与同学及朋友交往中获得友谊的同时，也可能会因为与异性的相处而产生超越于友情之上的一种彼此的好感或欣赏，可能还没有达到恋爱的程度和爱情的高度，对于这种情况，教育部门和教育者都应该拿出理性的态度来对待和引导。新课改以来的初中德育教科书对此采用了直接面对的方式，对处于这个阶段的学生给予了正确的教育和引导，帮助学生健康快乐地面对青春期遇到的问题，懂得如何区分友情和爱情。众所周知，异性之间的交往是人类社会生活中不可缺少的重要组成部分，适度且正常的异性交往不仅是可以的，而且也是日常生活中所必需的。爱情属于人的感情生活中的重要组成部分，人人都有追求幸福爱情生活的权利和自由，但要注意过早地品尝未成熟的果实是不利于健康成长的。在青春期，对异性的好感和心动也是人之常情，但心动未必就一定要行动，过早采摘未成熟的果实就会为自己的行为而买单。相比于以前一些教科书中关于异性交往问题的羞羞答答和“顾左右而言他”的讲述方式，实验版《思想品德》教科书在处理这个问题时采取了直接面对话题和正面引导为主的策略，不遮掩，不回避，这个理念也正体现了2003年实验版课程标准中“我与他人关系·交往与沟通”部分的“1.3 正确认识异性同学之间的情感、交往与友谊，学会用恰当的方式与异性交往”的课程标准要求。“进入青春期，我们逐渐产生了一些特殊的情感体验，开始对异性感兴趣，并可能产生思慕异性的心理。……面对男、女同学的感情问题，一定要记住：秋天才能成熟的果实，不要提前在春天采摘。我们要使自己的情感变得更加成熟、深沉与高尚，使我们的青春之花绽放得更加绚烂多彩！”①“男女同学之间的情感，需要慎重对待、理智处理。世间万物各有时节，过早地成熟，会过早地凋谢。我们既然是在春天，就不要去做秋天的事。”②处于青

① 朱小蔓，魏贤超.思想品德（八年级上册）[M].北京：教育科学出版社，2006：24-26.

② 课程教材研究所思想品德课程教材研究开发中心.思想品德（八年级上册）[M].北京：人民教育出版社，2008：39.

春期的初中学生只有学会了正确面对男女之间的关系，才能稳妥地处理个人的情感问题，也才能更好地处理好与同龄人的关系，学会正常和健康地与同龄人相处和交往的方式。

总体看来，德育教科书中社会关爱教育部分的内容围绕着如何关爱社会和关爱他人来展开，通过教育引导学生参与公共生活、热心公益活动以及如何处理好师友关系等几个方面来达成对学生社会关爱的教育，很好地落实了德育课程标准中“个体与他人及社会关系”的要求，将道德教育的内容与学生日常生活紧密结合起来，通过学生生活中熟知的场景来达到关爱社会教育的目的，同时学会正确与他人友好相处。“己所不欲，勿施于人。”每个人都不愿意受到别人不友好的对待，而希望受到别人友善的回应。将心比心，不希望别人对自己做的事情，自己也不要对别人去做。在与伙伴、同学和邻人相处的时候，应该以真诚回报别人的友善，用善良换取别人的信任，努力尝试换位思考，站在别人的立场设身处地地为对方考虑，多思考“我如果是他，会希望受到怎样的对待”之类的问题，才能更好地与他人相处。从这一点来说，德育教科书中很好地贯彻落实了传统文化成分中社会关爱教育部分的内容。

三、人格修养教育

人格修养教育旨在引导青少年学生形成良好的个性品质，努力将青少年学生培养成“知荣辱、守诚信、敢创新”的中国人。人格修养教育注重学生健康人格的培养，在心理学上，还经常运用“个性”一词来表达人格的概念。我国《大百科全书·心理学卷》中就有人格即个性的提法。人格(personality)一词，最早源于古希腊语 persona，原义指希腊戏剧中演员戴的面具，现在意义上的人格是指构成一个人的思想、情感及行为的特有模式，这个独特模式包含了一个人区别于他人的稳定而统一的心理品质。[①] 因此，在心理学中，人格是探讨个体与个体差异的领域，是一个人与社会环境相互作用表现出来的一种独特行为模式、思维模式和情绪反应的特征，也是一个人区别于其他人的特征之一。

然而，很长一段时间以来，人们总是喜欢将教育对象当作一成不变的，忽视了对个体差异性的重视，教育变成了冷冰冰的“物化”形式的知识的“授受”关系，成了被很多学者抨击的“目中无人”的教育。这种“物化教育”的缺陷就是忽视人的主体性，置人的主动性于不顾。中国的教育之所以任重而道远，就在于它既肩

① 彭聃龄.普通心理学[M].北京：北京师范大学出版社，2004：440.

负着培养独立人格的任务，又肩负着破除物化的任务①。教育需要做到“以人为本”，关注人的发展，关注个体的成长，将学生看作是活生生的人，注重人的“出场”。长期以来，由于物化的教育导致教育中人的“缺场”，忽视学生个性的差异，整齐划一的统一要求导致了学生个性发展的压抑，教育成了对学生知识的灌输，成了对学生程序化的规定。教育应该注重对个体人的关注，呼吁“目中有人”的教育。教育的对象是人，教育的目的就是应该关注人的健康发展。人是由一个个独立的个体组成，由此就应该注重对个体的关注。对个体的关注一般表现为对生命的热爱、自我情绪和情感的调适、人格品性的修炼等方面。这一点在新一轮课程改革的理念中体现得尤为充分和明显，2003 年实验版《思想品德》课程标准中提出“热爱生命，自尊自信，乐观向上，意志坚强”的情感态度价值观目标和“形成自我调适、自我控制的能力，学会理智地调适自己的情绪”的能力目标②。在课程标准的设置上从个体人出发，依据“成长中的我”“我与他人和集体”“我与国家和社会”3 个方面，融合道德教育、国情教育、法制教育和心理健康教育的内容，突出强调了个体“人”的重要性，为德育教科书中突出人与自我提供了广阔的纲领性文件支持，注重了对学生人格个性、个体生命的塑造，这较之于以前的教科书，凸显了“以学生为中心”的“生本主义”教科书理念，不得不说是一个具有里程碑意义的进步。在这种课程理念的指引下，教科书注重从学生的生活实际着手，重视对个体人的全面培养。以下从个体对生命的认识、情绪情感的调适和人格品性的修炼这 3 个方面具体分析初中德育教科书中华优秀传统文化中关于人格修养教育的价值取向。

（一）教科书中个人生命教育的倡导

人来到这个世界，从出生到死亡，走完整个人生的这一历程，就是人们常说的生命。那么，对于生命的问题，人们往往会思考：生命的本质是什么？生命从哪儿来？又将到哪儿去？什么样的生命才是有意义的生命？……这些问题都是人类一直探究的终极问题。生命本来是没有什么特别意义，偌大的世界，有你不多，没你也不少。生命是物质存在的一种方式，是物质运动的一个过程。“在自然生命的意义上，人生也是自然。生生死死，自然而然。”③当生命一旦被赋予在人的身上，就变得有价值和意义了。人为了能够生存，为了能够更好地生存，活

① 王啸. 教育人学：当代教育学的人学路向[M]. 南京：江苏教育出版社，2003：37-45.

② 教育部基础教育司. 全日制义务教育思想品德课程标准（实验稿）[M]. 北京：北京师范大学出版社，2003.

③ 孙正聿. 哲学通论[M]. 上海：复旦大学出版社，2005：114.

出有质量的生命，就会为了生命的质量努力去追求有意义的生命。法国文学家托马斯·布朗曾经对生命做过这样的描述："你无法延长生命的长度，却可以把握它的宽度；无法预知生命的外延，却可以丰富它的内涵；无法把握生命的量，却可以提升它的质。"这番富有哲理的话语多年来引发了很多人对生命价值的思考。生命价值的大小，不仅仅取决于自己的每一天是否能够好好地活着，而且更取决于在这个生命过程中你自己的付出和对这个社会的贡献。对于个人来说，尤其是对处于人生成长发育中重要阶段的青少年学生而言，更应该珍视生命、热爱生命，了解生命的价值和意义，正确面对人生的生老病死。虽然在历史的长河中，个体人的生命是短暂的，但如何才能让短暂的生命变得富有意义，这既是需要认真面对的人生问题，也是需要认真思考的哲学问题。"有的人活着，他已经死了；有的人死了，他还活着。"臧克家先生这句话就是对人生命价值的概括。生命的价值不只是在于时间的长短，而更应该是在于对社会所作出的贡献。生命是由无数个瞬间构成，青少年时期是人生最为宝贵的阶段。因此，要教会青少年珍惜自己的生命，珍惜生命的分分秒秒；同时对青少年学生进行生命价值教育，需要引导他们认真体会人自身生命的价值；人生的价值要靠今天的努力学习和将来的积极工作来创造，从而帮助他们不断追求自我生命价值的完善，让有限的生命散发出无限的光彩，从今天做起，从现在做起，从原来的我做起。追求自我完善，并不是要求用同一标准来要求每一个人，而是要求每一个人在自己"今日自我"的基础上去创造一个更为完善的"明日之我"来实现自我提升。这也体现了中华民族生生不息的生存价值观。

然而，一段时间以来，由于生产和生活方式的发展变化，人们对生命教育的重视程度不够，"人的精神、道德堕落……在一定意义上来说，正是人类轻视、无视和蔑视生命的必然结果"①。为此，需要关爱生命，关注人的生存状态，树立正确对待生命的态度。自古以来，中华传统文化中有着很多关于生命的论述，如可以通过儒家、道家和佛家不同生命观的比较教育来从中汲取对待生命的态度。儒家认为生命贵在人有"义"，其价值在于修身进取，注重入世以治世；在道家看来，贵在唯人有"智"，其价值在于与道合一，强调归隐以治身；而在佛家则认为贵在唯人有"悟"，生命的价值在于觉悟，提倡出世以治心。② 同时，这三家在对待自然生命的态度上，儒家重生讳死，但不贪生怕死；道家乐生乐死；而佛家尤为关

① 刘慧，朱小蔓．多元社会中学校道德教育——关注学生个体的生命世界[J]．教育研究，2001(9)：8-12.

② 谭保斌．我国传统文化中的生命观及现代启示[J]．广州番禺职业技术学院学报，2010(6)：51-52.

爱生命之生。它们分别对应着“成圣”“成仙”和“成佛”的不同人生境界。在对优秀传统文化中关于生命观的比较分析之后，可以帮助青少年学生珍视生命、热爱生命，正确面对人生的生老病死，明白人的生命虽然在历史的长河中是短暂的，但如何才能让短暂的生命变得富有意义却是永恒的。

我国学校德育课程及其教科书一贯重视对学生生命教育的指导。《思想品德课程标准》(2003)和(2011)中都将生命教育的目标专门列出：“体会生命的可贵和价值”“认识生命的独特性、多样性，珍爱生命，明确人生的意义”。[①] 再具体到初中德育教科书中，人教版《思想品德》实验教科书就试图用多种形式来阐释生命的意义以及珍爱生命的重要性。在七年级上册第二单元“认识新自我”中，先从珍爱生命开始讲述了生命存在的意义及个体人的生命价值。第一节讲述“世界因生命而精彩”，由于生命的多彩才使得这个世界变得五彩缤纷。同时人类为了能和其他生命友好地相处，就需要彼此精心地关爱和呵护。第二节集中在人的生命上，人的生命是独一无二的，每个人的个性品质、人生道路，以及实现人生价值的方式和途径往往都不尽相同，为此需要发挥个体生命的独特优势来贡献自己的智慧和才能。接着在第三节中论述如何珍惜生命，让生命之花绽放出价值之光，焕发出生命之彩。另外，在八年级下册“第三课生命健康权与我同在”中，教育学生懂得生命健康权是首要的人身权利，国家从法律的层面对人身权利给出了保障，法律捍卫我们的生命健康权，我们需要珍爱生命，维护健康，注重自身的生命安全和健康。同时，在注重自己生命和健康的时候，也不能以侵害别人的生命健康作为代价，否则也是侵害他人人格和生命的行为。教科版《思想品德》实验教科书中关于生命意义的编排和人教版略有差异，通过七年级上册第三单元“成长中的我”告诉学生，生命及个体的独特性，在学生成长的过程中，既能感受到青春的喜悦，享受到生命赋予的意义，同时也面临和体验青春成长的烦恼。为此，需要正确认识自我，悦纳自我，了解成长过程中每个人都是一个“独特的我”。鼓励学生在正视自我的基础上，通过自身的努力来成就自我：“进入少年期，我们开始关注自己，开始探索和认识自己的内心世界。我们开始思考：我是一个什么样的人？别人是怎么看我的？我应该怎样对待自己？我应该成为什么样的人？我应该怎么发展自己？”[②]正如世界上没有两片完全相同的树叶一样，

---

① 注：(1)教育部基础教育司．全日制义务教育思想品德课程标准(实验稿)[M]．北京：北京师范大学出版社，2003：2．(2)中华人民共和国教育部．义务教育思想品德课程标准(2011年版)[M]．北京：北京师范大学出版社，2012：8-9．

② 朱小蔓，魏贤超．思想品德(七年级上册)[M]．北京：教育科学出版社，2004：54．

世界上每个人的生命也都是独一无二的，都具有唯一性和不可复制性。通过对生命以及自己的认识，能够深层次地思考生命的意义和价值，从而帮助学生更好地珍视生命、热爱生命，以正确的态度对待生命的历程，做出无悔于生命价值的事情，这也是德育课程关乎情感、态度和价值观方面教育的重要体现，从而可以让学生在学习的过程中感受到生命的可贵，养成自尊自信、乐观向上的人生态度，为实现人生的目标而努力奋斗。

体现生命的价值，实现人生的价值，在一般意义上来讲，就是指人为什么活着。人为什么活着这个问题也存在着两种意义的理解，即个体本位的个人主义意义上的“小我”和群体本位的集体主义意义上的“大我”。所谓“小我”，一般指主要为了自己而活着，个人是本位，是起始点，是核心，以个人为中心的一种价值观念；而“大我”则是以社会为己任，为社会及亲友尽职尽力，对社会讲回报和责任的一种人生态度，个体只有在满足和实现了社会群体利益需要之后，才能显示出其价值。关于个体和集体的关系问题论述较多，由此衍生出来的“小我”和“大我”这二者关系也是值得仔细探讨的问题。其实教科书中安排这样的探讨也可以帮助学生树立正确的生命价值观，可以教育学生从日常生活的小事中明确“小我”与“大我”的关系。在个人主义和集体主义的发展历程上，都经历了不同的阶段，个人主义就历史形态而言就经历过“原始个人主义、极端个人主义、合理利己个人主义”3 个阶段，集体主义经历过“原始集体主义、封建宗法集体主义、社会主义集体主义”3 个发展阶段。① 其中原始个人主义和极端个人主义以及原始集体主义和封建宗法集体主义都是我们现代社会不提倡的。不可否认的是，每个人都会有个人合情合理合法地追求自我满足、自我价值的“小我”的人身权利，这本无可厚非。但是，我们也应该教育学生，人除了自我之外，同时也是社会的人，不可能脱离他人和社会而单独存活于世。那么在这种情况下，就应该综合考虑“小我”和“大我”的辩证关系，如果人人都为自己的“小我”意识而活着，那么社会的“大我”又该如何去实现？一个人只有满足社会的需求，才能获得自身生存的基础。为此，应该教育学生树立“大我”意识，将个人的人生意义和社会的价值取向统一起来，为实现“大我”而不懈努力。这也应该是初中德育教科书需要传递和体现出来的价值理念。

(二)教科书中自我情绪情感的调适

究竟什么是情绪和情感？从 19 世纪以来，心理学家们就进行了长期而深入

① 李丹.关于个人与社会的关系问题之历史反思——兼论社会主义市场经济条件下的新型集体主义[J].锦州师范学院学报(哲学社会科学版)，2002(3)：16-18.

的研究，但却没有形成一致的结论。相比较而言，当前比较流行的一种看法是，情绪和情感是人对客观事物的态度体验及相应的行为反应。[①] 情绪和情感两个词既有区别，但又相互依存、不可分离。人们常把诸如愤怒、恐惧、狂喜等短暂而强烈的具有情景性的感情反应看作是情绪；而把稳定而持久的、具有深沉体验的感情反应看作是情感，比如自尊心、责任感、热情、亲人之间的爱等。心理学主要研究感情的发生、发展的过程和规律，因此较多地使用情绪这一概念。情绪是变化的，也是丰富多彩的，在人的生活中，尤其是青少年时代，轻松与焦虑、欢乐与忧愁、沉着与惊恐、宁静与躁动……对于中学生而言，当得到父母或老师的夸奖或者取得理想成绩时，他们会感到十分开心；而当成绩退步时面对师长的批评，他们会感到非常的忧愁；遇到不幸的事情，他们就会感到十分的悲伤；当面临一些突发状况或身处险境时，他们就会感到惊恐不安……这些事情都说明他们拥有着丰富多样、多姿多彩的情绪感受。青少年的情绪情感问题也成为学校教育中需要重视的一个方面。

在学生的情绪情感问题上，从 20 世纪 90 年代末开始的德育课程标准中都做出了要求："理解情绪的多样性、复杂性，学会调节和控制情绪，保持乐观、积极的心态。"[②]从 1997 年开始的初中德育教科书中就开始对情绪问题进行论述，总体上看都是从理解情绪的多样性，学会调节和控制情绪以及保持乐观心态这几个方面来引导学生理解情绪情感问题。人生来就以其独特的喜、怒、哀、惧、爱、恶、欲等 7 个方面的情绪让世界变得丰富多彩，无论我们做什么、想什么，都会伴随着情绪的色彩。它可以使我们开心、生气、难过、高兴、喜欢、憎恨、害怕，也可以让我们为自己笑、为自己哭，为别人乐、为别人泣，这就是情绪的多样性。正是因为这样的多样性，我们也常常为此而感到困惑和苦恼。如何调节和控制情绪，从而保持乐观的心态就是一个需要面对的问题。这也成为德育教科书教学内容的一个不可或缺的部分。在情绪情感问题的教学上，从新中国成立之后到改革开放之初这段时间的德育教科书涉及不多，直到 1997 年人教版初中《思想政治》教科书中才将个人情绪等问题作为单独的话题放入教科书中来讲述，在初中一年级的教科书中安排了专门的章节来对情绪进行描述，"善于调节情绪，保持乐观心态"中首先通过对情绪的解释，告诉学生情绪是人内心世界的奇妙"窗口"，

① 彭聃龄. 普通心理学[M]. 北京：北京师范大学出版社，2004：364.

② 上述课程标准的要求分别为：(1)中华人民共和国国家教育委员会. 九年义务教育小学思想品德课和初中思想政治课课程标准(试行)[M]. 北京：人民教育出版社，1997：40. (2)教育部基础教育司. 全日制义务教育思想品德课程标准(实验稿)[M]. 北京：北京师范大学出版社，2003：2. (3)中华人民共和国教育部. 义务教育思想品德课程标准(2011 年版)[M]. 北京：北京师范大学出版社，2012：7.

反映着个人的兴趣和志向，包括喜、怒、哀、惧 4 种类型。然后，让学生理解情绪其实也是需要调节的，鼓励学生正确地面对情绪，学会调节和控制情绪。最后，教育学生保持乐观的心态，从而争做情绪的"主人"。这是新中国成立以来我国初中德育教科书中首次对情绪情感问题的阐释，也说明了具有自我调适、自我控制的情绪调控能力的重要性。心理学研究表明，情绪活动总是出现在心理活动前沿，无论个体人做什么、想什么，都会伴随着情绪；也只有有了情绪，才会有人与人之间的交往和心灵上的沟通。

然而，处在青春期的少男少女，经常会经历情绪的波动或情感的骚动，在这样的背景下，教学生调节和控制好自己的情绪，保持好的心态就显得尤为重要，学校德育教科书理所当然地担负起这样的责任，专门来教育学生学会面对情绪问题。接下来的初中德育教科书中就延续了情绪情感问题的栏目，专门安排内容继续和学生探讨情绪情感问题。在新课改后的人教版和教科版《思想品德》这两套实验教科书中，均安排了一个单元的内容来讲述情绪情感问题。2003 年人教版实验教科书中在七年级上册第三单元"过富有情趣的生活"中来讲述青少年该如何做情绪的主人。如何做情绪的主人呢？教科书中给出了具体的思路和方法："情绪犹如双刃剑。一方面情绪会对人产生积极影响；另一方面，情绪也对人产生消极影响。"[①]并在此基础上引出人的情绪是可以调适的，要学会调节和控制，排解不良情绪，并给出很多具体诸如"注意转移法、合理发泄法、理智控制法"[②]等情绪调节法。同时，引导学生如何品位生活。因为多姿多彩的人生离不开高雅的生活情趣，有了高雅的生活情趣才能充分体验到生活的充实与快乐，发现生活中的美，追求美好的人生。

同样，教科版《思想品德》实验教科书七年级下册第二单元"情感世界"中专门讲述了情绪情感问题。通过多彩情绪和缤纷情感来阐述该如何学会调控情绪，培养积极情绪，并努力成为情绪的主人；同时培育高尚情感，追求真善美，远离假恶丑，进一步丰富我们自身的情感。喜怒哀乐，人之常情。但是，面对同一件事情或者同样的结果，不同的人会产生不同的情绪反应；即使是同一个人，在不同场合和时间遇到同样的事情也会有不同的情绪反应。为此，要有适当的途径和方法来调节，努力朝着"心晴雨亦晴"的方向发展，正如对待天气一样，不管

---

① 课程教材研究所思想品德课程教材研究开发中心. 思想品德(七年级上册)[M]. 北京：人民教育出版社，2008：63.

② 课程教材研究所思想品德课程教材研究开发中心. 思想品德(七年级上册)[M]. 北京：人民教育出版社，2008：66.

外界天气如何，要坚信内心的彩虹一直都在，从而激发积极的情绪体验。该套教科书在讲述情绪的基础上，将情绪升华到情感的角度，再将其上升到高尚情感的高度，让学生理解人生的意义在于对真善美的追求、创造和欣赏："古今中外的仁人志士和英雄模范，本身就体现了真善美的统一；世界的大好河山也是真善美的统一体；很多高雅的文学艺术作品都反映和歌颂了真善美，给我们以真善美的熏陶。在学习和生活中，我们要自己用理智、道德和美引导我们的生活，积极主动感受、体验真善美，追求真善美，培养健康、文明的兴趣爱好和高雅的情趣，远离假恶丑，使我们的情感得到进一步的丰富和升华。"①

情绪情感是个人的行为反应。因此，自我情绪情感的调适关乎每一个人的日常生活。总的来说，初中德育教科书中将其作为一个重要的话题单独列出来对学生进行教育，基本上都是遵循着介绍情绪情感的概念、组成、积极和消极影响、如何调适和处理情绪情感问题的思路，可以说达到了德育课程标准中所规定的要求，起到了应该起到的教育效果。

（三）教科书中个体人格品性的修炼

完善的人格、良好的品性是道德教育的基本要求，也是中国传统知识分子的价值追求。教育旨在学生健康人格的培养和良好品性的养成，在当前社会背景下，中华优秀传统文化中关于诚实守信和坚强勇敢的内容可以帮助学生培养良好的个性品格特征。本书依据德育课程标准及教科书中的实际（从1959年"政治常识"初二上册的目录中提到"诚实正直、机智勇敢、不怕困难"一直到2011年课程标准对"意志坚强、诚实守信"等课程目标的描述，可以发现新中国成立以来的初中德育课程标准中都非常重视的人格品性主要有"诚实守信"和"坚强勇敢"等方面），特选取社会规范和课程标准中涉及的诚实守信和坚强勇敢这两个方面的人格品性来具体分析。

1.诚实守信的品性

诚实守信是中华民族的美德。诚实意味着不说假话、不做假事和信守诺言，守信表示遵守诺言。诚实守信是每一个人一辈子都应该坚守的基本道德规范和道德底线。而且随着时代的发展，诚实守信的内涵在继承中华传统文化特色的基础上不断被添加和赋予了新的时代意义。在先秦，"诚"即指诚实、忠诚，强调所想和所做的一致性，"诚于中，形于外"，讲究"勿自欺"和"勿欺人"。"信"主要指"信守诺言"，突出人要"言而有信"。到孔子时期，将"信"作为一个人的立身之本，"人而无信，不知其可也。大车无輗，小车无軏，其何以行之哉"（《论语·为

① 朱小蔓，魏贤超．思想品德（七年级上册）[M]．北京：教育科学出版社，2004：46．

政》);同时,还将"信"列为对学生进行教育的四大科目和五大规范之一(四大科目为言、行、忠、信;五大规范为恭、宽、信、敏、惠)。到东汉,许慎《说文解字》中将这二者联系起来表达一个意思,"诚,信也;信,诚也"。从此,诚信成为一种为人处世、修身立信的基本准则而流传至今。在新的时代中,诚信依然是我们为人处世的基本原则,是社会主义核心价值观个人层面中公民道德规范的要求之一,成为个人为人处世的基本原则。诚实守信关乎社会生活中的方方面面,小到为人诚实不说谎话,大到对工作事业、国家民族的忠诚等,无不体现着中华民族诚实守信的重要性,也激励着中华民族的每一个公民去努力践行。

诚实守信的人格品性也自然会成为学校道德教育不可或缺的教育内容。具体到德育课程和初中德育教科书中,关于诚信的内容一直在教科书中拥有着一定量的比例,在教科书中有着稳定的一席之地。从1959年颁布的《中等学校政治课教学大纲(试行草案)》中初二上册就有三课是讲述诚实正直的内容,1982年《青少年修养》中第十三课"诚实谦虚"就有一大半内容讲述诚实的美德。到进入新世纪的课改以来,德育课程标准中就对诚实守信做出了明确要求,"懂得对人守信、对事负责是诚实的基本要求,知道诚实才能得到信任,正确认识、体会生活中诚实的复杂性,努力做诚实的人"①成为德育课程对诚实守信方面的纲领性要求。

其中,在实验版《思想品德》教科书中关于诚信的安排设置较为细致,论述也较为具体。人教版《思想品德》实验教科书在八年级上册第十课"诚信做人到永远"中安排一课的篇幅集中讲述诚信的重要性。在"诚信是金"部分,解释了"诚"和"信"的意思,并在阅读材料中安排了"一诺千金"成语的由来,从而达到告诫学生"无数事实证明交往中如果不兑现自己的承诺,失信于人,就会产生信任危机"这样一个不争的事实。在"做诚信的人"部分,侧重于如何培养学生做一个诚信的人。诚实是获得信任的前提,信任的基础永远都是诚实。但总的来说,面对诚信的时候,情况往往又是复杂的,虽说诚信和谎言是水火不相容,但在面对有些需要我们隐瞒实情的某些真相而说出"善意的谎言",可能又恰恰是对对方利益的一种维护,从根本上说,善意的谎言并不违背诚实的道德。因此,在面对诚信的时候,要与人为善,学会拥有诚信的智慧,做一个诚信的人。相比于人教版实验版教科书的集中论述,教科版《思想品德》实验教科书对诚信的安排则采取分散的形式,没有专门设置诚实守信的单元或课题,而是将诚信的内容分散融入到

① 注:(1)教育部基础教育司.全日制义务教育思想品德课程标准(实验稿)[M].北京:北京师范大学出版社,2003:5.(2)中华人民共和国教育部.义务教育思想品德课程标准(2011年版)[M].北京:北京师范大学出版社,2012:11.

一些具体的事情中来讲述。比如在七年级上册第五单元“在分数的背后”中就渗透着很多关于“诚信”的内容，先是援引2003年《福布斯》中国财富品质榜的数据，表明中国内地企业家最为看重的财富品质首推“诚信”。在讲述了财富的首要品质——诚信之后，教科书则自然地将诚信的品质融入学生学习生活的考试中。考试对每一个学生来说是再熟悉不过，通过分数的真假对比，提出了诚实的重要性，并在教科书中对诚实的概念进行了解释：“所谓诚实，就是指实事求是，不说谎，不欺骗，不做假。”①接着，在此基础上讲述了诚实的重要性，针对现实中一些关于“老实人吃亏”的这种说法，通过一个材料的实例引发对该问题的讨论，最后主题文部分有力地驳斥了老实人或诚实人吃亏这一说法，教育学生懂得那些弄虚作假的人可能会一时得到某些“好处”，但终究会被人识破，不仅得不到所想要的东西，反而会遭人鄙视。相反，诚实的人也许会一时吃亏，但从长远角度来看，诚实的人最终会得到别人的信任和尊重，获得他们该有的一切。教科书中这样的诚信教育有着很强的现实性，针对社会发展的一些现实问题，如由于人们的功利主义取向导致部分唯利是图的人为了能够达到个人目的而不择手段，完全置个人诚信于不顾，而且也似乎取得了短期的利益，成为“短视”人群争相模仿的对象。从这个角度看，那些诚实守信的人似乎觉得吃亏了。为此，德育教科书在此背景下将诚信作为专门的问题列出来进行讨论，让学生懂得诚信的道理，做到讲诚信、守信义，在为人处世上力争做到言而有信、一诺千金，对事负责、对人守信，做一个诚信的人，并学会澄清是非，帮助学生树立正确的价值观，做新时期的诚信青少年，养成诚实守信的良好个性品质。

2. 坚强勇敢的个性

坚强是在遇到艰难险阻时能够积极地面对，勇于战胜困难的一种心理品质，是在面对挫折时一种坚毅不屈的个性品质。初中阶段是青少年正确树立人生理想、走好人生道路的重要时期，正如毛泽东在《沁园春·长沙》中所描述：“恰同学少年，风华正茂；书生意气，挥斥方遒……”在这个踌躇满志、意气风发的时期，他们满怀着希望，期待着梦想的起航，同时也在为放飞梦想而积极努力准备中。当然，我们也应该知道世间没有完美主义，人生不如意事往往十之八九，青少年在成长的过程中不可能一帆风顺。在他们成长的过程中，一定会面临着许多的艰难险阻和困苦，在这些困难和挫折面前，是悲观失望、自暴自弃，还是愈挫愈勇、迎难而上？这就需要有意识地帮助他们树立正确的人生观，学会如何面对生命的价值和意义。当然，他们在为梦想努力的过程中也会遇到各种各样的困难，在

① 朱小蔓，魏贤超. 思想品德，七年级上册[M]. 北京：教育科学出版社，2004：105.

面临困难的时候所拥有的态度很重要，应该勇敢地选择坚强，“锲而舍之，朽木不折；锲而不舍，金石可镂”，只要拥有着坚强的意志品质，就可以做到“长风破浪会有时，直挂云帆济沧海”。要培养学生敢于面对困难和挫折的勇气，从而养成乐观的态度和练就坚忍不拔的意志，让他们明白阳光总在风雨后的道理。逆境和困难能够教会我们很多学不到的东西，经历磨难的人会懂得比平时多得多的道理，百折不挠，坚强勇敢，愈挫愈勇。

学校教育应该培养学生坚强勇敢的个性品格，在新中国成立以来，尤其是改革开放之后的初中德育教科书中都有“坚强勇敢”的内容。1959 年初二《政治常识》上册有三课内容阐述“机智勇敢，不怕困难”的个性品质；1982 年初一《青少年修养》下册“锻炼意志”一课告诉学生如何对待困难和顺利，发扬坚韧不拔的精神；1986 年初一《公民》提出培养包括“坚毅”的个性品德；1993 年初一《思想政治》下册“热爱劳动，艰苦奋斗”一课中明确倡导艰苦奋斗是我国人民的传统美德，青少年要发扬这种精神，养成吃苦耐劳的坚毅品质；1997 年人教版《思想政治》教科书中初中一年级上册第三、四两课“磨砺坚强意志，拒绝不良诱惑”“能够承受挫折，勇于开拓进取”就坚强勇敢的表现、坚强勇敢的作用、面对挫折时的勇气和品质等问题进行了阐述，旨在培养学生坚强勇敢的个性品质。进入新世纪，在新课改实验版初中德育教科书中，坚强勇敢方面的品质更是被提到重要的位置。德育课程标准中要求学生能够“客观分析挫折和逆境，寻找有效的应对方法，养成勇于克服困难和开拓进取的优良品质。……体会自强不息的意义”①。人教版《思想品德》实验教科书七年级下册第六课“为坚强喝彩”就是培养坚强品质方面的内容，通过张海迪坚强不屈的故事激励学生学会用顽强的意志力来战胜困难，在面对困难和挫折时拥有正确的态度对于克服困难是非常有意义的。为此，就需要有意识地帮助他们树立正确的人生观，学会如何面对生活和学习中的困难。在人教版实验教科书中，除了上面“为坚强喝彩”一课专门讲述坚强外，还安排了五课内容（“第一课珍惜无价的自尊”“第二课扬起自信的风帆”“第三课走向自立人生”“第四课人生当自强”“第五课让挫折丰富我们的人生”）分别从自尊、自信、自立、自强 4 个角度引导学生做“自尊自信”“自立自强”的人，并通过列举中国历史上的名人这方面的品质来进行具体说明（如教科书通过詹天佑、林则徐、戚继光和郑和这 4 个人的图片辅助主题文说明自强不息精神）；然后转到谈

① 教育部基础教育司. 全日制义务教育思想品德课程标准（实验稿）[M]. 北京：北京师范大学出版社，2003：2. 中华人民共和国教育部. 义务教育思想品德课程标准（2011 年版）[M]. 北京：北京师范大学出版社，2012：7-9.

及人生道路上的挫折，在遇到挫折时，要努力培养面对挫折的健康心理和顽强意志，掌握克服挫折的有效方法，迎难而上，开拓进取。另外，本套教科书还在初中阶段的最后一课设置了关于人生理想与希望抉择的话题，安排在九年级"第十课　选择希望人生"部分，谈及如何将理想与现实完美结合的问题，理想与现实既相互联系，但又不完全相同；怎样给理想插上飞翔的翅膀，从而顺利通向理想之路就值得认真探索："理想高于现实却源于现实，理想的实现需要我们在现实中努力。……青春的成长，需要经受一定的考验，用积极的态度和行动去面对学习压力，我们从中收获的，将不仅是学习成绩。"①

"坚强勇敢"的内容在教科版《思想品德》实验教科书中是通过在八年级上册第五单元"顺境与逆境"来讨论的，讲述了该如何面对人生中的喜怒哀乐和艰难困苦。对于个体人来说，顺境和逆境都是一种人生考验，通过教育，旨在让学生努力做到"不以物喜，不以己悲"的崇高人生境界。当然，作为中学生，一时半会可能并不能达到这样的理想境界。为此，教科书中通过安排和表述这样的内容来教育学生正确面对这些问题："人生的旅程，有阳光灿烂、一帆风顺的时候，也有风雨飘摇、逆水行舟的时候。顺境与逆境构成了人生乐章的双重变奏。感受顺境，体验逆境，不因顺境而喜，不因逆境而悲。"②同时，顺境和逆境是人生的双重变奏曲，顺境为我们的成长提供了良好的外部条件，为成功奠定了很好的基础，当我们在顺境的时候，我们可以在顺境中成功；当然，也需要辩证地看，顺境为我们提供了成功便利的基础时，也可能会导致我们在顺境中沉沦。孟子有云："生于忧患，死于安乐。"顺境的安乐也可能导致斗志的丧失，因此在身处顺境时，要避免由于自鸣得意而导致"大意失荆州"的状况。同样，逆境在给人打击、使人消沉的同时，也有可能促使人化消沉为力量而催人奋进。逆境会对人造成很大的打击，导致自信心的消失、意志的消磨，处理不好就会使人一蹶不振，走入迷途。但任何事情都不是绝对的，逆境对于弱者可能是绊脚石，而对于强者就可能是成功的垫脚石，"从哪儿跌倒就从哪儿站起来"，历经磨难之后反而会获得更大的成功。因此，在困难面前，要学会与挫折同行，才能战胜困难，这也是德育教科书中所蕴含的价值观念。初中学生还需要树立正确的人生理想，在教科书的最后一个单元（九年级第七单元）设置了"新的旅程"的内容来讲述面临人生选择时的人生理想与追求。学生即将毕业之际，面临着人生的一次全新选择，该如何处

① 课程教材研究所思想品德课程教材研究开发中心．思想品德（九年级全一册）[M]．北京：人民教育出版社，2008：124．

② 朱小蔓，魏贤超．思想品德（八年级上册）[M]．北京：教育科学出版社，2006：97．

理好理想与现实的问题在本单元进行了探讨。既有着对一起走过的成长经历的回忆，又有着面临人生的第一次比较大的抉择，同时还有着对未来人生走向的规划和展望。昨天已经定格为美好的过去，面对正在向我们走来的明天，又该怎样去面对？——“志当存高远，人生当自强。”中华民族作为一个具有吃苦耐劳、不屈不挠精神的民族，在长期的历史发展过程中，既有过辉煌的历史，也有过屈辱的经历，但仍然能够以自强不息、坚忍不拔的精神自立于世界民族之林。这种坚强勇敢、自强不息的精神是中国“天人合一”思想的具体体现。《周易·象传》指出，“天行健，君子以自强不息”。这句话告诉人们要学习“天行健”（天健行）的刚毅不屈和运行不已的精神，要用天健行的精神来指导自己，像天那样刚健运行，从而自强不息。[①] 这些精神集中体现了中国人民奋发图强、百折不挠的底蕴和灵魂，造就了中华民族的自尊心和自信心，是引导中华民族不断进取的力量，也是中华民族得以延续发展的内在精神动力。

通过“个体对生命的认识、情绪情感的调适以及人格品性的修炼”这 3 个方面对德育教科书中人格修养教育的分析，可以看出教科书对传统文化中的人格修养教育旨在帮助青少年学生形成良好的个性品质，注重对个体人的关注和重视，倡导“目中有人”的教育，重视对学生生命意义和价值的教育，突出了情绪情感的重要性，并在教育中帮助学生养成诚实守信、坚强勇敢、不屈不挠等品质。初中德育教科书围绕着德育课程标准中“热爱生命、自尊自信、乐观向上、意志坚强”的情感态度价值观目标和“形成自我调适、自我控制的能力，学会理智地调适自己的情绪”的能力目标[②]，依据“成长中的我”“我与他人和集体”“我与国家和社会”3 个方面，德育教科书突出强调了个体“人”的重要性，注重对个体人的全面培养。

第三节　德育教科书中传统与现代文化的承接

传统与现代一直是社会发展过程中被人们广为关注的话题。而传统与现代尤以文化之间的关系而备受重视，因此，如何处理好传统与现代文化之间的平衡就显得意义非凡。传统文化从广义上来说，就是中华民族在长期历史社会发展沿袭过程中所创造和积累的各种物质和精神财富的总和。现代文化则是相对于传统文化而言的，毫无疑问，它是对传统文化的继承和创新，主要指由传统社会

① 邓球柏. 中国传统文化与思想政治教育[M]. 北京：首都师范大学出版社，1999：195.

② 教育部基础教育司. 全日制义务教育思想品德课程标准（实验稿）[M]. 北京：北京师范大学出版社，2003.

向经济富裕、政治稳定、科技发达的现代社会过渡中形成的文化。[①] 两者之间有着较为密切的血缘关系，各种传统文化是现代文化的源泉和根蒂，是现代文化的祖先。现代文化的发展离不开对传统文化的消化吸收，现代文化需要吸收传统文化中的精华和批判传统文化中的糟粕。现代文化作为新兴的文化，理应将时代精神和现代中国人的主流心理特征反映和体现出来。但现代文化从源头上讲是植根于传统文化之中的，因此需要有着正确对待传统文化的态度。中华民族经过几千年文明的发展，积累了很多的物质和精神财富，但这些传统文化可谓是精华与糟粕并存。为此，我们需要以"吐故纳新"的客观态度来处理和应对。对待传统文化，我们要努力实现取其精华、去其糟粕，避免全盘接受的民族文化保守主义和全盘否定的民族文化虚无主义两种极端倾向，正确处理好传统文化和现代文化之间的"血缘"关系。一方面，中国传统文化在发展的历程中，从最初的以农业为基础、血缘家族为本位的形态，到以《周易》和"礼乐"为核心的商周文化，再到形成以儒家思想为主干的形态，直至发展到在中国共产党领导下的以马克思主义为指导的社会主义文化形态，在这几千年的发展历程中，留下了很多值得进一步继承和发扬的传统文化精华，这些在今天看来依然有着很强的现实意义。诸如在前面关于德育教科书分析中提到的"热爱祖国、孝老爱亲"的家国情怀，"关爱自然、社会和他人、崇尚和谐"的社会关爱精神，"自强不息、诚实守信、艰苦奋斗、道德价值至上"的良好个人人格品性修养等，都是值得大力弘扬并发展的。作为中华民族的子孙后代，应该努力传承和弘扬，并用自己的实际言行来珍惜和发展这些优秀传统文化。另一方面，由于传统文化产生于生产力较低的社会制度之上，并在一定程度上为这些社会制度的统治阶级服务。因此，这些传统文化中不可避免地存在着一些与现代社会文明发展格格不入的相悖之处。诸如"尊卑等级、纲常名教、宗法观念、封闭保守、压抑个性和自由、独断专制"等封建糟粕就是现代社会应该而且是必须抛弃的。对此，可以沿用《论语·为政》中孔子所提及的"因"和"损益"来解读传统与现代的关系。《论语·为政》中，子张问："十世可知也?"子曰："殷因于夏礼，所损益可知也；周因于殷礼，所损益可知也。其或继周者，虽百世，可知也。"[②]"因"，可以解释为"相因继承"，为文化之"常"，就是应该传承的方面；而"损益"，可以理解为"减损增益"，是文化之"变"也，就是说应该依据发展而废除或增加，这为我们如何继承和弘扬传统文化提供了很好的思路。

---

① 董靖保，王尚义. 中国传统文化与现代文化的冲突[J]. 山西大学师范学院学报，2000(1)：27－32.

② 陈晓芬，徐儒宗，译注. 论语·大学·中庸[M]. 北京：中华书局，2011：24.

弘扬中华优秀传统文化，人人有责。无论是国家、社会还是个人，都应该为弘扬中华优秀传统文化贡献自己的力量。党中央、国务院以及教育部门都十分重视，分别出台了相关政策文件对弘扬传统文化做出规定和要求。在对待传统文化与现代文化的问题上，需要实现两者的融合。既要尊重传统，又要在传统中加入现代元素，实现传统的创造性转化和创新性发展。但是，我们也不要忘记，任何创新都是在继承的基础上对自身的清理和发展。我们创新，在哪里创新？中国传统道德文化为现代道德教育积累了很多宝贵的财富，但传统文化往往将过去的文化作为使命进行传播，而对变化缺乏一定的认识。而随着时代的发展和岁月的变迁，社会的各方面都体现出现代性。为此，应努力体现德育教科书中传统文化与现代文化的结合，正确处理好这两者之间的关系。历史的运动是一个连续不断的过程。在道德教育过程中，传统道德文化为现代道德文化的发展提供前提和基础，是现代道德文化的祖先和源泉。现代道德文化作为新兴文化，也不是无源之水、无本之木，而是在对传统道德文化进行消化吸收的基础上，将时代精神融合进去，是将现代中国人的主流心理特征体现出来的道德文化，两者之间有着传承和发展的关系。因此，传统文化与现代文化就成为对学生进行道德教育的德育教科书中需要处理的一对重要关系。

中华民族有着五千多年的悠久历史，创造了人类历史上最值得敬佩的文明成果，为人类文明的繁荣和发展做出了重要贡献，这些优秀的传统文化是值得中华儿女认真学习和体会的。通过对初中德育教科书中关于中华优秀传统文化价值取向的分析，可以发现，在我国的初中德育教科书中，依据初中学生的认知特点，较为全面系统地在教科书中彰显或渗透了中华优秀传统文化的有关内容，使中华优秀传统文化在德育教科书中得到了很好的传承和发展。无论是中华优秀传统文化中的关于家国情怀的传统美德教育、对社会和他人的社会关爱教育，还是对自身人格品性修养的提升等方面的教育，都能够在德育教科书中得到较为充分的体现。从总量上来看，关于中华优秀传统文化的比例较大，尽可能地体现中国文化元素，彰显了作为中国德育教科书的特点。德育教科书对中华优秀传统文化的重视可以从德育教科书中所选取的材料和名言警句为例来分析说明。教科版《思想品德》实验教科书中阅读材料部分有一半以上关于中华经典的故事，如“二子学弈、程门立雪、高山流水遇知音、割席绝交、管鲍之交、商鞅立木取信、日升昌票号、只赚一文钱、蔡嶙还债、梨虽无主我心有主、李离自刑”等分别从学习、交友、诚信、自律等方面对传统文化的精华进行了介绍和论述；关于中国古代先贤的名言警句也在教科书中占据了绝对地位，教科版《思想品德》实验版教科书五册中共有名言警句 108 则。从国别上看，中国的名言警句 68 则，外国的名言警句 40 则。其中在 68 则中国名言警句中，关于传统文化的格言有 56 则，占中国名言警句比例的 82%。这些名言警句主要出自我国古代一些杰出先贤及其著作中，主要有孔子、孟子、管子、陆游、韩愈、陶渊明、林则徐等，涉及的作品主要有《周易》《汉书》《论语》《孟子》《礼记》《中庸》《左传》《三国志》《增广贤文》等。同样，在同期的人教版《思想品德》实验教科书中也有着类似情形，全套教科书名言警句 103 条，在国别上中国有 72 则、外国 31 则。其中，72 则中国名言警句中，关于传统文化的格言有 42 则，占中国名言警句比例的 58%。这些名言警句主要出自我国古代思想家，如孔子、孟子、老子、荀子、朱熹、诸葛亮、陶渊明、苏轼、韩愈、范仲淹、陆游、李白等人及其相关作品（具体分布情况统计见表 2.3）。表 2.3 可以在一定程度上说明，初中德育教科书较好地弘扬和继承了中华优秀传统文化的内容，通过主题文、阅读材料、格言、图片等形式将传统文化的内容渗透融合在教科书之中，对体现教科书的中国特色和民族性起到了积极作用。

表 2.3　教科版和人教版《思想品德》实验教科书中国名言警句统计表

教科版	中国格言	关于传统文化格言	每册所占比例/%	人教版	中国格言	关于传统文化格言	每册所占比例/%
七上	19	15	79	七上	18	15	83
七下	11	9	82	七下	16	15	94
八上	15	11	73	八上	11	10	91
八下	15	5	33	八下	10	0	0
九全	8	6	75	九全	17	2	12
总计	68	56	82	总计	72	42	58

中华优秀传统文化中有着很多关于中华传统伦理道德的精华，将这些方面的内容选择作为德育教科书的素材，体现了课程思想性和人文性的特点。全套初中德育教科书中既有对中华优秀传统文化的显性介绍，又有着对相关内容的隐性渗透或融合，同时在教科书中还通过设计各种活动来引导学生了解和感知中华优秀传统文化的博大精深，起到了弘扬和传承的效果。总的来说，初中德育教科书较好地贯彻落实了关于中华优秀传统文化的传承和发展，起到了运用德育教科书这一平台对学生进行中国传统伦理道德文化教育的效果，发挥着德育教科书的作用。其中，德育教科书在传统文化每一部分里面的子类的比重也略有侧重。在家国情怀部分，讲述热爱祖国和热爱中国共产党的内容要大大超过讲述家庭情感的部分，而且从新中国成立以来不同时期的初中德育教科书中都

有着爱国的内容，但关于家庭情感的论述则是在新课改之后才在与父母的交往中有所提及，这两部分的比例明显是不平衡的。这也是与我们国家目前大力倡导的“弘扬以爱国主义为核心的民族精神”要求是一致的。在社会关爱和人格修养部分的论述基本均衡，无论是社会关爱的关爱社会还是关爱他人方面，人格修养的对待生命的态度、个人情绪情感的调适或个人品性的修炼方面都表现得较为平衡。

中华优秀传统文化几经传承，已经广泛渗透于人民的思想观念和日常行为之中，成为中华民族和中国人民不可或缺的重要财富。其所倡导的爱国敬业、社会和谐、个人修养、仁爱诚信等优良传统至今都有着很强的现实意义。“中华文明源远流长，孕育了中华民族的宝贵精神品格，培育了中国人民的崇高价值追求。……今天依然是我们推进改革开放和社会主义现代化建设的强大精神力量。”①传统文化为现代文化的形成提供了源源不断的文化根基，而现代文化则为传统文化的进一步深化发展赋予了新的契机。因此，在现今的德育教科书中应该注重加强对学生关于中华优秀传统文化的学习，让学生在中华传统文化的精华中学会一些基本的道德规范，将几千年来的中华传统美德发扬光大，把传统文化作为文化创新的重要源泉和素材，从传统文化中汲取精华，从而真正实现中华传统文化的创造性转化和创新性发展。

① 习近平. 习近平谈治国理政[M]. 北京：外文出版社，2014：158.

第三章　德育教科书对外国优秀文明成果的借鉴与吸纳

前面一章对德育教科书中所蕴含的中华优秀传统文化的价值观念进行了论述，秉承"古今中外"的思路来考察德育教科书中所蕴含的价值观念，德育教科书除了关于中华优秀传统文化的论述之外，还应该站在历史发展长河和国际视角来审视社会的进步和人类的发展。因为从古至今，各个国家和民族都创造了独具特色的灿烂文化，对世界文明做出了应有的贡献。国家的繁荣与发展，在继承和弘扬本国文化的基础上，也需要开阔视野，走向世界，体现国际化。中华民族在继承和弘扬自身民族文化的同时，就一直在不断地积极吸纳外国优秀文明成果来充实和发展自身的民族文化。尤其是全球化和国际化理念已成一种时代潮流的当下，任何国家都不可能故步自封、闭关自守地发展，因此，在弘扬民族文化的基础上对青少年一代进行国际理解教育就显得不可或缺。

一直以来，我们党和国家都十分重视对外国优秀文明成果的借鉴和吸收。毛泽东认为，无论是中国的优秀传统文化，还是西方的先进文化，都是共产党人继承和借鉴的对象，"应该是在中国的基础上吸取外国的东西，应该交配起来，有机地结合"①。《中共中央关于加强社会主义精神文明建设若干重要问题的决议》中强调指出，社会主义事业的繁荣发展，应该"继承发扬民族优秀文化和革命文化传统，积极吸收世界文化优秀文明成果"②。党的十八大报告也强调指出要"积极借鉴人类政治文明有益成果"，"积极吸收借鉴国外优秀成果"。这些都表明我们党和国家对借鉴其他国家优秀文明成果的重视以及海纳百川的宽阔胸襟。对此，习近平总书记也曾指出："文明因交流而多彩，文明因互鉴而丰富。"这些论述都说明在社会主义现代化建设的过程中，既需要坚持继承中华优秀传统文化为现在所用，同时还离不开对其他国家优秀文明成果的借鉴与选择。只有如此，世界上不同文化、不同民族、不同国家之间才会出现持久而稳定的"和而不

① 中共中央文献研究室. 毛泽东著作专题摘编[M]. 北京：中央文献出版社，2003：1586.

② 中共中央关于加强社会主义精神文明建设若干重要问题的决议[J]. 求是，1996(21)：11.

同"的和谐状态。[①] 这是因为"一花独放不是春,百花齐放春满园",通过交流、借鉴和吸纳其他国家的优秀文明成果,不仅可以"各美其美",而且还可以通过"美人之美"来达到"美美与共",使不同文明之间相互促进、相互提升。

第一节 德育教科书中外国优秀文明成果的内容选择

外国优秀文明成果不是西方资本主义的专利,它应该属于人类优秀文明成果,是全人类的共同价值目标。因此,初中德育教科书在内容选择上除了继承中华优秀传统文化之外,还应该吸纳和选择除中国之外的其他国家优秀文明成果来增强教科书的国际性。在全球化和国际化趋势下,如何培养学生的国际理解教育也成为当下学校教育中的一个必备要求。所以,德育教科书如何通过展示其他国家的文明成果来强化学生的国际理解教育也成为课程标准的一个基本目标。

文化的发展既是一个不断超越自己传统而获得自我更新的过程,同时也是一个不断整合和吸收不同文化且使之符合自己发展的过程。正如美国露丝·本尼迪克指出的那样,一方面,"一种文化,就像一个人,或多或少有一种思想与行为的一致模式,每一种文化内总有一些特别的,没必要为其他类型的社会分享的目的"[②];另一方面,"为了实现这个目的,人们从周围地区可能的特质中选出可利用的东西,放弃不可利用的东西。人们还把其他的特质加以重新铸造,使之符合自己的需求"[③]。由此我们可以理解为,文化的全面繁荣和发展,除了对自身文化的弘扬之外,也离不开对世界其他文化资源的吸收和借鉴。相比于西方国家,我国的国际理解教育虽然起步较晚,但发展较快。目前,随着国际化趋势的推进,国际的交流和合作日益频繁,我国对这方面的教育也日益重视起来。在教育中倡导与国际接轨,注重对外国优秀文明成果的借鉴和吸收,国际理解教育理念凸显。在最新一轮的基础教育课程改革中,"国际意识""世界意识"和"全球意识"等概念频繁出现于课程标准之中。尊重和理解世界各国的文化是国际理解教育的重要内容,所以异域文化中的优秀理念自然也会体现到德育教科书中去,成为德育教科书中借鉴外国优秀文明成果不可或缺的一种课程内容和课程资源。异域文化在德育教科书中的呈现,不仅仅是简单地向学生传授异域文化的

① 费孝通."美美与共"与人类文明(上)[J].群言,2005(1):17-20.

② 露丝·本尼迪克.文化模式[M].何锡章,黄欢,译.北京:华夏出版社,1987:36.

③ 露丝·本尼迪克.文化模式[M].何锡章,黄欢,译.北京:华夏出版社,1987:36-37.

知识和对待异域文化的态度，更重要的是能够在此基础上帮助学生掌握识别文化、理解文化和反思文化的能力。[①] 德育教科书中的价值取向既要体现中华文化的特色，在弘扬中华主旋律的同时也要吸收和接纳来自不同国家和地区的一些异域文化精品。鉴于此，异域文化中的优秀文明成果就成为德育教科书中不可或缺的组成部分和教育内容，成为新课程标准中培养学生的国际视野的新要求。很多教科书中都有一定比例的外国优秀文明成果的异域文化，与之相对应也有一些对教科书中异域文化的研究。[②] 异域文化有其积极的方面，也存在着消极的影响。看待异域文化应该保持谨慎的态度，力争做到取其精华、去其糟粕。因此，该如何将异域文化中的精品在教科书中呈现出来教育学生，以及把握异域文化中优秀文明成果和中华文化在教科书中的关系也就成为教科书价值取向需要思考和研究的问题。

解读德育教科书的外国优秀文明成果以及其中的异域文化精品，需要对异域文化进行简要解读，在此基础上可以帮助我们进一步了解外国优秀文明成果的内涵。关于什么是异域文化，没有统一的定论，不同的研究者基于自己的研究视角有着不同的解说和阐释。吴静、Numberger Eva(2009)认为："世界上不同的国家和民族有其不同的发展史，形成自身各具特色的地域文化，于是将其称为异域文化。"[③]南华(2011)则认为异域文化是"不同国家或地区在语言、历史、体制、信仰、习俗、价值观等方面上的差异"[④]。在此基础上，我们考察异域文化可以先从异域这个限定词上来分析。所谓"异域"(foreign land)，既可以指外国，也可以指他乡或者外乡。[⑤] 广义的异域文化是指除了本国文化之外的其他任何国家和地区的文化。依据季羡林先生的关于世界文化体系的划分标准，不外乎中国文化体系(其中包含日本文化，后者有了某些改造与发展)，印度文化体系，

---

① 王世光，邱德芹．社会科教科书中的异域文化——以国际理解教育为视角的考察[J]．教育学报，2010，6(5)：27-32.

② 近年来学位论文中对课程及教科书中异域文化的研究主要有：①王艳霞．课程中的文化选择研究[D]．北京：中央民族大学，2007．②蔡小燕．语文教科书中的异域形象——以"人教版"高中语文教科书为例[D]．上海：华东师范大学，2009．③蔡奇闻．高中外国文学作品中的异域文化及其教学策略[D]．武汉：华中师范大学，2013．④王汝祥．八套小学语文教科书中的异域文化研究[D]．金华：浙江师范大学，2013．⑤陈蔚．义务教育阶段课程中的文化选择研究[D]．上海：上海师范大学，2015.

③ 吴静，Numberger Eva．关于异域文化的观察与诠释[J]．中国青岛市委党校：青岛行政学院学报，2009(4)：71.

④ 南华．适应与创生：国际教育视阈下本土教师异域文化观[J]．继续教育研究，2011(7)：46-48.

⑤ 中国社会科学院语言研究所词典编辑室．现代汉语词典(增补本)[M]．北京：商务印书馆，2002：1493.

古希伯来、埃及、巴比伦、亚述以至阿拉伯伊斯兰闪族文化体系，古希腊、罗马以至近现代欧美的印度欧罗巴文化体系这四大类，并将前面三种统称为东方文化体系，后面的第四个成为西方文化体系。[①] 从这个角度来理解，狭义的异域文化主要就是指西方文化。因为和以中国文化为主的东方文化相对应的就是西方文化体系了，东、西方文化体系既有相通之处，也有其不同的地方。在人类社会发展的历程中，我们应该从不同文明中寻求丰富的智慧、汲取充分的营养，从而更好地发展中华文明。因此，外国优秀文明成果就成为需要借鉴吸收的精神养料来源之一。在这个意义上的外国优秀文明成果指的是除中国之外其他国家的优秀文明成果。

由于外国优秀文明成果涉及面极其广泛，所含内容包罗万象，一般研究难以对其丰富内涵进行全面概括。总的来说，以异域文化中的精品为代表的外国优秀文明成果以资本主义价值体系的自由主义、个人主义、理性主义等为主要内容[②]，并在此基础上衍生出诸如自由、平等、民主、人权等建立在理性主义之上的一些价值观念。对此，美国学者摩狄曼·J.阿德勒在其著作《六大观念》中曾专门讨论了用于判断的观念“真、善、美”和作为行为准则的观念“自由、平等、正义”。[③] 这些观念正如作者在书中所说，这几个词都是美国《独立宣言》和宪法当中的关键性词语[④]；同时，这些观念与法国大革命时所提出的“自由、平等、博爱”等原则也比较类似和吻合。

习近平总书记在2015年第七十届联合国大会上提出了“和平、发展、公平、正义、民主、自由”的全人类共同价值目标。[⑤] 这是习近平总书记站在“人类命运共同体”的高度提出的人类共有价值观，充分体现了人类共同的价值目标，是对人类文明成果的高度提炼，同时也集中反映了外国优秀文明成果。同时，“共同价值”不同于西方发达国家一贯主张的所谓“普世价值”观念。因为这两者有着本质的区别，“普世价值”认为“存在一种为普天下所有的人共同接受、并贯穿人类社会发展过程始终，亦即普遍适用、永恒存在的价值。它试图打破所有阶级、国家、民族和时空的界限，超越一切文明、宗教、信仰的差异，并且不会随着时代

---

① 季羡林.季羡林谈东西方文化(典藏本)[M].北京：当代中国出版社，2015：130.

② 王芳.当代中国社会主义核心价值体系建设研究[D].北京：中共中央党校，2014：57.

③ 摩狄曼·J.阿德勒.六大观念：真、善、美、自由、平等、正义[M].北京：团结出版社，1989：序.

④ 摩狄曼·J.阿德勒.六大观念：真、善、美、自由、平等、正义[M].北京：团结出版社，1989：19.

⑤ 习近平.携手构建合作共赢新伙伴 同心打造人类命运共同体——在第七十届联合国大会一般性辩论时的讲话[N].人民日报，2015-09-28.

的变迁、社会形态的更替而有任何的改变”[①]。但这种“普世性”的价值在现实中是不存在的,没有永恒不变的价值。价值是主体对客体的一种认识,由实践决定,而实践总是在不断运动、发展和变化的。马克思曾指出:“人们按照自己的物质生产方式建立相应的社会关系及其相应的原理、观念和范畴,不是永恒的,它们是历史的、暂时的产物。生产力的增长、社会关系的破坏和观念的形成都是不断运动的。”[②]这些“普世价值”都会随着实践的发展而变化。相比于“普世价值”抽象的人性论假设,“共同价值”则从现实的人出发,在承认阶级、国家和民族之间现实差异的同时,倡导“人类命运共同体”的价值观念;相比于“普世价值”论的排他性、狭隘性和独占性,“共同价值”思想则更具坚固性、包容性和共建性。[③]因此,我们应该在澄清“普世价值”问题迷雾的基础上,倡导全人类共同价值。[④]所以,以和平、发展、公平、正义、民主、自由等为代表的共同价值理念为确定外国优秀文明成果提供了重要参考依据。

通过对德育教科书内容的分析可以发现,教科书中除了对中华优秀传统文化方面的继承和弘扬之外,还在教科书材料的安排上选用了一定比例的外国元素,如教科书中选用了很多的外国榜样人物、一些外国优秀的经典故事和名言警句。客观地说,教科书中选取的这些外国叙事作品都非常典型且具有代表性,属于外国优秀文明成果中的经典叙事,通过故事的形式在德育教科书中作为阅读材料部分的内容表达出来,既增添了教科书的趣味性和可读性,弥补了中国传统文化可能的不足,同时又能够非常到位地达到需要表达的效果,在一定程度上向学生展示了与中国文化稍有差异的异域文化特质。从国别上看,通过对教科书中除中国之外其他材料的分析,可以发现在这些所选的外国材料内容的背后也彰显了一定的国际化教育理念。本书依据德育课程的特点,结合初中德育教科书文本所呈现出来的关于外国题材的材料选取实际,在分析初中德育教科书中外国优秀文明成果的内容选择上拟从和平发展、公平正义、民主自由3个方面来进行。

① 汪亭友.“共同价值”不是西方所谓“普世价值”[J].红旗文稿,2016(4):8-10.

② 马克思,恩格斯.马克思恩格斯选集(第1卷)[M].北京:人民出版社,1995:142.

③ 林柏海,杨伟宾.习近平“共同价值”思想与西方“普世价值”论辨析[J].思想理论教育导刊,2016(8):37-41.

④ 张维真.反对普世价值倡导共同价值[J].求知,2016(6):4-6.

第二节 德育教科书关于外国优秀文明成果的体现

如上节所提到的对外国优秀文明成果的论述那样，对于接下来关于德育教科书外国优秀文明成果具体表现的分析框架，本书结合中西方文化的基本差异以及学术界相关研究观点，依据习近平总书记在第七十届联合国大会上提出的“和平、发展、公平、正义、民主、自由”的全人类共同价值理念，从和平发展、公平正义、民主自由等3个方面对教科书中体现出来的外国优秀文明成果进行论述。

一、和平发展思想

和平发展作为人类的共同价值，在人类的发展过程中发挥了重要作用。从古至今，和平发展成为人类社会不懈的价值追求。“和平犹如空气和阳光，受益而不觉，失之则难存。”空气和阳光，是人类生存最宝贵的资源，天天在我们身边看似作用不明显，但一旦失去，将会给我们的生存带来极大不便。没有和平，发展就无从谈起。在西方，和平(peace)源自于希腊神话“eirene”(“和平女神”)一词，主要表述为免于战争的状态[①]。关于和平的界定，主要有以强调“和平就是不存在战争、敌对和暴力的状态”的西欧、北美传统学派和“创造性提出积极和平、消极和平和文化和平概念”的加尔通教授为代表的北欧学派。[②] 在此基础上，李巨廉教授从“当代的和平观念应该是积极、公正、广泛、民主和理性的和平”[③]等几个方面对和平的趋势进行了概括。和平是人类的共同愿望，是人们普遍追求的一种理想的社会状态。相反，它的对立面则是战争，战争给人类带来了巨大的伤害和灾难。人类从古至今，历经数代发展，战争导致很多人失去了健康、生命、亲人、家园，等等。因此，人们向往和平、歌颂和平、追求和平。而发展是事物的不断变化、由低级到高级的进步变化过程。和平与发展这两者相互依存，共同作用于社会实践之中，在追求和平的基础上，通过发展来不断提升国家的繁荣和社会的进步。帮助青少年树立和平发展的国际意识已成为时代的必须和共识，课程标准中也有关于和平与发展的要求：“认识树立全球观念的重要性，

---

① Anderson G L. The Elusive Definitions of Peace [J]. International Journal on World Peace, 1985, 2(3):101-104.

② 刘成.西方国家和平研究综述[J].国外社会科学，2005(2):25-29.

③ 李巨廉.回眸世纪，探求和平[J].历史教学问题，1999(3):15-21.

增强为世界和平与发展作贡献的意识和愿望。"[①]因此,德育教科书需要有一定比例的内容来反映和体现和平发展的思想理念。

(一)教科书中的和平理念

当今时代,和平与发展已成为时代的主题。全世界都已经形成了一种"求和平、谋发展、促合作"的共识。虽然总体上国际形势的主流趋于缓和,但威胁世界和平与发展的因素依然没有完全消除。一些大国为了谋取自身在世界上的战略优势,依然实行着霸权主义和强权政治的作风,导致部分国家和地区因为领土纷争、民族矛盾、恐怖主义等方面的原因而发生冲突,从而威胁着全世界的和平。为了维护全世界的和平,世界各国人民都在为此做出积极努力,青少年学生也应该为世界和平做出自己应有的贡献。德育课程和教科书在帮助学生树立全球意识的同时,也在努力让学生了解当今世界和平与发展的主题,学会从全世界发展的角度来看待和平问题,增强为世界的和平以及发展做出自己贡献的意识和想法。为此,初中德育教科书文本中对和平与发展的问题进行了阐释。

和平是全世界人们共同的追求和愿望。初中德育教科书文本中关于和平的理念最早在 1993 年版的初中三年级《思想政治》教科书有所提及,"和平与发展已成为当代世界的两大主题,只要各国人民共同努力,世界和平是可以维护的,争取一个较长时期的国际和平环境是可能的"[②]。但从总体上看,这一时段的德育课程标准和教科书对和平的论述显得相对不足,因为整套德育教科书中除了提及和平与发展的这个主题之外,在教科书的其他地方均没有涉及关于和平思想的论述。

随着时代的发展,和平理念在初中德育教科书中所占的比重也在逐渐加大。新课改以来的教科版《思想品德》实验教科书中就比较明显,相比于之前初中德育教科书中的简单提及,该套教科书所提及的和平理念显得相对集中,在九年级第六单元《漫步地球村》中专门设置了"战争与和平"一课来简述和平价值观念。生活在不同国度的人们都向往着和平的生活,"'和平'是人世间最美好的字眼。人们向往和平,歌颂和平,赞美和平。今天,世界上大多数人在和平的环境中幸福地生活。……"[③]因此,"战争与和平"一课紧紧围绕"拒绝战争"和"热爱和平"两个主题展开论述。战争给人类带来了巨大的伤害,对生命造成摧残和伤害,消

---

① 中华人民共和国教育部. 义务教育思想品德课程标准(2011 年版)[M]. 北京:北京师范大学出版社,2012:15.

② 国家教委中学思想政治课教材编写组. 思想政治三年级(全一册)[M]. 上海:上海教育出版社,1993:81.

③ 朱小蔓,魏贤超. 思想品德(九年级全一册)[M]. 北京:教育科学出版社,2007:128.

耗了大量的资源、严重污染了生态环境，影响到经济的发展，也使很多青少年儿童在战争中失去亲人，成为无家可归的孤儿……由于战争的危害，教科书中列举了世界不同时期战争的次数以及给人类带来的灾难和损失，通过了解战争的危害，提出号召“不要战争，珍视和平”，并由此引出对和平的热爱。人们从远古时代就向往和期待和平，渴望没有战争的生活。和平对于全人类都有着重大的意义，世界各国领导人、国际组织等都应该为和平而努力。“为了维护世界的持久和平，建立稳定、公正、合理的国际秩序，国际社会作出了多方面的努力。……多年来，联合国在协助解决国际危机和解决长期冲突方面发挥了重要作用。”[①]通过列举联合国在防止国家争端升级、恢复和平方面做出的贡献，呼吁全世界人们共同努力，争取和维护世界的长久和平。另外，在教科版《思想品德》实验教科书八年级下册和人教版《思想品德》实验教科书九年级全一册中均从“实现祖国和平统一”的角度来讲述了和平的观念，遵循“和平统一、一国两制”的方针，坚决维护国家主权和领土完整，维护中华民族的根本利益。

教科版《思想品德》实验教科书关于和平的论述以及材料的选取都体现了国际化意识，将世界各地关于和平的人物、事件以及组织在教科书中进行了展示。教科书中既有关于雅加达人放飞和平鸽企求和平、托拉雅人点燃蜡烛希望和平解决黎以冲突的图片，又有关于巴以冲突、无国界医生、诺贝尔和平奖以及联合国和平钟等材料。教科书中的这几个材料都是很好地解释和平理念的事例，让学生在阅读过程中了解到国际组织以及个人对世界和平做出的不懈努力和贡献，这些材料可以说是外国优秀文明成果的具体体现，彰显了德育课程及教科书的国际教育思想。具体来说，材料中讲述了以色列前总理拉宾为巴以冲突所作出的贡献，“在他的努力下，以色列和巴勒斯坦于 1993 年签署了第一个和平协议；1994 年 10 月，以色列和约旦签署了和平条约，结束了两国长达 46 年的战争状态。……拉宾因此获得了诺贝尔和平奖”[②]。遗憾的是，拉宾在发表《和平终将实现》的演讲时被犹太右翼分子刺杀，为世界和平贡献了自己宝贵的生命。接着，教科书中又列举了无国界医生为世界和平做出的贡献。这个成立于 1971 年的国际人道医疗救援组织，由世界各地的志愿者组成医疗团队，被派往世界各个地区去协助紧急医疗救援工作，为身处困境的人们提供医疗援助。另外，教科书还对联合国在维护世界和平上所发挥的作用进行了阐述：“联合国是世界上最具普遍性、代表性和权威性的国际组织，首要宗旨之一就是维护国际和平与安全，

① 朱小蔓，魏贤超．思想品德(九年级全一册)[M]．北京：教育科学出版社，2007：134．

② 朱小蔓，魏贤超．思想品德(九年级全一册)[M]．北京：教育科学出版社，2007：133．

自成立以来，在防止争端升级、帮助恢复和平方面作出了不懈努力。”[①]并在课后设置活动，要求学生通过登录联合国网站或查阅相关书籍了解联合国致力于世界和平的具体行动及所取得的成就，同时建议学生举行联合国模拟大会，代表不同国家的外交官就世界和平与发展问题展开讨论，通过这些活动的设置，可以更好地帮助学生了解和平对全世界人们的重要性，以及如何为和平做出自己的贡献。教科书中所展示出来的这些国家的领导人、国际组织以及志愿者们，他们为追求世界的和平以及美好的未来在呼吁、奔波、奉献，这些都是学生值得学习的优秀文明成果。因此，教科书将这些材料集中呈现出来，体现了课程标准的要求，将和平理念进一步深入人心，同时也让学生通过这个平台深刻地认识到世界各国为人类和平所作出的贡献，起到了较好的教育效果。

德育教科书中关于和平的论述，从总体上来说所占的比重较小，尤其是从改革开放之后到新课改之前这段时间的初中德育教科书中，关于和平的论述相对显得更少，只是就当今世界的两大主题对和平的观念进行了提及，没有对和平的具体内容和表现进行阐释，更没有设置以和平为主题的专门单元来阐述和平的理念。新课改以来的教科版《思想品德》实验教科书，从国际发展的视角对和平的意义和作用进行了描述，并对如何构建和平的国际形势以及相关的国际人士为和平做出的贡献进行了具体的解释，向学生较好地传达了和平的意识和观念，符合课程标准的基本要求。

（二）教科书中的发展观念

发展是事物不断前进变化的过程，在全球化的视野下，既有世界各国不同时期的发展，也有我们国家不同阶段各方面的发展。其中，关于发展的理念在德育课程中一直表现得比较明显，1957 年《教育部、团中央关于对中学和师范学校学生进行社会主义思想教育的联合通知》中指出，初中设“政治常识”课，并在课程中开设“社会发展简史”方面的常识教育。从这以后，“社会发展简史”在德育课程中的内容一直保持到 20 世纪 90 年代初。“社会发展简史”课程的开设本身就是发展理念的具体体现，因为它是一门讲述人类社会由低级到高级阶段发展的一般过程和规律的课程。通过这门课程的学习可以帮助学生掌握人类社会发展的规律和历史唯物主义的基本观点，对人类社会五种社会制度的主要特征和发展过程有一个清晰的了解。

在《社会发展简史》教科书的前言部分，就明确提出了发展的意义。因为“人类的历史，就是一个不断地从必然王国向自由王国发展的历史”“人类社会是有

① 朱小蔓，魏贤超. 思想品德(九年级全一册)[M]. 北京：教育科学出版社，2007：134.

规律地、不断地从低级到高级发展的"[1]，所以需要通过学习社会发展史来提高认识，更好地把握社会发展的客观规律。从发展阶段看，人类社会必然会依次经历原始社会、奴隶社会、封建社会、资本主义社会、社会主义社会和共产主义社会等阶段，虽然不同民族、国家和地区各自情况不甚相同，但在社会发展基本矛盾的推动下，总体发展趋势是一致的。因为"新事物一定会战胜旧事物，新兴力量一定要战胜腐朽力量，新的社会制度一定会代替旧的社会制度，全世界都要实现共产主义，这是不以人的意志为转移的客观规律"[2]。

具体到德育教科书中，关于"社会发展简史"的内容安排基本上都是遵循着生产力和生产关系矛盾运动的主线，按照人类社会发展阶段的五部分顺序来组织。从原始社会的"劳动创造人类""原始社会的发展""原始公社的解体"，到奴隶社会中"奴隶制的确立""奴隶社会的经济""奴隶社会的阶级和国家""奴隶社会的阶级斗争及其制度的崩溃"，到封建社会"封建制度的建立""封建社会的经济""国家和意识形态""封建社会的灭亡"，再到资本主义社会"产生和确立""经济和政治制度""资本主义的帝国主义阶段"，最后到社会主义和共产主义社会"社会主义制度的建立""社会主义的基本特征和基本矛盾""共产主义社会的展望"，初中德育教科书中这些人类社会发展阶段内容的安排其实就是发展理念的具体化。到 20 世纪 90 年代课程名称统一为《思想政治》之后的初二年级，依然设置了关于"社会发展简史"的内容，"人类历史是多么悠久、丰富而多彩。这里展示着人类及人类社会的过去、现在，以至未来……""人类社会的今天，正是从昨天变化发展过来的。熟悉历史，回顾历史，终究是为了把握今天，走向明天。""通过本书的学习，可以使我们初步认识社会发展的规律，看清社会发展的方向和前途，……"[3]旨在通过认清社会发展的基本规律来帮助学生树立发展的意识和观念。

关于发展的理念在新课改以来的初中德育教科书中既表现为世界各国在经济等方面的共同发展，同时还表现为党的思想路线、方针政策的不断发展状态。在教科版《思想品德》实验教科书九年级"东西南北"一课中，教科书针对人类共同发展的话题展开了论述，在全球化的大潮中，世界各国都在努力跨越贫富鸿沟，一起谋求全球经济的共同发展。贫困和落后是导致社会动荡不安的一个重要因素，要发展首先必须消除贫困，加强彼此的合作与交流。在论述国际社会的

---

① ② 北京汽车制造厂，北京大学历史系《社会发展简史》编写组. 社会发展简史[M]. 北京：人民出版社，1976：1-3.

③ 思想政治课教材编写组. 思想政治(二年级上册)[M]. 北京：北京师范大学版社，1993：1-2.

共同发展时，德育教科书中列举了联合国、跨国公司和亚太经济合作组织在世界发展尤其是促进各国经济发展方面做出的努力和贡献。但全球化对发展来说是把“双刃剑”，既为各国特别是发展中国家提供了发展的良好机遇，但同时也加剧了国际之间的竞争，使得竞争更加残酷和激烈，发展中国家要想获得同样多的利益，需要付出更多的努力才行。

另外，以改革创新为核心的时代精神也体现了发展的理念。改革创新精神继承了中华民族革故鼎新的传统，既是中华民族传统精神的精华之一，也是在改革开放实践中学习借鉴外国优秀文明成果的过程。改革是社会发展的动力，创新是民族进步的灵魂，只有坚持改革创新的理念，紧跟时代步伐，抓住机遇、开拓进取，才能促进社会的不断发展。改革引领时代发展，创新引领时代潮流。经过40多年的改革开放，通过学习国外先进经验和成果，开拓了眼界，也促进了自身的发展。在中国社会改革意识和创新意识已深入人心，成为当代中国发展的主旋律。改革创新精神体现了当代中国发展进程中的要求，贯穿于中国改革开放的全部过程，是党和国家各项事业进步和发展的动力源泉。对于新中国而言，改革是当代中国的鲜明特征，是当前中国社会发展和进步的活力之源。改革就是对旧事物和旧制度的改良革新，面对社会发展的新形势和新情况，必须全面深化改革，运用进行时的态度来面对改革，将改革进行到底，不断推动社会各方面的发展和进步。中国共产党在新的时代条件下带领全国人民进行了改革开放的伟大革命，给党和国家事业的发展注入了新的活力和强大动力。习近平总书记强调：“改革开放是决定当代中国命运的关键一招，也是决定实现‘两个一百年’奋斗目标、实现中华民族伟大复兴的关键一招。”[①]改革的实质是社会主义制度的自我完善和发展。以教科书对思想路线、发展路线阐述为例，就体现出马克思主义理论不断发展的本质。在20世纪80年代以来的《中国社会主义建设常识》教科书中提及作为行动指南的马克思列宁主义和毛泽东思想；到90年代的《思想政治》教科书中依次增加的邓小平理论和“三个代表”重要思想，再到新课改以来教科版《思想品德》实验教科书在九年级“国策经纬”单元中专门阐述发展马克思主义的内容，这些都体现了我国初中德育教科书对发展理念的重视。

德育教科书中关于发展思想主要是围绕人类社会的发展历程来展开。新课改之前的德育教科书中发展思想集中于人类社会不同阶段发展的阐述，依据生产力和生产关系矛盾的主线，对不同社会的发展阶段进行了具体的分析阐述，通

① 中共中央宣传部．习近平总书记系列重要讲话读本(2016年版)[M]．北京：学习出版社，2016：67-68.

过历史的回顾和现状的分析，从而更好地展望未来，帮助学生正确认识社会发展的规律。新课改之后的德育教科书，为了划清学科之间的边界，删除了社会发展简史部分的内容，避免了关于社会发展论述的内容和历史学科的大量重复。关于发展的理念却仍然在教科书中占有一定的比例，通过对当前全球人类共同发展的话题，对发展理念进行了阐述。在列举说明一些地区和国际组织在世界发展中发挥的作用后，引导学生明白发展给国家带来的机遇和挑战，从而深入地理解发展的内涵。

二、公平正义思想

公平正义是现代社会不断追求的理想和目标，同时也是衡量国家和社会文明发展的标准之一。人们一般提到公平正义，自然会将“公正”“公平”“平等”“正义”这 4 个词联系起来。本书接下来在对“公正”“公平”“平等”“正义”四个词进行概述之后，只是以公平正义来笼统描述外国优秀文明成果中关于公平、正义以及平等的这些观念，特此说明。

（一）公平正义概述

提到公平正义，自然会将“公正”“公平”“平等”“正义”这 4 个词联系在一起。其实，“公正”（impartiality）、“公平”（fairness）、“平等”（equality）、“正义”（justice）这 4 个词之间既有相似性，又有差异性。一般来说，它们的差异性表现在公正具有正价值取向的“应然性”，而公平则突出衡量标准一视同仁的“工具性”；平等更多关注权利、地位、义务的等同，而正义则侧重于道德性的内涵。[①]所以本书在此论述外国优秀文明成果中这些观念时，只是以公平与正义来做笼统的描述，不再作具体区分。

公平意识和公平精神是现代公民的基本要求。因此需要培养学生的公平意识，并在此基础上树立规则意识，这将有助于他们熟悉当下的公共生活，为未来步入更广阔的社会生活领域并履行公民职责打下扎实的基础。公平是正义的基础，正义是公平的保障，这两者之间是相辅相成的。公平离不开正义，公平的合作离不开正义制度的支持。正义制度的程序和规则是面向社会的每一个成员的，制度的正义性在于它的程序和规则能够保证每个人尊重他人的权利，同时也要求每个人的权利得到他人的尊重和保障。“正义”（justice）一词的使用由来已久。亚里士多德的正义主要用于人的行为，而近现代西方思想家则将其用作评

① 洋龙．平等与公平、正义、公正之比较[J]．文史哲，2004(4)：145-151；孟雪静．论公正与公平、平等、正义之间的差异[J]．信阳师范学院学报（哲学社会科学版），2015(3)：16-19．

价社会制度的一种道德标准，被看作社会制度的首要价值。[①] 社会所有成员的利益，而不是为少数人制定的规则。正义与每一个社会成员的行为息息相关，努力培养学生的正义感，使学生养成鄙视以不正义的手段获得利益的良好态度，做一个正义的人，自觉遵守社会的各项规则和程序。另外，正义意味着相互承担责任。每个人在得到他人和社会帮助的同时，也必然会受制于他人和社会；在社会中的每个人，除了享受应有的权利之外还承担着必须担负的义务。这就是说，需要承担应当担负的责任，只有担负起相应的责任才是一个具有正义感的现代公民。正义要求自由平等是马克思主义的政治理想。《共产党宣言》中称："代替那存在着阶级和阶级对立的资产阶级旧社会的，将是这样一个联合体，在那里，每个人的自由发展是一切人的自由发展的条件。"[②]公平公正是社会主义本质的内在要求，社会主义的本质就是解放生产力，发展生产力，消灭剥削，消除两极分化，最终达到共同富裕。这也体现了公平公正的思想，就是要在全社会实现真正意义上的公平公正。而平等是社会主义核心价值理念，是社会主义不断追求的价值目标。马克思在《1844 年经济学哲学手稿》中指出："平等，作为共产主义的基础，是共产主义的政治的论据。"[③]在剥削阶级社会，存在着统治者对被统治者的剥削和压迫，导致政治和社会地位的不平等，不可能实现真正意义上的平等。社会主义和共产主义是建立在生产资料公有制基础上的社会制度，可以实现人们在地位上的平等。也只有保证全社会真正意义上的平等，才能更好地促进社会的和谐发展。平等是人与人之间的一种关系，是人对人的一种态度。人与人之间的平等，不仅仅是物质上的"平均"或"相等"，还应该是精神上的相互理解和尊重。人与人之间的平等，是不分种族、阶层、性别的差别，在人格上的一种平等。

崇尚公平公正，可以参考借鉴"七人分粥"和"分蛋糕"两个故事。"七人分粥"故事讲的是有七个人住在一起，每天分吃一锅粥。但由于条件限制，粥的分量不足，每天都不够分。因此，由谁来分、怎么分就成了摆在这七个人面前的一个重大问题。对此，可以依据实际情况总结出 5 种不同的分粥方案，并依据这些方案来进行思考所蕴含的意义。方案一：指定一人负责分粥。但这样很快就会出现问题，因为集权产生腐败，这个人为自己分的粥最多。方案二：大家轮流分粥，每人一天。看似公平的一个方案很快也会出现问题，因为大家只有一天能吃得饱（自己分粥的那天，利用分粥的特权给自己多分点），而其余六天都是吃不饱

① 罗尔斯. 正义论[M]. 何怀宏，等译. 北京：中国社会科学出版社，1988：5.

② 马克思恩格斯选集(第 1 卷)[M]. 北京：人民出版社，1995：294.

③ 马克思，恩格斯. 马克思恩格斯全集(第 42 卷)[M]. 北京：人民出版社，1979：139.

的。方案三：大家推选出一位道德高尚的人来分粥。起初这个人还能做到公平分粥，但时间一长，便开始对自己溜须拍马的人特殊照顾，导致了新的不公平。方案四：选举产生一个分粥委员会和一个监督委员会，形成相互监督和制约的机制。这样基本做到了公平，但由于人多彼此之间容易互相扯皮，等分完了，粥也早就凉了，这就出现了效率低下的问题。方案五：依然采用轮流分粥的形式，但规定分粥的人要最后一个领粥。于是，之前的不公平问题得到了较好的解决。其实，方案五就是利用了人的"利己性"来达到了"利他性"的效果，实现了公平分粥的目标，同时也体现出了一种公正的原则。其实这和"分蛋糕博弈"的例子有着相同的道理。"分蛋糕"的故事讲述的是母亲给两个孩子分一块蛋糕，不管母亲怎么小心翼翼地去分，其中的一个孩子（甚至可能是两个孩子）总觉得自己分到的那一块是较小的蛋糕。如何解决这个问题让母亲操碎了心，后来父亲想到了一个最佳的解决办法：那就是让其中一个孩子去分蛋糕，但前提是让另一个孩子先选。"你来分，我来选"，通过分蛋糕博弈可以体现出公正的原则。这两个故事为如何体现公平公正提供了参考和借鉴。

（二）教科书中的公平与正义

德育教科书中的公平与正义，旨在使学生懂得社会稳定和发展需要公平，自觉树立公平合作意识，维护社会公平，懂得正义是人类良知的声音，要自觉遵守社会规则和秩序，做有正义感的人。关于正义以及正义感，初中德育课程标准中指出："不凌弱欺生，不以家境、身体、智能、性别等方面的差异而自傲或自卑，不歧视他人，富有正义感。"[①]正义感是一种较高层次的道德感，它要求个体具备追求正义、伸张正义的道德意识和道德行为。通过强化个体的正义感，逐渐形成具有一定影响力的社会正义感的氛围，从而获得更多的道德自由，更好地团结他人、维护社会的公平和正义，促进社会的稳定发展。具体到初中德育教科书中，人教版《思想品德》实验教科书在八年级下册第四单元"我们崇尚公平和正义"中分两课来分别讲述"崇尚公平"和"维护正义"。公平和正义就像一盏明灯，照耀着人类历史前进的航程。自古以来，很多英雄豪杰，为了维护和追求社会的公平与正义，不惜抛头颅，洒热血。公平是社会稳定的"天平"，虽然不同的时代以及不同的个体对于公平的理解有着一定的差异，但毫无疑问公平是社会稳定和发展的基础；也只有在公平的前提下，整个社会才能人人各司其职、各尽所能，从而共同推进社会的持续发展。维护社会公平需要理智面对社会生活中的不公平，

① 中华人民共和国教育部．义务教育思想品德课程标准（2011年版）［M］．北京：北京师范大学出版社，2012：11．

对此，教科书中告诉学生“当我们遇到‘不公平’的事情觉得委屈困惑时，不妨调整自己的思维方式，理性地反思自己的价值观念，或许就会更加‘客观’地对待生活中的‘不公平’现象”；并教育学生要自觉树立公平的合作意识。社会的公平需要正义的社会制度做保障和支撑，也需要富有正义感的人来共同维护。为此，人教版《思想品德》实验教科书在公平之后安排了正义的内容。正义是人类良知的“声音”，社会发展需要正义，正义和正义制度面向全体社会成员，它要求每一个社会公民都必须遵守。在此基础上，动员和号召学生努力做一个富有正义感的人。“正义，让我们拥有神圣而博大的情怀。有了正义，我们追求真善美，鞭挞假恶丑；为了正义，我们反对强权霸道、恃强凌弱，提倡见义勇为、扶助弱小。”

德育教科书中除了对公平正义有较多论述外，平等的观念也作为一个重要的部分来凸显。落实到德育课程标准和教科书中，要求学生“知道每个人在人格和法律上都是平等的，做到平等待人”①。卢梭曾经指出：“人类中有两种不平等：一种是基于年龄、健康、智慧或心理的性质不同而产生的自然或生理上的不平等；另一种是精神或政治上的不平等。”②对于这两种不平等，前者可以通过国家的关注和帮扶弱势群体来实现，后者则可以通过倡导平等意识教育来实现。实现公平公正，首先需要倡导平等的观念。德育课程及教科书中需要告诉学生“人人生而平等”的道理，懂得国家尊重和保障人权，人人都要学会维护自己的合法权益，同时做到法律面前人人平等。初中德育课程标准中“平等”理念最早出现于1986年《中学思想政治课改革实验教学大纲》的“公民”部分社会主义社会人与人的新型关系是“建立人与人之间的平等关系”③。此后，教科书中“平等”这一理念既包括人与人交往的平等（与父母、老师和同学等，学会与他人在平等的基础上交往），同时也包括公民在法律面前的平等，即公民权利的平等。

在新课改以来的德育教科书中，教科版《思想品德》实验教科书“平等”这一理念第一次出现在七年级上册“人与人之间”单元“假如我是你”一课中。在“平等待人”一节中，运用《联合国人权宣言》（“人人生而自由，在尊严和权利上一律平等”）和《中华人民共和国宪法》（“中华人民共和国公民在法律面前一律平等”）对平等的论述，告诉学生平等不仅是社会法律的规定，更是人类文明社会共同的理性和道德的要求。在现代社会，平等、尊重、宽容、理解、关心、互助，这些都是

---

① 中华人民共和国教育部．义务教育思想品德课程标准（2011年版）[M]．北京：北京师范大学出版社，2012：11.

② 卢梭．论人类不平等的起源和基础[M]．李常山，译．北京：商务印书馆，1962：70.

③ 20世纪中国中小学课程标准、教学大纲汇编·思想政治卷[M]．北京：人民教育出版社，2001：273.

人际交往成功的前提条件，是文明交往的内在基础。人人生而平等，这不仅是法律的规定，更是文明社会的理想追求。在社会交往中，每个人都应该得到平等对待，每个人都希望拥有与他人一样的平等权利，希望得到他人的尊重。因此，平等待人是人与人之间进行社会交往、建立良好人际关系的基本前提。教育学生，在日常的与人交往中，要做到平等待人。由于每个人的家庭背景、成长环境以及个性特点的差异，都会有各自的优点和缺点、长处和不足，在与他人的相处中，要正视这些差异，做到平等地对待每一个人。这是关于平等理念在教科版《思想品德》实验教科书中的首次提及。

在此基础上，关乎平等的理念在教科版《思想品德》实验教科书九年级“漫步地球村”和“同在阳光下”单元中都得到了体现。“漫步地球村”单元中的“东西南北”一课通过“联合国的贫困钟”“撒哈拉以南非洲地区缺水问题”“伊拉克战争的困扰”等材料说明了世界贫富之间的差别，呼吁各国为消除贫困、促进平等均衡而努力。在“同在阳光下”单元，开篇就将这种理念呈现出来，“生活在同一个星球上，人们沐浴着相同的阳光。然而，由于贫困、疾病等原因，不同的人却有着不同的人生境遇。坚守平等的理念，我们相互理解，相互信任，相互宽容，相互关爱，帮助和扶持那些处于弱势的人，让太阳的光辉温暖世界的每一个角落”！接着用“关注弱势群体”“日月无私照”“共享阳光”这三课的篇幅分别就社会存在着部分不平衡和不平等的现状、平等的内涵、我国政府为了平等所采取的措施3个方面进行了论述，向学生全面地呈现出平等的理念。“关注弱势群体”一课，首先分析了我国社会存在弱势群体的原因。虽然我国在新中国成立以来，尤其是改革开放之后取得了举世瞩目的成就，但由于人口众多，经济、社会发展的不平衡，以及历史、自然等多方面因素的影响，地区、城乡之间还存在着较大的差距，社会中的弱势群体是真实地存在着。这是不容忽视和回避的现实。其次，具体讲述了什么样的群体是弱势群体，这一群体具有哪些特征。最后，根据这些特征，带领学生一起走近这些处于弱势群体的同龄人，真正了解这些同龄人的生存状态。“日月无私照”一课则在前一课“关注弱势群体”的基础上，提出了平等的追求。一方面，平等的真谛在于人没有高低贵贱之分，虽然在现实生活中，可能存在着诸如种族、民族、性别、职业、受教育程度等方面的差异，但在人格和各项基本权利上都是平等的。另一方面，平等是人类不断追寻的永恒目标。在人类社会的发展史上，人类一直在为实现平等和正义付出艰苦的努力和不懈的奋斗，中国共产党更是领导和团结全国各族人民，推翻了三座大山，为争取民族独立进行了艰苦卓绝的奋斗，通过建立新中国为人民当家做主提供了政治保证，为维护人类的平等做出了杰出的贡献。但平等的目标仍然是任重而道远，平等并不是意味着平均，社会主义市场经济鼓励部分人通过诚实劳动、合法经营率先富裕起来。“共享阳光下”一课是在前两课论述关于平等的现状和内涵的基础上，号召和提倡政府和全社会为共同关注、帮助弱势群体走向公平与正义的新生活。这一课又从“政府、社会和个人”3 个层面具体讲述了各自应该担负的责任。首先，政府采取了一系列政策措施，为弱势群体保驾护航。通过扶贫攻坚，缓解贫困现象；大力发展教育事业，促进教育公平，尽可能消除由于客观原因造成的不平等，确保每个公民都能获得平等的受教育以及发展的机会；通过《国务院关于解决农民工问题的若干意见》来重视和保障农民工的合法利益；另外，还通过法律援助为经济困难的公民提供法律服务等。其次，一些热心的社会组织也积极参与到扶持弱势群体当中去，“春蕾计划”、中国扶贫基金会和联合国儿童基金会等国内和国际社会组织都在为帮助弱势群体进行着不懈的努力。最后，教科书中向学生传递了一个基本理念：关注和帮助弱势群体不仅仅是政府和社会的事情，“一方有难，八方支援”，关爱他人是中华民族的传统文明和时代精神的体现。作为中学生，可能我们自身的能力有限，但我们需要用无限的责任去关心和关注弱势群体，从自我做起，学会尊重，学会关心，学会宽容，学会理解，学会帮助。“赠人玫瑰，手留余香”，在我们对别人进行关注和付出的过程中，我们也获得了内心的快乐与喜悦，在学会关爱他人的同时，也赢得了人世间最美好的情感。另外，在其他单元如八年级的“在同一片土地上”、九年级“新的旅程”中也都涉及“平等”的价值理念。

德育教科书中的公平正义思想是从崇尚公平、维护正义以及倡导平等等方面进行阐述。公平是衡量社会稳定的天平和标尺，是维持社会稳定的基础和保证，德育教科书中通过教育学生正确客观对待生活中的“不公平”来树立公平的合作意识。公平涉及社会发展的各个方面，为人们提供了发展的机会，而正义则是通过制度的调节促进了社会的和谐发展。同时，德育教科书对平等思想理念进行了较大幅度的体现，从学生普通生活中的平等表现到“同在阳光下”单元中倡导关注弱势群体的平等目标，到“漫步地球村”单元中关于世界不同地区的平等追求，贴近学生生活，向学生全方位地展示了课标的要求。

三、民主自由思想

“民主自由”的理念在德育教科书中首次出现是在《社会发展简史》教科书中，但涉及的是关于资本主义的所谓的“自由”和“民主”，资产阶级为了维护其自身的统治，总是把普选制、议会制和两党制作为他们统治的工具，通过吹嘘“国家主权属于全体人民”“自由国家”来欺骗劳动人民。随着时代的发展，民主自由被赋予了新的涵义，也被世界各个国家广泛使用。将这种理念的积极成分借鉴过来为我所用，在我国不同时期的德育教科书中都有着关于民主和自由的具体体现。

（一）教科书中的民主观念

民主是现代社会的高频词。在我国社会发展的各个方面都得到了广泛应用，已经成为我国社会发展的重要组成部分，无论是我们国家的国体和政体，还是社会主义核心价值观的内容，都将民主置于非常重要的位置。我们坚持走社会主义发展的道路，需要更加健全的民主。其实，民主观念最早源于西方国家，“民主”一词源于希腊字“demos”，为“人民”之意。就古希腊民主法治精神来说，更多主张法治优于人治，法律和契约面前人人平等等。这些思想虽源于西方，但却不是西方资本主义国家的专利，其他国家也可以在依据本国国情的基础上借鉴、消化和吸收。在日常生活中，诸如经常提及的“高度的民主政治”“建设富强、民主、文明、和谐的社会主义国家”“加强民主监督”“建立民主的师生、亲子关系”等，渗透在生活中的方方面面，这些都足以说明民主是人类社会人们梦寐以求的价值追求。在西方，从词源上看，民主一开始意味着“由人民直接地或间接地或通过分区选出的代表来治理或统治国家”；在我国古代典籍中，“民主”的意义并不是“人民的权力或统治”，而是“民之主”和“民之君”之意。① 而且“民主”一词在不同语境中的用法也不甚相同，主要可以概括为作为一种“政体”的民主、作为一种“程序”的民主和作为一种“生活态度”的民主 3 种类型。② 作为“政体”的民主是人民的统治和权力，与专制和君主政体相对应；作为“程序”的民主则是指人民在表达自己意愿和行使自己主权时的一种程序或方法；而作为“生活态度”的民主主要指的是类似于“开放”“平等”“宽容”等方面的个性差异。但是，民主又是具有阶级性的，不同时期民主的意义和内容是不一样的，比如资产阶级所宣扬的民主和无产阶级实现的民主是有着本质区别的。建立在私有制基础上的民主只是站在统治阶级利益为少数人服务的民主，民主只是剥削阶级用来巩固其自身统治和维护其自身利益的工具，并不是真正意义上的民主。而社会主义的民主是无产阶级的民主，才是真正意义上人民当家作主的民主。与民主对应的是法治，二者相辅相成，不可分割。民主是人类追求的终极目标，在社会主义国家，只有保证社会主义民主政治，保证人民依法行使民主权利，才能充分发挥人民群众的主动性、积极性和创造性。

虽然民主的观念和词汇均起源于西方，属于西方对人类文明的贡献。但在

---

① 石中英. 教育哲学[M]. 北京：北京师范大学出版社，2007：238.

② 石中英. 教育哲学[M]. 北京：北京师范大学出版社，2007：242.

其发展过程中，资产阶级所倡导的民主理念和无产阶级所倡导的民主还是存在本质区别的。因此，教科书中在吸纳借鉴外国优秀文明成果中的民主观念时，除了介绍资产阶级民主之外，更多的还是围绕着无产阶级以及社会主义的民主来展开论述的。所以，教科书中民主观念的论述是依据中国社会主义实际来展开的。当然，这也符合对外国优秀成果借鉴的思想。初中德育教科书关于资产阶级民主的论述在20世纪七八十年代《社会发展简史》教科书以及90年代《思想政治》的初二分册中，对资产阶级的所谓民主进行了论述和剖析，并就此突出无产阶级民主的意义。在初中德育教科书中，根据社会发展的需要，将社会主义民主的观念在教科书中体现出来已成为课程的一种基本要求。社会主义政治制度和民主法治的内容也作为初中德育教科书必备的内容，属于德育课程中国情教育的一个组成部分。将社会主义国家发展建设过程中的政治、经济以及社会方面的新变化反映到教科书中，让学生及时地了解国家的国情，能够激发学生爱我中华的伟大热情。初中教科书中民主既有前面所提及的“政体”“程序”的民主，也有“生活态度”的民主，而且主要是通过两个方面来实现：一是让学生懂得国家政治以及公共生活中的民主，并了解我国是人民当家作主的社会主义国家，人民享有广泛的权利，在日常的公共生活中个人的权利如何得到保障。二是通过学生生活中与父母以及老师建立民主平等的新型亲子或师生关系来进一步加深对民主的认识。从20世纪80年代开始的初中《公民》，到90年代的初中《思想政治》，再到新世纪以来的《思想品德》，都分别讲述了民主的重要性。如1986年和1988年初中《公民》教学大纲及教科书中都有关于民主的内容：“民主观念：人民是国家的主人。建设社会主义要发扬民主。发扬主人翁精神，做学校的主人，青少年要初步学会过民主生活。”1993年和1997年初中《思想政治》课程标准和教科书在初一和初三的内容都不同程度地涉及了民主：“人民是国家的主人，人民当家作主。”“我国是人民当家作主的国家政权：我国政权实行最广泛的人民民主；加强民族团结，巩固人民民主专政。”新课改以来，教科版《思想品德》实验教科书中的民主主要有政治生活中的民主、公共生活中的民主，以及普通人相处中的民主观念等。首先，关于政治生活中的民主，教科书中旨在让学生懂得我国是人民当家作主的国家，享有广泛的权利；知道宪法是国家的根本大法，要以主人翁的态度依法参与政治生活（“同一片土地上”涉及民主的价值观，“又到两会时”单元侧重讲述民主，关注两会，充分认识人民当家作主的途径、方法和意义）。其次，关于公共生活中的民主平等，教科书中在公共利益单元中有所涉及（“公共利益”单元中“公私之间”一课中提出，在公共生活中，每一个人都应该得到关心和尊重，其合法权益应该受到保护。个人利益的有效实现，充分体现了一个社会的民主与文明)。另外,还讲述了与老师相处的过程中建立民主平等的新型师生关系("跨越代沟"单元的"理解老师"部分就希望与老师建立平等、民主、互相尊重和共同发展的新型师生关系);人教版《思想品德》实验教科书中民主部分也差不多,关于政治方面的民主在九年级"融入社会肩负使命"单元的"参与政治生活"一课中,开篇就是"人民怎样当家作主"的内容。"在我国,一切权力属于人民,人民有权决定国家的重大事务。……人民通过人民代表大会制度来行使民主权利。"关于生活中的民主,既有与父母沟通的民主,也有和老师交往相处的民主。八年级上册"相亲相爱一家人"和"师友结伴同行"两个单元就有如何建立民主平等的亲子关系和师生关系的内容。

表 3.1 德育教科书中关于民主的内容

不同时期的初中德育教科书	教科书中关于民主的内容
1981 年《青少年修养》	热爱人民:人民是社会主义事业的决定力量(新中国成立以后,在党的领导下,亿万中国人民当家作主,充分发挥了自己的聪明才智、主动性和积极性,成为我国社会主义事业的决定力量)
1993 年《思想政治》	初一下册 第三课 培养为人民服务的思想:人民是我们国家的主人(我国的一切权力属于人民;我国的生产资料归人民所有);爱人民是我国的社会公德;做一个忠于人民的人
1997 年《思想政治》	初三第四课 建设中国特色社会主义:建设中国特色社会主义的政治(人民怎样当家作主;在我国,一切权力属于人民,人民有权决定国家的重大事务。……人民代表大会制度,是我国的根本政治制度)
2003 年教科版《思想品德》	八年级上册 跨越代沟单元中对生活中与师生交往中民主的提及(采用平和的态度与父母沟通;与老师之间建立起平等、民主、尊重、和谐、互动的师生关系) 九年级 第四单元又到两会时:聚焦两会(人民当家作主,共商国是);神圣的一票(选票的分量,基层民主)
2003 年人教版《思想品德》	八年级下册 国家的主人:人民当家作主的国家(人民是国家的主人;我国是工人阶级领导的、以工农联盟为基础的人民民主专政的社会主义国家。在我国现阶段,包括工人、农民、知识分子和其他社会主义劳动者、社会主义事业的建设者、拥护社会主义的爱国者、拥护祖国统一的爱国者)

总体来看，德育教科书中关于民主的观念主要从关于政治方面的民主（如国家的政治制度及政治生活）、日常生活方面的民主（如与父母、老师相处和交往中的民主）以及公共生活方面的民主（如公共利益中的公私之间等）来讲述，涉及面较为全面，基本囊括了民主的各个方面，将课程标准中民主的要求很好地落实到了教科书之中。

（二）教科书中的自由理念

自由是人自觉自主的活动，表现出来的是人之为人的本性之美。[①] 自由是社会人的一种权利，是建立于对他人和社会无伤的前提下自身权利的体现，所以在谈论自由的同时，就必然会涉及个人与集体之间的关系。在青少年日常的学习和生活中，在关爱他人以及和他人相处的过程中经常遇到个人和集体孰轻孰重以及如何处理好个人和集体关系的问题。在中西方文化中，其中一个比较明显的差异就在于对待个人和集体的关系问题上。以美国为主要代表的西方人信奉个人主义，他们认为人应该为了个人而生存，因此，在人生的道路上，寻求个人利益是一种正当的要求，个人的幸福和自由是不容侵犯的，集体的利益也不应该凌驾于个人利益之上。而在中国的文化和道德氛围中，则重点突出集体的利益，个人必须以集体为重，"同甘共苦""有福同享，有难同当"等成语或俗语都表达了中国对集体主义的重视。因此，德育课程以及教科书需要教会学生正确处理好这对重要的关系。论述个人和集体的关系问题首先需要了解个人和集体的概念。所谓个人，就是人作为个体在社会中的存在形式。而集体是人们依据自己的利益和意愿自愿结成的共同体，它是由个人组成，但又不是这些个人简单地相加。[②] 个人的存在与发展离不开集体，因为个人的许多基本需要，必须通过集体才能得以实现和满足。人一生的生活、学习、工作都离不开集体。集体中的成员之间的相互交流、相互信任、相互关心、相互支持，不仅能满足个体的集体归属需要，而且还能满足个体的自尊需要，使个体体会到自己存在的价值和作用。正如马克思和恩格斯在《共产党宣言》中提出"全世界无产者，联合起来"[③]的口号那样，体现了"团结就是力量"的效果。个人和集体的关系是对立的统一。一方面，任何个人都离不开集体，依赖于集体与社会所提供的物质和精神生活条件而生存和发展，不能离开集体而独自生活。这也是人区别于其他动物的根本所在。

---

① 万斌，吴坚．论自由、民主、法治的内在关系[J]．浙江大学学报（人文社会科学版），2011(5)：35-42.

② 程广丽．"新集体主义"对"个人"与"集体"关系的诠释[J]．山东理工大学学报（社会科学版），2003(6)：53-56.

③ 马克思，恩格斯．共产党宣言[M]．北京：人民出版社，1997：63.

另一方面，集体是由个人组成的，是人们交互作用的产物，集体的存在和发展离不开个人，离不开每一个集体成员的共同努力。因此，个人的发展是集体发展的基础，而集体对个人的发展也具有根本性的意义。

对于接受教育的学生来说，个人与集体的关系问题主要体现在班级、学校以及社会等活动中。班级和学校是学生健康成长的家园，在这个家园中，学生是真正的主人。一个个个体的主人构成了集体的家园，一个有良好风气的集体能够促进每一个学生健康发展。而每一个学生的健康发展与同心同德地维护学校和班集体利益，又会极大地促进学校和班集体的发展壮大。其中，个人作用的发挥是学校和班集体总体力量发挥的基础和前提；游离于集体之外或被集体所排斥的个体，必然会产生孤独感和自卑感。因此，每一个学生都应该积极主动地参与班级和学校活动，自觉遵守大家共同制订的学校和班集体规则，主动维护学校和班集体的荣誉与利益，使自己成为学校和班集体的优秀主人，这样可以增强学校和班集体的“合力”以及每一个个体的力量与自尊，主动参与班级和学校活动，并发挥作用。学生在丰富多彩的校园生活中，每天能够在老师的带领下翱翔于知识的海洋中，在繁重的学习之余可以与活泼热闹的同学开心地玩耍。这些自由自在、无忧无虑的集体生活，让他们能够感受到集体的幸福与快乐，从而增强团队意识和集体荣誉感，将学生培养成社会化的个体人。团队意识是一种主动性的意识，就是要将自己主动融入团体，感受团体的幸福，体会团结的力量。想团体之所想，急团体之所急，从而最大限度地发挥自己的作用。

个人和集体的关系问题历来是伦理学的基本问题。二者的关系一直是很多教育者研究和关注的一个问题，集体一般会与社会、群体和他人相对应。围绕这一问题其实一直是存在着争论和分歧的，主要集中在“国家和社会的价值主体，究竟是要以个人为本位还是以集体为本位”这一问题的讨论上。[①] 因此个人与集体的关系问题也会涉及与之对应的个人本位还是社会本位这一对范畴问题。个人和集体的关系也可以将其演变成个人本位和社会本位之间的一种需求取向。教育的价值取向是以个人为本还是以社会为本也一度成为教育关注的热点。关于二者的取向，陈桂生指出“近代教育价值取向，虽较复杂，在总体上‘人本位’取向时兴。……到了现代，突出表现为‘社会本位’教育目的取向日益占有优势”[②]。落实到德育课程和教科书中来，在新中国成立以来的历次初中德育课

① 程广丽．“新集体主义”对“个人”与“集体”关系的诠释[J]．山东理工大学学报（社会科学版），2003(6)：53-56．

② 陈桂生．常用教育概念辨析[M]．上海：华东师范大学出版社，2008：344．

程标准(大纲)及教科书中,"对社会"这一类目是分量最重的部分,在教科书文本中对应的词汇往往是:社会、集体、人民等,反映了对群体利益的重视,具体表现为如何处理好个人与集体关系、对各种社会规范的遵守、承担起一定的社会责任等。在改革开放初期的教科书中,更多注重的是群体利益,为了群体利益可以牺牲个人利益。如何处理个人与集体利益,几十年来的初中德育教科书中都给出了明确的说法,见表3.2。

表3.2　德育教科书中关于个人与集体的内容

版本	内　　容
1981年《青少年修养》	集体是个人成长的园地(个人在集体中成长的),个人利益服从集体利益(在我国,个人利益和集体利益根本上是一致的。当二者发生矛盾时,个人利益应当服从集体利益)
1986年《公民》	集体主义观点(良好的集体是个人成长的必要条件。在集体中,生动活泼地发展个性特长。个人利益要服从于集体利益)
1988年《公民》	热爱集体(个人成长离不开集体。在集体中,生动活泼地发展个性特长)
1993年《思想政治》	一、祖国的利益高于一切(个人前途和国家命运紧密相连,个人利益必须服从国家利益)。 二、发扬集体主义精神(个人成长离不开集体,建设良好的班集体,发扬集体主义、反对个人主义)
1997年《思想政治》	当代青年的社会责任(正确认识个人利益和国家利益的关系,把个人前途和祖国的命运联系起来)
2003年《思想品德》(人教版)	集体利益与个人利益是相互依存的。只有维护集体利益,个人利益才有保障。保障个人利益是集体的责任,而集体利益是集体中每个成员努力的结果。因此,集体应充分尊重和保护个人利益,个人更应该积极关心和维护集体利益 面对利益的冲突,我们应该学会选择,做出正确的决定。优先考虑公共利益,放弃或牺牲某些个人利益或群体利益,不仅能够最大限度地实现公共利益,而且从长远看也是对个人利益的最大保护。公共利益在公共生活中具有优先性,但这并不等于无视个人利益的正当性与合理性。在公共生活中,每一个人都应该得到关心和尊重,其合法利益应当受到保护。个人利益的有效实现,充分体现了一个社会的民主与文明

(续表)

版本	内　　容
2003 年《思想品德》(教科版)	以集体利益为重：集体由个人所组成。因此，集体中同时存在着集体利益和个人利益。一般情况下，个人利益与集体利益在根本上是一致的。但是，在某些时候，个人利益和集体利益也会发生矛盾。当个人利益与集体利益发生矛盾时，坚持以集体利益为重，并愿意放弃或者牺牲一些个人利益，这就是集体主义。从长远看，提倡集体主义是对个人利益的最多保护

表 3.2 中所列出的这些教科书中的关于个人和集体关系的表述都集中反映了一个比较一致的观点，即需要正确认识和处理好国家、集体、个人的利益关系，倡导个人利益服从集体利益、局部利益服从整体利益、当前利益服从于长远利益，反对小团体主义、个人本位主义和损人利己、损公肥私的行为。也就是说，是以集体利益高于个人利益的价值观来教育学生。2003 年德育课程标准“我与国家、集体和社会的关系 1.4 正确认识个人与集体的关系，体会‘团结就是力量’，能够自觉维护集体的荣誉和利益”也突出了集体利益的重要性。从课程标准的要求我们也不难看出，“群体”与“个体”相比，群体的主动占场意味着个体的地位被群体所占领，一定程度上可以理解为在个人价值和群体价值之间，这二者的地位是群体高于个体，“在教学大纲中出现的‘群体’占场与个人缺场背后就是一种认为个人的价值低于群体的价值的观念”①。比较有意思的是，在 2011 年的《义务教育思想品德课程标准》中，关于个人和集体的关系问题的提法在 2003 年实验版课程标准的基础上，措词略有变化：相比于之前的“1.4 正确认识个人与集体的关系，……能够自觉维护集体的荣誉和利益”的内容，在 2011 年课程标准中变为“在集体中成长 2.1 正确认识个人与集体的关系，主动参与班级和学校活动，并发挥积极作用。有团队意识和集体荣誉感，感受学校生活的幸福，体会团结的力量”，没有直接提到如何在个人利益和集体利益发生冲突时该如何去权衡。有时候，措辞的变化也是一种理念的体现，再如对照 2003 年和 2011 年《思想品德课程标准》中课程总目标，就可以发现一种细微的变化，2003 年课程标准中提出“将学生培养成为有理想、有道德、有文化、有纪律的好公民”，而在 2011 年课程标准中却是“将学生培养成为有理想、有道德、有文化、有纪律的社会主义合格公民”。从“好”公民到“合格”公民的变化，说明从道德的高标要求变成了道德的底线要求，这也说明随着时代的发展道德教育的理念发生了一些微妙的变化。

---

① 刘黔敏. 道德人的生成与流变：中国中小学德育课价值取向研究[M]. 北京：中国社会科学出版社，2014：52.

从人的道德水平发展来看，从低到高一般依次可分成“损人害己、损人不利己、损人利己、利己不损人、利人利己、毫不利己专门利人”几个层次。一般来说，“大公无私是圣人，先公后私是贤人，先私后公是庸人，损公肥私是坏人”。按照常理来说，在上述几个层次中，“损人害己”是正常人都不会做的；而“毫不利己专门利人”则属于一般人难以企及的高要求的“圣人”标准。因此，社会中的大部分人在处理上述关系的时候应该都是属于在中间的几个层次之间徘徊，一般的道德教育要求人们追求一种“利人利己”的“双赢”道德规范；反之，也至少能够达到“利己不损人”的道德底线，也就是该如何处理好公德和私德的关系问题。无论从公德还是私德的要求来看，关于道德的要求首先是来自于底线的道德，只有在底线道德的基础上才便于进一步去提倡崇高的道德要求。在精英道德观和英雄道德观模式的影响下，底线的道德观似乎有些不合时宜，其实不然。因为精英或英雄的道德观试图将高标准的道德要求施加于普通大众，让每一个学生都做道德完人，引导全社会人们都登上理想的道德阶梯。但这似乎不太可能，短时间内可能会有一定的效果，但从长远角度看，反而容易形成一种道德暴力。① 而底线道德作为道德的低层次要求，因为具有“行为约束性、普遍渗透性和互惠互利性”的特点②，对个体有着必须恪守的基本要求，需要道德主体不可回避地去履行和遵守。这样可能更便于从身边的小事做起，从点滴做起，让教育更有指向性和针对性，也就更容易引导学生进行道德学习，并在此基础上再逐渐提升道德要求，以期达到高标准的规范。这可能为正确处理公德和私德的关系提供了一定的借鉴和参考。

一段时间以来，我们常常见到一些道德模范事迹的报道，这些道德楷模们由于忙于集体的工作和事业，在父母长辈病重期间都没有时间去照顾，甚至在父母长辈去世的时候都没有放下手中的工作去看亲人最后一眼，送亲人最后一程，以致造成永久的遗憾。在他们的眼中，道德的核心就是“自我牺牲”。对此，扈中平教授(2001)曾将这些道德典型归纳为“有病不看型”“不回家过节型”“不顾家人型”“发扬风格型”等 4 种类型③。试问：这样的“道德楷模”是真正意义上的“楷模”吗？他们值得夸赞吗？他们为了工作，连父母最后一眼也没有看到，他们的行为符合我们日常的道德规范吗？我们的道德规范难道是教人为了工作和事业就可以抛弃亲人的至亲之情吗？就可以割舍基本的人伦吗？仔细想想其实这是

---

① 刘黔敏．道德人的生成与流变：中国中小学德育课价值取向研究[M]．北京：中国社会科学出版社，2014：151.

② 陈桂蓉．着眼道德生活的基础领地——略论底线道德[J]．福建论坛(文史哲版)，2000(5)：35-39.

③ 扈中平，刘朝晖．对道德的核心和道德教育的重新思考[J]．华东师范大学学报(教育科学版)，2001(2)：46-53.

很可怕的，工作真的比亲人的命还重要吗？极端一点来说，这种看似对集体和社会充满爱心，热爱集体，但却置亲情于不顾的人，恰恰是缺乏基本道德规范的表现。即便他们为工作事业做出了杰出的贡献，也是不足以引以为傲的，更不能将其作为他人道德学习的典范而广加宣传。这些“冷血现象”的产生，说到底是社会对“人”的漠视，导致人对“人”的漠视。

每当这样的道德楷模在含泪讲述这类“为集体而舍个人”的经历时，不禁让人在感动的同时也会发问，一个人连最基本的亲情都能置之于不顾，为了工作都能舍弃照顾亲人责任的人，能是一个称职的道德模范吗？一个道德模范的道德品质应该是全面的，不仅包括对集体和工作的热情、投入和付出，但也应该包括对社会、家庭、亲人基本的责任。这种以牺牲亲情换来的道德典范至少在现在社会不是一种值得提倡的道德楷模。在避免极端集体主义的同时，我们也反对极端的个人主义价值观。这种价值观认为先己后人，以满足自己的利益作为首选目标，损人利己或者损人不利己的事情都可能成为其满足个人私利的手段。为了个人利益完全抛弃了集体利益，置集体利益于不顾，这样的价值观念也是应该被摈弃的。这样的道理在历史上也曾出现过，比如春秋时期，管仲在临终之际就十分反对齐桓公重用易牙、开方和竖刁三人。因为管仲认为这三人在个人品行上的表现都有违人之常情。易牙竟然可以不惜烹了自己的儿子来讨好齐桓公；竖刁为了侍奉齐桓公不惜残害自己的身体；开方则为了邀宠于齐桓公，连父亲去世都不回去奔丧。这三类人为了所谓的“忠”，不惜连儿子的性命、自己的身体、父亲的去世都可以舍去，这样缺乏基本道德伦常的人，怎么可能会对国家和君主做到真正的热爱和忠心呢，这样的爱不是真正出自内心的一种博大情怀的爱，只是为了达到个人私利的一种偏执手段而已。历史证明，后来齐桓公因为没有听信管仲的谏言，重用了这三人，从而导致宫廷政变，落得被他们囚禁起来活活饿死的悲惨结局。

因为自由的理念涉及对他人和社会，真正意义上的自由应该是建立在对他人和社会无伤害基础上的个人自身权利。因此，分析教科书中涉及的自由理念可以从教科书中对个人和集体的关系入手。通过上面对不同时段我国初中德育教科书中个人和集体这对关系的表述，我们发现，在教科书中所弘扬的主要价值观念是集体利益应该高于个体利益，当集体的利益和个人的利益发生冲突的时候，倡导的是牺牲个人利益而保全集体的利益，因为“大河有水小河满，大河无水小河干”，在这种情况下，需要“舍小家，而保大家”。当然，我们提倡个人和集体的关系，主张先集体后个人，在集体利益和个人利益冲突时选择牺牲个人利益而成全集体利益，鼓励“舍小我而保大家”。但在处理这对关系的时候，需要避免两个倾向，即极端的集体主义和个人主义价值观。我们提倡集体主义，信奉集体主义价值观的人认为先人后己，在保证集体利益的条件下的自我实现是最大的幸福，他们会努力去帮助别人、舍己为公，并在这种过程中体会到幸福；但如果过度地提倡集体主义，甚至为了集体不惜以牺牲个人的一切利益为代价，这种极端的集体主义也是不值得提倡的。

第三节　德育教科书中外国与中国文明的汇通

曾见过这样一则故事：在一个国际公寓里，里面住着犹太人、美国人、法国人和中国人。一天，这个公寓遭遇火灾，这四个人最先想搬出的东西却有着很大的差异：犹太人最先想着搬出的是他的保险箱，美国人最先想救出的是他的妻子，法国人最先想抱出的是他的情人，而中国人最先想到的则是将自己的母亲背出来。这个故事可能有些夸张，但在这个故事的背后却一定程度地反映了一个不容忽视的事实：不同民族和国家都有着自己区别于其他民族和国家的特殊的价值标准和道德规范。

季羡林认为，自人类以来，世界文化可以分成四大体系，即中国文化、印度文化、伊斯兰的选择文化及欧美文化，并据此将世界文化分为东、西方文化两种。[①]同时，他还认为东、西方文化之间最根本的区别就是思维模式和方式的不同，西方文化注重分析，而东方文化注重综合。关于东、西方价值观的差异一般多体现在人文科学研究方面，自然科学研究在其研究的过程中，都是以价值中立的态度来进行的。而人文研究则始终贯彻着价值判断，成为不同价值立场的产物。正如一个健康身体的成长需要不同类型的食物一样，一个民族的精神生活的丰富和发展同样也需要来自不同地域的多样化思想。同时，一种营养不必一定排斥其他营养，一种文化和思想也应该不要排斥其他文化，对其他文化保持宽容和接受的态度。当今时代任何国家要发展，都不能孤立于世界之外。树立国际化视野，面向世界，学习和借鉴不同文明的优秀成果，是当今国家发展的必然要求，也是个人成长的必要条件。因此，在东、西方文化交流的时候，如果能够秉持这样的态度，彼此多一些宽容、谦虚和善意，少一些敌意和对立，应该更利于这两种文化之间的交流和融合。总体来看，东、西方价值观存在着一定的差异。苏珊（2007）就从人性取向、人与自然取向、人际关系取向、时间取向4个方面对东、西方文化价值观进行了比较：在人性取向上，东、西方文化的区别表现为“从善到恶”和“从恶到善”

① 季羡林.季羡林谈东西方文化（典藏本）[M].北京：当代中国出版社，2015：2.

的差异；在宇宙自然观上表现为“天人合一”和“天人相分”的区别；在人际关系上表现为“重群体或集体”和“重个人自由”的差异；在时间上表现为“重视过去”和“着眼未来”的差异。① 龚国祥(2007)也从义利价值观、个人集体价值观和自然价值观3方面对东、西方文化差异进行了比较，并指出在义利价值观上呈现出偏重道德和偏重功利的差异；在个人和集体价值观上呈现出群体认同和个人至上的偏差；在自然价值观上，则体现出“天人合一”和“人类中心主义”的差异等。②

世界上不同国家和地区的文化在教科书中的选择和出现反映了教科书编写主体对外国文明的态度和倾向。德育教科书作为对青少年一代进行道德品质教育的载体，自然是应该以中华文化作为主体，凸显中国教科书特色。但在全球化趋势下，也不能走闭关自守、唯我独尊的老路，因为历史已经为此付出了代价。因此，需要让青少年能够通过教科书了解到不同国家的优秀文明成果，从而更好地观察和了解世界。当然，本章概括提炼出初中德育教科书中的外国优秀文明成果，其界限也并不是绝对的泾渭分明。其中关于和平发展、公平正义及民主自由的思想理念既属于外国优秀文明成果，同时在一定程度也属于当今中国社会所倡导的主流价值之一，这是因为随着时间的推移，这些都成为人类所倡导的共同价值的重要组成部分。本书在此也是依据分析问题的需要才做这样的划分，也因此将初中德育教科书中涉及的关于和平发展、公平正义、民主自由部分的内容放在本章分析，德育教科书中渗透融合社会主义核心价值观部分将不再做具体分析，特此说明。

德育教科书中的外国优秀文明成果体现了德育教科书的国际化视野，在大力继承和弘扬中华文化的基础上，将学生的视野扩展到全球范围，努力培养学生的国际意识，让学生具有广阔的国际视野，更好地适应时代和社会发展的需要。教科书中关于外国优秀文明成果主要通过所选取的外国榜样人物、外国的名言警句以及外国的一些经典案例和故事等方面的内容来显示。这些德育教科书中所选取的外国优秀文明成果内容背后，一定程度上凸显了西方文化中一些较为典型的价值理念，诸如自由、公正、理性、自主、个性等。下面就从数量统计和呈现的教育价值做简要说明。

第一，从数量的统计上来看，新中国成立以来的初中德育教科书中的外国优秀文明成果一直占据着一定的比例。从新中国成立初期到20世纪90年代初中德育课程中开设的《社会发展简史》教科书，到90年代末以及新世纪以来《思想政治》和《思想品德》等德育教科书中都涉及了异域文化中的榜样人物、作品和其

① 苏珊.从价值取向看中西文化价值观[J].河南师范大学学报(哲学社会科学版)，2007，34(5)：216-218.

② 龚国祥.中西方文化比较[M].深圳：海天出版社，2007：3-28.

他方面，这些外国优秀文明成果在德育教科书中的呈现都表明了德育课程以及教科书所保持的国际意识观念。另外，相比于前期的德育教科书而言，现今的德育教科书中关于外国文明成果的内容比例也在从 20 世纪 90 年代以来呈现出下降的趋势。比如，以初中德育教科书中名言警句的国别为例来做统计，从 1997 年人教版的教科书中首次出现名言警句，全套五本教科书中共有名言警句 132 条，按照作者的国别来分，国内作者的名言警句 61 条，国外的 71 条，所占比例分别为 46％和 54％。中国名言警句的数量少于外国的，其中在初中一年级和二年级表现更为明显，在初中一年级和初中二年级四册教科书中，中国名言 41 条，而相比之下外国格言共有 63 条，比例分别约为 39％和 61％。到 2003 年版《思想品德》全套五本实验教科书中，人教版有名言警句 103 条，其中国内 72 条，国外 31 条；而教科版《思想品德》实验教科书总共 112 条名言警句中，国内的有 68 条，国外的 44 条。从比例上来看，2003 年两版实验版教科书中，外国名言警句的比例分别为 30％和 39％，相比于 1997 年版的德育教科书所占比例有明显下降。在教科书名言警句的国别选择上，呈现出从国内外名言基本持平到国内名言占绝对优势的趋向，这在一定程度上反映了课程理念中突出了对中国传统文化的重视和中国元素的回归，也表明了德育教科书在编写过程中主导价值观念的一种变化趋势（见图 3.1）。再如，教科版《思想品德》实验教科书全套所选取的中外小故事共 60 则。其中，关于外国的故事有 27 个，占据了将近一半的比例。

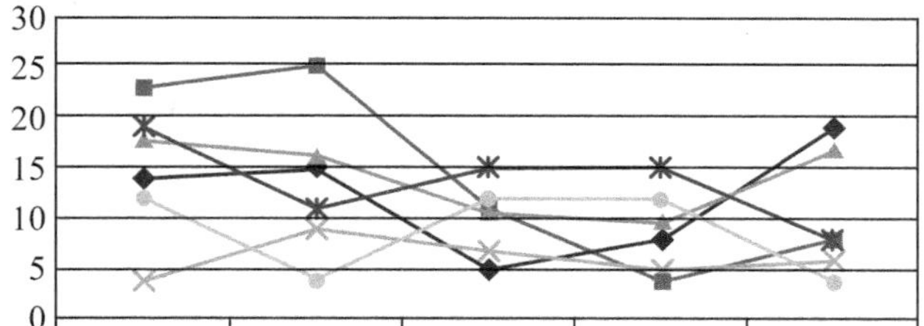

	七年级上册	七年级下册	八年级上册	八年级下册	九年级全一册
1997年人教版中国格言	14	15	5	8	19
1997年人教版外国格言	23	25	11	4	8
2003年人教版中国格言	18	16	11	10	17
2003年人教版外国格言	4	9	7	5	6
2003年教科版中国格言	19	11	15	15	8
2003年教科版外国格言	12	4	12	12	4

图 3.1　三版本德育教科书名言警句国别分析

第二，从德育教科书选取内容的文本所呈现出的教育价值上来分析，这些选择在德育教科书中的外国名言警句及故事涉及生活的各个方面，都体现了一定的价值观念。综合来说，主要有对社会道德规范和个人品质的要求，在社会道德方面，主要包括规则意识、关爱他人、合作竞争等方面。如：哈佛的校规、一群光头男孩、一大杯牛奶、生命的活力来自竞争等故事就分别向学生传达了这些社会道德要求。在个人品质方面，主要涉及诚实、坚强、勤劳、执着、爱心等方面。另外还有对学生学习读书方法以及人际交往的指导和论述。这些外国优秀文明成果为学生全面了解人类文化和世界文化发挥了重要作用，从而帮助学生学会运用客观正确的态度来看待多元文化和如何看待不同社会体制下人们的政治、经济生活。

因此，如何处理好东、西方文化的比例及其关系就是初中德育教科书需要认真面对的问题。德育教科书承担着弘扬和传播人类优秀文化的重任，既要将中国从古至今的优秀文化精品呈现给学生，也要将世界上其他国家的优秀文明成果向学生有所展示。所以，德育教科书也应同时担负着吸收西方优秀文化、传播本民族文化、促进文化自觉的历史重任。多元文化与多元价值是当代中学生不可回避的生活现实，德育课程的目的就是要引导学生在面对生活现实的时候能够做出正确的选择。现代社会强调对人的解放，经济全球化和信息网络化给人们的思想观念带来一些新的变化，尤其是在处于转型期的当下中国，传统价值与现代价值、东方价值与西方价值观念在演变过程中相互交流、碰撞，这些价值观念既有融合又有冲突，使得当下的学生，特别是初中学生无可避免地需要去面对复杂社会生活和多样的价值观念。教科书中各种文化究竟应该以什么样的身份和比重来安排，对此也有着不同的认识。相比而言，教科书中的文化定位也存在着不同的观点。综合来看，一般存在着 3 种不同的文化定位标准，即以“西方为标准”、以“中方为标准”和“中西兼顾”的文化定位这 3 种情况。相比较而言，“中西兼容”的文化定位标准更具中庸之道，符合大多数人的认知范围。但是，如何合理地做到“中西兼容”则需要建立在对以西方文化为主的异域文化对我国青少年所产生的积极和消极影响的分析上来寻求确切的答案。

全球化时代背景下，各国之间的文化交流更为频繁和密切，既给人类带来了许多合作共赢的机会，也带来了一些矛盾和冲突，可谓“渴望与恐惧同在，机遇与风险共生”。需要人们思考面对这种潮流时该何去何从？多元化和复杂化的价值观念在给全世界人们带来便捷的同时，也让国人的价值世界呈现出虚幻化和无序化的不良倾向，导致了很多中国人价值观念上矛盾和冲突逐渐增多，尤其是在改革开放之后，西方的理论学说、生活方式、社会思潮对中国的影响和冲击比较明显，使人们对待中西方文化的观念发生了一些变化。哲学的好处就在于你不知道该如何向左还是向右的时候帮助你分析权衡利弊，从事物的两面性来分析取舍，这也是马克思主义哲学的辩证思维方式，用这种辩证的方式来思考外国文化亦然。一方面，在全球化趋势的大背景下，外国文化肯定有着值得我们借鉴学习的地方，这些在一定程度上可以弥补我们自身本土文化的不足，在中西方文化的交流碰撞中促进人类文化的共同发展和繁荣，为树立国际意识和开拓国际视野提供了广阔的平台。无论是东方文化还是西方文化，中国文化还是外国文化，都是经历过时间历练和岁月沉淀而流传下来的。另一方面，外国文化在弥补我们自身文化不足的同时，也由于价值观念、文化传统、习俗等方面的差异，与中国当下的价值观念存在着偏差，面对这些价值冲突之时也会带来一些不利的消极影响。另外，如果过分地提倡异域文化还可能会导致"唯西方化"的倾向，认为西方的东西都是好的，中国的很多东西都是落后的、过时的。我们也曾见过一些在国外待过的学人，自以为深谙西方文化的精髓，言必提及西方文化如何如何，反而对中国的东西持批评否定态度，这种倾向也是不值得提倡的。对此，需要有个客观而正确的态度，辩证地看待中西方文化的交流和融合。传统民俗具备深厚的历史底蕴、地方特色、完整传承过程和在传承中不断发展变异的特性，而且随着社会发展，历史、民俗、信仰始终没有被丢弃。但随着全球化和国际化的推进，外国文化中尤其以西方文化为主的因素融入中国传统中来已成为当今时代的一个新特点。

为此，在这种情形之下，学校教育更应该秉承着一种让民俗文化在变异中与时俱进的态度，才能更符合时代发展的需要和年轻人的口味，更好地体现出中西方文化碰撞、交流和融合的结果。正确处理好德育教科书中外国文化与中国文化关系，让学生通过学习充分认识和了解世界文化，并对比分析其优、缺点，从而在鉴别对比过程中发现我国社会主义政治体制的优越性，从而更加坚定地热爱中华文化和我们的社会主义祖国，树立基本的文化自觉、文化自信和文化自强意识。因为在这三者中，"文化自觉是一个民族在文化上的觉醒、使命和担当；文化自信是一个民族对自身文化的传承、开放与超越；文化自强则是一个民族文化发展的方向、目标和路径"[①]。努力做到在文化反思中构建自己的民族文化，既不全盘西化，也不全盘复归，而是在反思、对话中保存、维护、改造、创新。

① 云杉.文化自觉文化自信文化自强——对繁荣发展中国特色社会主义文化的思考(上)[J].红旗文稿,2010(16):4-8.

第四章　德育教科书中社会主义核心价值观的渗透与融合

《公民道德建设实施纲要》中强调指出，公民道德建设应该“坚持继承中华民族优良传统与弘扬时代精神相结合”①。这说明在道德教育的过程中，既需要继承中华优秀传统文化，同时也需要大力弘扬时代精神，将当代中国社会发展中的核心价值观念体现出来。社会主义核心价值观与学校德育教科书有着内容和载体的密切关系，社会主义核心价值观是检验学校德育目标的标准，为学生如何适应社会生活提供了价值标准。为此，初中德育教科书中需要在继承中华优秀传统文化的基础上大力培育和践行社会主义核心价值观念。本章在对社会主义核心价值观进行概述之后，综合前面两章关于中华优秀传统文化和外国优秀文明成果的分析，依据社会主义核心价值观中所倡导的价值目标、价值取向和价值准则的要求，对我国初中德育教科书中所涉及和蕴含的关于国家、社会和公民个人3个层面的具体理念和内容进行剖析。

第一节　德育教科书中社会主义核心价值观的内容选择

社会主义核心价值观是中国共产党在新时期与社会主义发展要求相契合的理论成果，是与中华优秀传统文化以及外国优秀文明成果相承接的重要论断。由“富强、民主、文明、和谐，自由、平等、公正、法治，爱国、敬业、诚信、友善”24个字概括出来的社会主义核心价值观不是抽象的符号，而是有着具体的指向和土壤的。社会主义核心价值观既是以爱国主义为核心的民族精神和以改革创新为核心的时代精神的凝练和提升，同时也集合了人类共同价值的文明成果，将国内外优秀文明成果都充分吸收进来，是全人类共同价值的升华和体现。因此，一方面，社会主义核心价值观植根于中华民族几千年的优秀传统文化，并依据时代的发展，将当代中国的时代精神充分融合进去，实现了文化的创造性转化和创新性

① 中共中央关于印发《公民道德建设实施纲要》的通知[J].国务院公报，2001(32):5.

发展。另一方面，社会主义核心价值观又充分吸收了国外先进文明成果，将全世界及全人类共同的价值观念融入进来，作为其内涵的重要补充和有益来源。

习近平总书记在五四讲话中强调社会主义核心价值观体现了时代精神。为此，简要阐述时代精神概念及其内涵可以帮助我们更好地理解社会主义核心价值观，从而更深刻地领会社会主义核心价值观的内涵。“时代精神”(zeitgeist)，《大英百科全书》中解释为，“the general intellectual, moral, and cultural climate of an era”，就是指一个时代的知识(理性)、道德和文化的总体氛围。①顾名思义，时代精神就是指一个时代所具有的精神。该词最早出现于18世纪的欧洲。1774年，德国思想家赫尔德在《另一种历史哲学》中从一般的人类精神出发引申出“时代精神”一词。② 但真正第一次明确对“时代精神”进行界定的则是德国哲学家黑格尔。黑格尔认为：“时代精神是一个贯穿着所有各个文化部门的特定的本质或性格，它表现它自身在政治里面以及别的活动里面，把这些方面作为它的不同成分。”③马克思则对黑格尔的观点采取了扬弃的态度，认为时代精神是历史时代的本质特征及其发展趋势在社会心理、群众情绪以及精神文化等方面的反映，“每一历史时代主要的经济生产方式和交换方式以及必然由此产生的社会结构，是该时代政治的和精神的历史所赖以确立的基础”④。“真正的哲学都是自己时代精神的精华”，都是自己时代“文明的活的灵魂”。⑤

时代精神是每个时代特有的精神特征，每个时代都有它区别于其他时代的精神。在我国，在马克思主义中国化的过程中，新中国成立以来尤其是改革开放40多年来社会主义伟大实践为时代精神的发展提供了强大的现实基础和依据，中国共产党人也在不同的历史时期提到了时代精神。如周恩来在1962年《对在京的话剧、歌剧、儿童剧作家的讲话》中指出：“所谓时代精神，不等于把时代精神完全解释为党的政策和决议。时代精神只能通过时代的一个侧面表现出来。只要按照历史唯物主义，合乎那个时代就行。”⑥在对时代精神概念和内容有了初步认识的基础上，我们可以进一步追问，当代中国的时代精神是什么？近年来，学术界关于当代中国时代精神方面的论述颇多，呈现出繁荣发展的态势，可谓仁者见仁，智者见智。薛广洲认为，当代中国的时代精神为“实事求是”；朱明、范振

① 邢云文.时代精神：历史解读与当代阐释[M].北京：中央编译出版社，2011：26.

② 赵绪生.传统文化与时代精神[M].西安：陕西师范大学出版总社有限公司，2015：94.

③ 黑格尔.哲学史讲演录[M].贺麟，王太庆，译.北京：商务印书馆，1959：56.

④ 马克思，恩格斯.马克思恩格斯全集(第1卷)[M].北京：人民出版社，1995：257.

⑤ 马克思，恩格斯.马克思恩格斯全集(第1卷)[M].北京：人民出版社，1995：121.

⑥ 邢云文.时代精神：历史解读与当代阐释[M].北京：中央编译出版社，2011：49.

杰(1995)认为“艰苦创业”是当代中国的时代精神；杨德平、李娜(1999)认为当今中国的时代精神主要包括主体、平等、自由、开放、民主、权利和科学精神等几个方面。中共中央党校出版社2001年出版的《公共道德建设实施纲要学习问答》一书中将当代中国的时代精神概括为“解放思想、实事求是，与时俱进、勇于创新，知难而进、一往无前，艰苦奋斗、务求实效，淡泊名利、无私奉献”的精神①，这与赵永富(2002)认为当代中国的“五种精神”是一致的；王观松、徐学福(2002)认为“与时俱进”是当代中国的时代精神；邢云文(2007)认为当代中国的时代精神为“求真务实、改革创新、和谐发展、以人为本”4个方面；杨叔子(2007)根据科学发展观的要求，认为以改革创新为核心的时代精神至少应该包含“以人为本、崇尚科学、与时俱进、对外开放4个方面”。包心鉴(2007)强调时代精神应该以“改革创新”为核心，以“与时俱进”为特征，以“以人为本”为本质，以“竞争意识与效率追求、开放意识与世界理念、自主意识与民主觉悟、法制意识与和谐精神”作为其具体表现。王干才(2009)则认为“当代中国的时代精神，既不是科技理性，也不是交往实践，而是着力培养国人的独立人格，张扬国人的主体性”。王岩(2009)认为中国自改革开放以来所形成的以改革创新为核心的“解放思想、以人为本、包容贵和、责任奉献”精神从不同层面诠释了当代中国的时代精神。② 赵绪生等根据不同时期(包括历史时期、革命时期、建设时期和改革开放以来等4个阶段)对中华民族的时代精神的演变进行了概括。其中，历史时期(注：该书中所指的历史时期较长，是指肇始于远古时期，经历了漫长的原始社会、奴隶社会、封建社会，以辛亥革命爆发和清帝退位为结束标志的这么一个特定的、漫长的时间维度)的时代精神包括“贵和尚中”“明礼厚德”“民为邦本”“勤劳勇敢”等；革命时期的时代精神包括“五四精神”“井冈山精神”“长征精神”“西柏坡精神”等；将建设时期的时代精神概括为“大庆精神”“雷锋精神”“焦裕禄精神”“两弹一星精神”等；改革开放以来的时代精神有“解放思想”“改革创新”“求真务实”“以人为

---

① 公民道德建设实施纲要学习问答[M]. 北京：中共中央党校出版社，2001：79.

② 上述论文分别为：薛广洲. 论实事求是与当代中国的时代精神，论当代中国的时代精神[J]. 浙江大学学报，1993(04)：23-28. 1995(04)：10-18. 朱明，范振杰. 艰苦创业是当代中国的时代精神[J]. 山西高等学校社会科学学报，1995(03)：10-14. 杨德平，李娜. 时代精神的界定与当今中国的时代精神[J]. 中国人民大学学报，1999(05)：3-5. 赵永富. 论当代中国的时代精神[J]. 桂海论丛，2002(04)：80-82. 王观松，徐学福. 与时俱进：当代中国的时代精神[J]. 长江论坛，2002(01)：28-29＋58. 杨叔子. 校园文化与时代精神[J]. 中国高教研究，2007(03)：3-7. 包心鉴. 时代精神与当今人类文明[J]. 江汉论坛，2007(08)：5-8＋97. 邢云文. 论当代中国的时代精神[J]. 理论探索，2007(05)：53-54. 王干才. 当代中国时代精神简论[J]. 唐都学刊，2009，25(01)：64-67. 王岩. 论时代精神的多维内涵[J]. 毛泽东邓小平理论研究，2009(3)：66-70.

本""开放包容"等方面。[①] 孙来斌从建设中国特色社会主义的伟大实践出发，强调当代中国的时代精神内涵应该是"解放思想、实事求是、与时俱进的精神，以人为本、尊重科学、崇尚和谐的观念，诚实守信、团结友爱、互助奉献的风尚，民主法治、自由平等、公平正义的理念，效率、竞争、开放的意识"这几个方面[②]。通过上述对学术界部分学者关于当代中国时代精神的研究梳理中可以发现，随着时代的发展，当代中国时代精神的内涵也在变与不变中渐次发展。

任何一种时代精神都会随着时代的发展而逐渐变化演进的。无论是漫长的传统社会，还是峥嵘的现代社会，每一个时期都有着前后相继、创新发展的时代精神。对这些时代精神的概括除了学界学者们的论述之外，还有官方的权威表达。近年来，中国共产党的历次会议都有着对当代中国时代精神的阐释和论述。"建设社会主义核心价值体系"这个重大命题和战略任务是中国共产党在党的十六届六中全会通过的《中共中央关于构建社会主义和谐社会若干重大问题的决定》中提出的。该决定同时指出，民族精神和时代精神是社会主义核心价值体系不可分割的重要组成部分，是社会主义核心价值体系的精髓。党的十七大报告和十七届六中全会《中共中央关于深化文化体制改革、推动社会主义文化大发展大繁荣若干重大问题的决定》中都对时代精神进行了概括，其中十七届六中全会对"弘扬以爱国主义为核心的民族精神和以改革创新为核心的时代精神"进行了官方的概括，以改革创新为核心的精神成为现时期主流的时代精神。党的十八大首次提出"社会主义核心价值观"的科学概念，这是继之前"社会主义核心价值体系"战略目标之后又一次理论创新，因为社会主义核心价值观反映着时代的基本特征，引导着整个社会的价值取向[③]，是社会主义核心价值体系中最基础和最核心的部分。习近平总书记一直高度重视青少年的社会主义核心价值观教育问题。党的十八大以来，习近平总书记关于从小积极培育和践行社会主义核心价值观的系列论述，既体现了他对青少年学生健康成长的高度关怀，也体现了他治国理政的战略思维、未来思维。社会主义核心价值观教育，毫无疑问应该贯穿在小学、中学、大学等各级各类教育的全过程，内化于心、外化于行，成为新时代中国特色社会主义事业建设者和接班人终生不渝的价值信念和行动准则。[④]

社会主义核心价值观是民族性和世界性的有机统一。它的民族性表现为社

---

① 赵绪生. 传统文化与时代精神[M]. 西安：陕西师范大学出版总社有限公司，2015：119-146.

② 孙来斌. 民族精神时代精神共同理想：中国特色社会主义共同理想[M]. 武汉：武汉大学出版社，2014：102-103.

③ 崔志胜. 社会主义核心价值观基本问题研究[M]. 北京：中国社会科学出版社，2014：6.

④ 教育部课题组. 深入学习习近平关于教育的重要论述[M]. 北京：人民出版社，2019：224.

会主义核心价值观源于中华优秀传统文化，积淀着中华民族几千年的精神追求和行为准则，具有鲜明的中国特色。其世界性表明它积极汲取和借鉴了世界优秀文化和价值观念，适应了国际化和全球化发展的需要。社会主义核心价值观是在综合这些优秀成果的基础上，从国家的价值目标、社会的价值取向和公民个人的价值准则的层面对社会的核心价值进行了高度概括和提炼。本着社会主义核心价值观的“三进”原则（进教材、进课堂、进头脑），需在教科书中体现出社会主义核心价值观的内容。因为，“进教材”是“进课堂”和“进头脑”的前提和保障，只有在教科书中以文本的形式呈现出来，才能确保在课堂的地位，从而通过课堂的主渠道深入头脑之中。但在社会主义核心价值观进教材的同时，需要掌握好“知识逻辑、生活逻辑和教育逻辑”三者在教科书中的关系，掌握知识逻辑，通晓生活逻辑，从而形成教育逻辑；同时还应该打通“符号、意义和生活世界”这 3 个世界的关系，架设它们之间的桥梁，从而帮助学生以符号世界为手段来揭示意义世界，从而指导和引领生活世界。①

为此，在前面两章分别就中华优秀传统文化和外国优秀文明成果的维度对初中德育教科书的价值取向进行剖析之后，本章将融合这些方面的内容，从德育教科书中体现出来的关于社会主义核心价值观中关于国家层面的价值目标、社会层面的价值取向和公民个人层面的价值准则进行分析解读。当然，用社会主义核心价值观来分析实验版教科书中的价值取向在一定程度上有“后设”价值之嫌，因为在 2003 年编写实验版初中德育教科书的时候，24 字的社会主义核心价值观还没有系统提炼出来。但这并不影响其核心理念在初中德育教科书的体现，因为社会主义核心价值观所倡导的这些理念其实都已经实存于道德教育的理论和实践之中，所以，从社会主义核心价值观的 3 个层面来分析初中德育教科书的价值取向与“后设”价值并不矛盾，反而可以帮助我们更清晰地提炼出德育教科书中的价值观念。

第二节　德育教科书关于社会主义核心价值观的体现

随着时代的发展，德育教科书都及时地将中央的一些精神理念体现到教科书中。近年来，党中央对社会主义文明以及思想道德建设都非常重视，尤其是近 20 多年来，出台了一系列国家层面的相关文件，对精神文明和思想道德建设起到了很好的规范和引导作用。比较有代表性的文件有 1996 年中共十四届六中

① 杜时忠，曹树真.社会主义核心价值观“进教材”的教育学探索[J].教育研究，2015(9):34-39.

全会通过的《中共中央关于加强社会主义精神文明建设若干重要问题的决议》(讨论思想道德和文化建设方面的问题),2001年中共中央关于印发《公民道德建设实施纲要》的通知(从基本道德规范、社会公德、职业道德、家庭美德4个方面对公民道德建设进行了规定),以及2012年11月中共十八大中首次以12个词概括出的"社会主义核心价值观"(国家层面的"富强、民主、文明、和谐";社会层面的"自由、平等、公正、法治";公民个人层面的"爱国、敬业、诚信、友善")等。

培育和践行社会主义核心价值观要从娃娃抓起、从学校抓起,做到进教材、进课堂、进头脑。要坚持不懈地传播马克思主义科学理论,坚持不懈地培育和弘扬社会主义核心价值观,把社会主义核心价值观融入国民教育全过程。[①] 社会主义核心价值观进入德育教科书,既是国家政策层面的硬性规定,同时也是时代发展的必然要求。虽然在新课改之前的德育教科书,没有对社会主义核心价值体系进教科书进行规定和要求,德育教科书中也没有安排专门的章节对其进行集中论述,但及时将时代发展的最新成果反映到教科书文本之中已成教科书发展的一种必然和趋势,社会主义核心价值体系中的观念其实都已经分别渗透融合在教科书文本之中。为了能够将中央这些关于思想道德建设方面的精神贯彻落实到德育课程及教科书中,教育部在不同阶段都相应地颁发了一些加强和改进中学德育工作的通知及意见,从1980年开始分别有《教育部关于改进和加强中学政治课的意见》(1980)、《中共中央关于改革学校思想品德和政治理论课程教学的通知》(1985)、《中共中央关于改革和加强中小学德育工作的通知》(1988)、《中共中央关于进一步加强和改进学校德育工作的若干意见》(1994)、《中共中央、国务院关于适应新形势进一步加强和改进中小学德育工作的若干意见》(2001)、《教育部关于培育和践行社会主义核心价值观进一步加强中小学德育工作的意见》(2014)、《中小学德育工作指南》(2017)、《中小学德育工作指南实施手册》(2018)。从这些中央文件以及与之对应的教育部通知意见中,可以看出德育课程以及教科书在体现发展过程中时代精神上的努力。每一个阶段都有着对应的时代精神需要在德育教科书中体现,以现阶段初中德育教科书体现社会主义核心价值观的要求为例,在《义务教育思想品德课程标准》(2011)总共54条的课程标准内容中,直接体现社会主义核心价值观要求的课程标准就有33条,所占比例高达61%,覆盖了社会主义核心价值观的12个范畴[②],在初中德育教

① 本书编写组.习近平总书记教育重要论述讲义[M].北京:高等教育出版社,2020:51.

② 中华人民共和国教育部.义务教育思想品德课程标准(2011年版)[M].北京:北京师范大学出版社,2012:7—16.

科书既有分散、螺旋式地对核心价值的渗透，也有专门章节对核心价值的阐述。

一、国家价值目标

"富强、民主、文明、和谐"是建设社会主义现代化国家的目标，旨在构建繁荣富强、民主文明、和谐发展的社会主义现代化国家，是社会主义核心价值理念在经济、政治、文化和社会领域的具体体现。历年来的德育课程标准对关于国家层面诸如富强、民主、文明等价值教育目标都有着具体的要求，国家的繁荣富强在德育课程以及教科书中基本国情部分专门做出了阐述。尤其是新课改以来的课程标准及教科书中，专门设置了国情教育部分的内容，通过认识国情，理解我国人口、资源和环境等方面的国情，了解我国在科技、教育方面的发展现状和实施科教兴国的意义，理解科技创新对国家繁荣富强的作用，同时通过社会主义共同理想和建设美好家园的追求来体现文明和谐的价值目标（由于教科书中关于"民主"的内容在前面章节已经做过论述，在此不做主要阐述）。

（一）教科书中的繁荣富强目标

国家的繁荣富强是通过综合国力来体现的。新中国成立以来，尤其是改革开放之后的40多年来，我国综合国力明显提升。让学生了解国家的繁荣富强有利于增强学生强烈的社会责任感和爱国热情，懂得国家的繁荣富强离不开科技创新的作用，了解我国在科学和技术方面所取得的成就。当今世界科学技术突飞猛进，知识经济已见端倪，国力竞争日趋激烈，科学技术的创新正在逐渐成为国家繁荣富强的重要基础和条件。在科技方面，我国的基础科学研究领域取得了重大成果，高技术研究及产业化方面也有了一定的突破，整体科技发展水平在发展中国家位居前列。但客观地看，我国科学技术水平和发达国家相比还存在着一定的差距，集中体现在科技创新能力较为薄弱，高科技人才相对匮乏。德育教科书中通过对我国小康进程建设的解读和展望，认识国家的富裕之路，明确科技创新对财富的作用。学校教育应该激发学生的创造性欲望，培养独立思考的能力，促进学生创造性潜力的发挥。为此，让学生了解科技创新的成果已成为学校教育，特别是道德教育的重要组成部分，有利于激发学生的爱国热情，树立为国奋斗的热忱。新课改以来的《思想品德课程标准》中"我与国家和社会"的"认识国情"部分也明确指出"了解我国在科技、教育发展方面的现状，理解实施科教兴国战略的现实意义，认识科技创新的必要性，努力提高自身素质"的要求，为科技创新进入初中德育教科书提供了纲领性的依据。现代文明是以科学技术的飞速发展作为特征的。学校教育的目的就是要培养新一代青年学生的科学意识和精神，激发他们为科学和技术的创新而努力奋斗的坚强信念和决心。

习近平在2014年中国科学院第十七次院士大会、中国工程院第十二次院士大会上指出，在当前，我们比任何时候都更加需要强大的科技创新力量。党的十八大做出了创新驱动发展战略部署，必须将科技创新放在国家发展全局的核心位置。面对科技创新发展新趋势，我们必须迎头赶上、奋起直追、力争超越。从这些论述中，可以看出，国家的繁荣富强，离不开科技创新的推动。因为科技创新是一个民族得以发展的重要保障，也是一个民族综合国力的体现。科技和创新是相辅相成、共同发展的。科技发展的核心是创新，科技是人类智慧的伟大结晶，而创新则是科技得以发展的不竭动力。讲述科技与创新之前需要简单阐释一下科技和创新的本义。其实，“科技”实际上是“科学”和“技术”两词的统称，只是人们习惯于将其放在一起而已。科学和技术两者既相互联系，又存在一定的区别。一般来讲，科学主要致力于解决理论问题，而技术则更多的是解决实际问题；具体说来，科学提供知识，对某些现象做出解释，为事件提出描述，而技术是应用这些知识的方法和手段，为实现愿望提供便利和支持。这两者相互渗透，辩证统一；科学中蕴含着技术，技术中渗透着科学。一个没有创新能力的民族，难以屹立于世界民族之林。科学技术的成果与创新是密不可分的，科学与技术的发展离不开创新的介入和支持，德育教科书中理应体现这种科技创新的成果，将科技创新的时代精神品质传递给当代青少年学生。

在我国德育教科书中，关于体现国家繁荣富强的科技创新方面的阐述主要采用分散与集中相结合的方式来展开。纵观我国几十年来的初中德育教科书，关于科学技术进步和创新的内容都在不同时期的德育教科书中拥有一定比例。这些内容在教科书中的“登场”旨在让学生对科技发展的动态有所了解的基础上，能够感受到科技是时代发展的需要，树立用科学的知识和技术的力量来武装自己的信心和决心。在20世纪80年代初以来的初中《青少年修养》《公民》和《思想政治》教科书中都设有“热爱科学”章节的内容来讲述科技发展的新动态，激发学生热爱科学的热情，努力用现代化的科学知识武装自己，用自己的实际行动来拥护科学，反对迷信，树立科学的世界观。新课改以来的教科版《思想品德》实验教科书，虽然没有“热爱科学”或“科技创新”等为标题的单元，但在教科书中的很多地方都渗透了这种思想。在八年级“劳动创造世界”单元部分讲述了科技创新的效果。在信息时代，在知识经济的新形势引领下，现代科学技术和知识信息成为人类生产的重要资本，新型的劳动者应该是敢于进行科技创新的劳动者。许振超、王海和包起帆的例子就是证明。在九年级《思想品德》“财富论坛”单元，从中国走向小康的历程开始，让学生通过“感受小康”和“解读小康”了解我国在奔向富裕之路上所做出的成就。接着对财富之源进行探讨，国家的繁荣富强需要依靠人们的勤劳和智慧，通过不断地开拓创新，依靠科技的力量来创造更多的财富，促进国家的富裕。在“国策经纬”单元的“三个代表”一课中，“代表先进生产力的发展要求”部分讲述了先进生产力的神奇力量。生产力是社会发展的最终决定力量，生产的发展、社会的进步，归根结底就是先进生产力不断取代落后生产力的过程。科学技术作为第一生产力，是先进生产力的集中体现和主要标志。教科书中讲述了国家重视科技发展的事实，将科教兴国和人才强国作为一项重要战略方案，大力推进科技进步和人才创新，用先进的科技来促进社会的发展。人教版《思想品德》实验教科书在九年级“了解祖国爱我中华”单元中提及了科学技术的作用，“纵观科技发展的轨迹，它的每一次重大突破，都会引起经济的深刻变革和人类社会的巨大进步”。社会的发展离不开科技的进步，教科书同时教育学生知道虽然我国目前在一些领域已走到了世界的前列，但仍需清醒地认识到和世界先进水平的差距，还必须要加快科学技术的发展，以尽快缩小和发达国家的差距。30多年来我国初中德育教科书中科技创新的内容见表4.1。

表4.1　德育教科书中关于科技创新的内容

版　本	内　　容
1981年《青少年修养》	热爱科学："四化"的关键是科学技术现代化。立志攀登科学高峰。勤奋学习，刻苦钻研，反对迷信
1986年《公民》	热爱科学："四化"建设需要科学知识。立志为祖国"四化"建设努力学习科学。尊重科学，反对封建迷信。培养实事求是、独立思考、勇于创造的精神。掌握科学的学习方法
1988年《公民》	热爱科学：社会主义现代化建设需要科学文化知识。尊重科学。反对迷信。青少年要接受义务教育，努力学习科学文化知识。培养独立思考、勇于创造的精神，掌握科学的学习方法
1993年《思想政治》	热爱科学、勤奋学习："四化"建设需要科学文化知识。努力学习科学文化知识。尊重科学，反对迷信
1997年《思想政治》	该版初中教科书中没有专门关于科学方面的论述(与之对应的小学思想品德教科书中热爱科学部分)，只是在初一上册第四课"能够承受挫折勇于开拓进取"中简单提及了科学精神以及勇于探索创新的号召
2003年《思想品德》(人教版)	纵观科技发展的轨迹，它的每一次重大突破，都会引起经济的深刻变革和人类社会的巨大进步

（续表）

版本	内容
2003年《思想品德》（教科版）	随着人类社会进入信息时代，知识经济初见端倪。在知识经济时代，现代科技和知识信息越来越成为人类社会生产的重要资本 科学技术作为第一生产力，是先进生产力的集中体现和主要标志。……科学技术从来没有像今天这样以巨大的威力深刻地影响着人类经济和社会的发展。重视科学技术作为第一生产力的地位，促进科学技术的发展，是我们党始终代表先进生产力的发展要求的体现

在科学技术迅猛发展的推动下，我国教育事业也有了长足的发展，普及了义务教育，在整体上基本能够满足各类人群接受教育的需要；但如果和发达国家相比较，仍然存在着一定的差距，劳动者的科技文化水平和整体文化素养还不高，整体教育还有较大的提升空间，如何提升国民整体教育状况被提上议事日程。当今世界，科学技术的发展突飞猛进，知识经济的速度日新月异。国家与国家之间的竞争其实就是科学技术的竞争，科学技术作为第一生产力在国际竞争中处于重要的地位。综合国力的提升需要教育发挥基础性的作用，劳动者素质、人才质量和数量的高低都是综合国力的影响因素。为了赶上发达国家的先进水平，就需要大力发展科学技术，培养大批的高素质劳动者、专门人才和拔尖创新人才。在此基础上，1995年我国提出了实施科教兴国战略。但这个战略方案没有及时地在初中德育教科书中得以体现，1997年版的初中《思想政治》教科书中就未曾发现有专门关于“科教兴国战略”这样的一种提法，直到新课改以来的实验版初中《思想品德》教科书中才开始有了专门对此进行论述的部分（见表4.2）。教科版《思想品德》实验教科书在九年级“国策经纬”单元中讲述了科教兴国战略。对科学技术以及教育领域提出了更高的要求，通过科技和教育来促进国家的进步和繁荣，从而推动整个国家的发展。人教版《思想品德》实验教科书在九年级“了解祖国爱我中华”单元第四课“了解基本国策与发展战略”中的“百年大计教育为本”部分论述了教育在民族发展和经济振兴中的作用，运用办好人民满意的教育来提高全民族的思想道德素质和科学文化素质。根据教育和人才强国之间的关系来引出“科教兴国”战略的意义和作用。

表 4.2　德育教科书中关于科教兴国战略的内容

版　本	内　　容
1997 年《思想政治》	虽然 1995 年我国提出了科教兴国战略，但在该版的《思想政治》教科书中未曾提及科教兴国战略
2003 年《思想品德》(人教版)	党中央和国务院站在时代的高度，分析了全球范围内科技革命的突飞猛进，对各国经济发展、社会进步和综合国力的增强所产生的巨大推动力量，以及对我国的严峻挑战，审时度势，提出了科教兴国和人才强国的重大战略决策 要进一步推进科教兴国和人才强国战略的实施，就必须加强科技创新和教育创新。发展科技、教育，是实现经济振兴和社会主义现代化的根本大计，也是建设创新型国家的必然要求
2003 年《思想品德》(教科版)	党和国家敏锐地把握科学技术发展的客观趋势，实施科教兴国与人才强国的战略，大力推动科技进步与人才培养，加强人才资源的开发，不断用先进科技改造和提高国民经济，努力实现我国生产力发展的跨越。(2001 年国家设立了"国家科学技术奖"。这一奖项的设立旨在鼓励广大科技工作者勤奋工作，为实施科教兴国战略做出更大的贡献)

德育教科书中安排这部分内容可以帮助学生了解我国在科学技术和教育方面所取得的成就，树立学生的民族自尊心和自豪感；同时，理解科教兴国战略的现实意义，体会科技和创新给我们生活带来的巨大改变，从而说明科技创新的必要性，增强自身的责任感和使命感。通过学习树立热爱科学的精神和为科学而献身的品质，在终身教育思想观念的指引下，不断努力提高自身的综合素养。引导学生为国家的繁荣富强做出自己应有的贡献和努力。

然而，在德育教科书中讲述促进国家繁荣富强的科技创新，可能是由于时代的局限，没有将网络技术的创新摆在一定的位置，虽然在教科书中对网络有所提及，但却不是讲述网络技术的创新给国家和社会带来的巨大发展变化，只是论述网络世界的规则。在七年级下册"有序与无序"单元第八课"心中的规则"有一节内容论述"匿名世界的'游戏规则'"时就是针对网络世界来展开的，告诉学生在匿名的世界中很多人丧失了自律的原则，教育学生要学会自觉遵守匿名世界的"游戏规则"。其实，讲述科技的创新、信息技术的创新也不可或缺。在信息技术如此发达的当下，教科书是需要教育学生懂得信息技术的创新给人类的工作、学习和生活所带来的改变。当然，德育教科书中缺乏这样的表述也是情有可原的，因为通过查阅 2003 年初中德育课程标准，通篇也找不到关于信息技术创新的只言片语。所以，在这一时段的德育教科书中难以找到充分的论述，这可能是这一时期的一个缺憾。

近年来，随着数字化时代、网络化时代的飞速发展，世界已经朝人类全面开放；网络技术为人们提供了一个全新的、激动人心的、用于审视“从课堂过渡到学习技术的开放世界”这种教育变革的方式方法。网络技术的发展让人深刻感受到指尖时代带给人们的便捷。在指尖时代，指尖知识可以带领大家去往任何地方去见任何人；同样，在网络这块神奇的地带里，它也帮助我们搜寻和获取世界任何地方我们需要的任何知识。习近平总书记在网络安全和信息化工作座谈会上讲话中指出，互联网是一个社会信息大平台，亿万网民在上面获得信息、交流信息，这会对他们的求知途径、思维方式、价值观念产生重要影响，特别是会对他们对国家、对社会、对工作、对人生的看法产生重要影响。[①] 这种变革，对学习、教育和教师均产生了一定的影响和冲击。人类正在面临着从实体社会跃迁到虚拟社会的转变，在赛博空间(cyberspace)[②]中，网络这个独一无二的大平台将传统教育无情地解构，使得传统教育中种种不为人所知的压制人的方面全部暴露出来。[③] 如何处理好网络世界以及网络世界的教育问题就显得尤为重要。现在人类正生活在一个日益信息化、网络化和数字化的时代中，如何在信息化社会健康地生存就是一个非常重要的现实话题。另外，随着第三次工业革命的深入推进，尤其是随着近几年网络技术的飞速发展，而且随着“互联网＋”概念的提出，互联网与生活的方方面面都建立了广泛的联系，推动了科技、经济以及生活的发展，既成为国家繁荣富强的重要推动力量，又成为平常人生活中不可或缺的组成部分。对比 2003 年试验课程标准和 2011 年的课程标准，关于网络的要求就有了体现：“合理利用互联网等传播媒介，初步养成积极的媒介批评能力，学会理性利用现代媒介参与社会公共生活。”[④]为此，在活动建议部分提倡开展“假如没有网络，我的生活会怎样”的专题讨论，帮助学生形成对互联网的正确认识，这也是教育以及教科书(尤其是道德教育的教科书)对信息时代来临的及时反映。在新版课程标准的指引下，最新部编版《道德与法治》教科书在八年级上册第一单元中专设了“网络生活新空间”一课，由“网络改变世界”和“合理利用网络”2 个主题构成。其中“网络改变世界”从网络丰富日常生活、网络推动社会进步和网络

① 习近平.习近平谈治国理政.第二卷[M].北京：外文出版社，2017：335.

② 赛博空间(cyberspace)是哲学和计算机领域的一个抽象概念，意在指计算机以及计算机网络里的虚拟现实。

③ 张义兵.逃出束缚：“赛博教育”的社会学解读[M].北京：北京师范大学出版社，2003：1.

④ 中华人民共和国教育部.义务教育思想品德课程标准(2011 年版)[M].北京：北京师范大学出版社，2012：13.

是把双刃剑三部分对网络的作用进行了论述；而“合理利用网络”部分则从理性参与网络生活和传播网络正能量两方面对青少年做网络的主人提出了具体要求。通过该课内容的展示，让学生充分体验和感受信息技术给人们的学习方式、工作方式、交往方式以及生活方式等各方面所带来的巨大变革。

（二）教科书中的和谐文明理念

和谐是人类社会的价值共识，是我们党在新的历史时期提出的历史课题，也是国家层面的价值追求。和谐作为社会主义核心价值观的组成部分，如何构建人与社会、人与人之间的和谐成为国家在社会主义现代化建设过程中的价值诉求。

和谐观念在中国有着深厚的传统渊源，道家哲学所倡导的“人法地，地法天，天法道，道法自然”就反映了其处理人与自然的“天人合一”的和谐原则以及“道法自然”的和谐原则。儒家的“大同”思想体现了人与人之间的和谐，是一种古老的“和谐社会”。今天意义上的和谐，是对古人和谐思想的一种“否定之否定”，是一种积极、进取的、自为的和谐。[①] 人类社会在发展的进程中，由于受到工具理性的影响，曾一度对自然进行过度的索取和开发，导致了人与自然一定程度上的对立，造成了诸如环境污染、气候变暖等生态危机。在这种背景之下，人与自然的和谐相处就显得至关重要。因此，中国共产党在新形势下提出构建社会主义和谐社会，提出“在科学发展观的统领下，促进人与自然的和谐相处的总要求”[②]，既是对传统精神的继承，也是对当下时代精神的新发展，成为社会主义核心价值体系的重要构成。

人与自然的和谐相处在和谐思想中处于重要地位。在人类发展的历程中，人与自然的关系一直是个永恒的话题，人们对自然的态度也在渐变中不断发展，从“有神论”的“天定胜人”到“征服自然”的“人定胜天”，代表着不同时期人们对人与自然关系的探索和认识。这些不同的认识也相应地支配着不同时期的人们对大自然所采取的行动。人类在面对自然的时候，是选择被动地“臣服”于自然还是主动地“改造”自然？马克思主义哲学指出，自然具有客观物质性，有其自身的发展规律，同时也给出了人对自然应该具有的态度：一方面，必须尊重客观规律；另一方面，在尊重客观规律的基础上，要充分发挥主观能动性。[③] “天行有

---

① 邢云文.时代精神：历史解读与当代阐释[M].北京：中央编译出版社，2011：228.

② 新华社.中共中央关于构建社会主义和谐社会若干重大问题的决定[J].四川党的建设（城市版）2006(20)：4-10.

③ 马克思主义基本原理概论[M].北京：高等教育出版社，2008：50-51.

常，不为尧存，不为桀亡。”历史已经证明并将继续证明，不尊重自然，就会受到大自然对人类的报复和惩罚。人类一度运用技术来改造自然，虽然取得了很大的成就，但也使自然环境伤痕累累，导致自然失去了平衡，给人类自身也造成了很大的灾难。因此，在这种情况下，传统文化中道家思想的“道法自然”“见素抱朴，少私寡欲”等观点就显得难能可贵。这就需要在德育课程及教科书中体现传统文化中关于人与自然的成分，在对待自然的时候，人们应该心怀敬畏之情，做到敬畏自然，并积极探索自然奥秘，做到与自然和谐相处。

关爱自然以及如何正确对待人与自然关系方面的内容在我国不同阶段的德育教科书中均有涉及。在“一纲一本”时期的教科书中虽然有着关于“人与自然”的论述，但相比较而言，和其他“人与社会”和“人与自我”两部分相比来说则显得分量不足，缺乏一定数量的对“人与自然”的论述。如果结合当时的时代背景来分析，就不难发现问题的症结所在。这是由于在当时的背景下，为了追求经济的发展而倡导的“粗放型经济增长方式”导致了人与自然关系的破坏，对自然的过度开采，虽然取得了经济的快速发展，但也为此付出了浪费资源和破坏环境的代价。随着社会经济的发展和资源环境的日益破坏，人们尝到了违背自然规律所付出代价的滋味，才逐渐意识到自然资源和环境对人类生存的重要性，国家和社会均对人与自然的问题引起了足够的重视。与其对应的是，国家和社会层面重视人与自然的理念就会及时地反映到德育课程和德育教科书中去。

进入新世纪，在 2003 年教育部印制的《全日制义务教育思想品德课程标准（实验稿）》中对人与自然的关系给出了不同层面的要求和规定，在课程分类三维目标中均有提及“人与自然”的目标要求，在情感态度价值观目标中提出“亲近自然，爱护环境，勤俭节约，珍惜资源”，在能力目标中提出“培养爱护自然、鉴赏自然、保护环境的能力”，在知识目标中要求“了解我与自然的规范”①。教科书的编写应该遵循课程标准的要求，因此，课程标准的理念自然会及时地在出版的教科书中得以反映。教科版《思想品德》实验版教科书中，关于“人与自然”的部分也专门安排一个单元来设置，在八年级下册第一单元“自然的声音”中，分别安排设置了“人类的朋友”“哭泣的自然”“做大自然的朋友”三课内容对人与自然的关系进行具体论述，教科书中该单元寄语就高度概括了“人与自然”的本质：“走进自然，感悟自然，自然是人类的朋友；环境被破坏，资源在枯竭，地球在哭泣，让我们倾听自然的诉说。亲近自然，珍惜资源，保护环境，与大自然和谐相处；爱护自

① 教育部基础教育司. 全日制义务教育思想品德课程标准（实验稿）[M]. 北京：北京师范大学出版社，2003.

然，播种绿色，大家都来做大自然的朋友。”同样，在人教版《思想品德》实验版教科书中，在九年级（全一册）第四课“了解基本国策与发展战略”中专门讲述了人与自然的关系，通过保护环境和实施可持续发展战略两节的教学内容，分别对环境问题的主要表现以及面对这样严峻的环境形势该如何作出正确的选择，从而学会保护人类共同的家园——地球，教导学生树立可持续发展的战略意识，认识到人类与自然和谐共处，认识到自己对自然、社会和子孙后代应该担负的责任。通过对这两个版本教科书中关于“人与自然”内容的分析可以发现，尽管这两个不同版本的初中德育教科书中关于“人与自然”部分的分量和比重都不尽相同（人教版只用了单元中一课里面的部分内容来讲述人与自然，而教科版德育教科书则更重视这方面的教育，用了一个单元来描述人与自然），但对人与自然关系的论述都是一致的，都是在讲述了人类对自然的态度的基础上来进一步阐述人与自然的关系。综合来讲，初中德育教科书中人类对自然的态度主要体现在以下两个方面：一是对大自然和自己的敬畏，发现和欣赏自然之美，热爱大千世界，热爱自然，保护环境。二是探索自然奥秘，遵循自然规律，学会与自然和谐共生。

1. 敬畏自然，敬畏自己

人类作为万物之灵，应该对大自然怀有感激之心，善待大自然，保护大自然，爱护环境，保护动植物，与大自然友好地相处。然而，人类在对待自然的时候，往往习惯于以主人自居，而把自然万物视为自己认知和利用的对象。这种对待自然的方式，被海德格尔称之为技术的方式。在这种方式统治下，自然万物都失去了自身的丰富性和本源性，缩减成了某种可以满足人的需要的功能，只剩下了功能化的虚假存在。所以，海德格尔呼吁在摆脱技术方式统治的基础上，与万物平等相处。其实，这也就是告诉人类在对待自然的时候，应该心怀敬畏之情，做到对自然的敬畏。敬畏自然不能理解为简单地对自然的畏惧，不是对自然的无可奈何和无所作为，而应该以审慎的态度去对待自然，对自己的行为后果负起应该担负的责任。所谓敬畏自然，就是指尊重自然的先在性和独立性，尊重自然这个整体上有序的系统；在一定程度上说，敬畏自然也是敬畏自己，对自然的敬畏也就是对人类自身的敬畏。正如严春友在《大自然的智慧》一文中所提及的，“人们常常把人与自然对立起来，宣称要征服自然。这实在是太狂妄自大了，因为在大自然面前，人类永远只是一个天真幼稚的孩童，而他却要作自然的主人！他只是大自然机体上普通的一部分，……有什么资格与自然对立！……因此，我们再也不应该把宇宙的其他部分和其他生物看作只是我们征服的对象和美味佳肴，而首先应该把它们看作是与我们平等的生命，……应该敬畏它们，就像敬畏我们自己一样”[①]。这样才能够为人类自身更好、更长久地生存提供基础和保障，敬畏自然，也就担负起人类作为大自然的“主人”的责任，所以也就敬畏了人类自己。

敬畏自然的理念在新课改以来的教科版《思想品德》实验教科书“自然的声音”单元中有所体现。教科书中首先论述了大自然之美，大自然作为人类的朋友，既是我们生活的必需，同时又是我们生存的空间，因此应该对它倍加珍惜。“温暖的阳光，清新的空气，蔚蓝的海水，肥沃的土壤，青山绿水，虫鱼鸟兽，各种各样的资源，都是大自然给予人类的慷慨馈赠。大自然，人类的母亲！她孕育了人类的生命，又无私地养育着人类。大自然，人类的朋友！她赐予人类富足的生活，让人类在她的怀抱里创造和享受着诗意的人生。”[②]然而在现实中，由于人类的过度消耗，自然资源日趋枯竭，环境日益恶化。人类的大自然母亲在呻吟！人类的大自然朋友在哭诉！最后在教科书中号召大家都来做大自然的好朋友，保护大自然，保护人类生存的环境，也就是在保护人类自己，告诉学生人类需要敬畏自然，爱护自然。这也与现在倡导的“绿水青山就是金山银山”的生态文明建设理念相吻合。需要明确的是，敬畏自然不是简单地对自然的畏惧和束手无策，而是心怀敬畏之情，尊重自然的规律，让人与自然能够在一起诗意地相处和生活。敬畏自然，就是敬畏人类自己，这也是科学理性与人文关怀相结合的人与自然的思想。在敬畏自然的基础上，就会对大自然产生热爱之情，也就能发现大自然及生活之中的各种美。正如法国雕塑家奥古斯丁·罗丹曾说过，“生活中不是缺少美，而是缺少发现美的眼睛”。美不是空谈，而是要用心去欣赏、去感受、去体验。五彩缤纷的世界、神奇的大自然，既美丽迷人，又让人心驰神往。自然之美，要学会去发现与欣赏。为此，初中德育教科书努力培养学生发现和欣赏自然之美的能力，并在此基础上对大自然产生热爱之情。

2.探索自然奥秘，与自然和谐相处

自然是神秘的，但却不是完全不可探知的。我们不可因此而堕入神秘主义的黑暗漩涡之中，失去探索自然奥秘的信心和勇气。相反，应该正确认识自然，在遵循自然规律的基础上，积极主动地去探索自然奥秘。因为“万物皆有法”，我们应该依据规律“循法而动”。在人类自身发展的过程中，人与自然的关系一直成为人们关注的焦点问题，怎样正确处理好人与自然的关系也时常成为困扰人们的一个问题。中国古代哲学家比较注重天人关系的协调。所谓天人关系问题，亦即人在宇宙中位置的问题。“中国哲学有‘天人合一’的主张，也有‘天人交

① 严春友.大自然的智慧[J].散文，1998(9)：4-9.

② 朱小蔓，魏贤超.思想品德(八年级下册)[M].北京：教育科学出版社，2006：1.

胜'的主张。……人是天地生成的，人的生活服从自然界的普遍规律。……把人与自然界区别开，是人的初步自觉；认识到人与自然界既有区别也有统一的关系，才是最高度的自觉。"[①]在人与自然的关系上，注重天人合一的哲学思想，强调人与自然的和谐相处，实现人类与自然界的全面、协调发展。

新课改以来的初中德育教科书中都有着一定的篇幅对探索自然进行描述。在教科版《思想品德》实验教科书中，倡导要尊重自然，如果不尊重自然，就会受到大自然对人类的报复和惩罚。坚持节约资源和保护环境的决策，是我国鉴于资源和环境的严峻形势提出来的。同样，人教社《思想品德》实验教科书中也有类似的描述："大自然是人类赖以生存的基础，我们既不能做它的奴隶，无所作为，也不能以主人自居，对大自然随心所欲地发号施令。如果我们对自然只是一味地索取，必然会受到它的惩罚。"[②]

科学技术作为人类认识世界、改造世界的手段，它推动了人类文明的进步，促进了经济的繁荣；但它同时也给人类带来了能源危机、资源枯竭、环境污染、人口爆炸、粮食短缺等诸多问题。人类一度运用科学技术来改造自然并使自然环境伤痕累累，导致自然失去了平衡，给人类自身也带来了很大的灾难。环境污染和资源枯竭成为当今世界性的问题，如何保护环境、如何合理有效地利用资源成了全世界引起重视的共识。为此，人类逐渐地意识到自然资源的宝贵性，可持续发展成为人类的共识，中国在此基础上提出了可持续发展战略。随着该战略的提出，人们对大自然的关爱提升到一个更高层次，更加重视资源的节约利用。这种理念需要传递给下一代，也就会渗透到学校教育内容之中。因此，注重对学生的资源和环境保护意识的培养一度成为新时代爱国精神的新增内容而出现在学校教育的教科书中。"可持续发展，就是要促进人与自然的和谐，……保证一代接一代地永续发展。""根据我国的国情，党和政府始终将环境保护放在十分重要的位置，采取有效措施控制环境污染与生态破坏，……不断增强可持续发展的能力。"[③]"面对人口、资源、环境方面的国情，在社会主义现代化建设的全过程中必须实施可持续发展战略，努力把我国建设成为资源节约型、环境友好型社会，促进人与自然的协调。"[④]教科书在推进可持续发展战略的基础上，教育学生真正做到人与自然

---

① 张岱年，方克立. 中国文化概论(修订版)[M]. 北京：北京师范大学出版社，2004：253-254.

② 课程教材研究所思想品德课程教材研究开发中心. 思想品德(九年级全一册)[M]. 北京：人民教育出版社，2008：55.

③ 朱小蔓，魏贤超. 思想品德(九年级全一册)[M]. 北京：教育科学出版社，2007：125-126.

④ 课程教材研究所思想品德课程教材研究开发中心. 思想品德(九年级全一册)[M]. 北京：人民教育出版社，2008：56.

的和谐相处，热爱自然，保护环境，从我做起，从现在做起，从身边的点滴小事做起。这种理念也随着时间的推移渐趋凸显到教科书中，体现了和谐的理念。

社会主义核心价值观国家层面的“富强、民主、文明、和谐”等价值目标，德育教科书中都有不同程度的阐述和体现。无论是分散对核心价值这些细目的阐述（如在德育教科书不同章节和部分讲述国家的繁荣富强、和谐稳定等），还是集中对核心价值观的论述（如新版《道德与法治》九年级部分就有专门部分讲述国家层面的关于富强、民主、文明、和谐价值目标的具体表现），都全面地概括了这些价值目标。

二、社会价值取向

努力营造“自由、平等、公正、法治”的社会秩序是中国特色社会主义设定的社会层面价值目标。新中国成立以来，尤其是改革开放以来，围绕着“解放思想、实事求是、与时俱进”思想路线，整个社会在中国共产党的领导下，不断涌现出与市场经济相适应的自主、平等、竞争、效率观念，同时民主、科学、法治等理念也成为社会广泛共识。这些社会层面的价值取向在我国初中德育教科书中也得到了一定程度的体现。由于在前面的外国优秀文明成果部分已经对教科书中关于公平正义的内容进行了分析，为了避免分析内容的重复，所以在此将着重对初中德育教科书中的法治观念等方面进行分析阐述。

（一）教科书中的法治观念

法治是政治文明发展的结果，依法治国原则和方法，是相对于“人治”而言的。由于“人治”将整个国家的发展寄托在个人身上，极容易导致专制的现象。为此，通过明确法律制度的“法治”来治理国家和社会更加符合实际。但关于“法治”一词，很多时候容易被人与“法制”当作同义词来通用，其实，仔细考证，这两个词还是存在着本质区别的。“法制”是法律和制度的总称。而“法治”强调的则是依法治理的一种状态。相比之下，后者的内涵比前者要丰富得多。任何国家都有法律，但并不一定就有法治。因此，在不同国家法治的内容和形式也不尽相同。比如在封建时期的皇权国家，君主皇帝之言就是法；在资本主义国家，虽然比起奴隶制和封建制国家法的专制型有所好转，但仍然受资产阶级本性的限制，并不是真正意义上的法治。只有在人民民主专政的社会主义国家，才具有真正意义上的法治。民主和法治这两者相辅相成，民主是人类追求的终极目标，而法治则是实现民主道路上的条件和制度保障。在社会主义国家，只有保证社会主义民主政治，保证人民依法行使民主权利，才能充分发挥人民群众的主动性、积极性和创造性，也才能实现真正意义上的法治，也只有实现真正意义上的法治，才能使民主确确实实得以落实和实现。

现代社会是法治社会，社会生活的各个领域都需要法律的规范。依法治国是国家保持长治久安的重要保障，也是国家民主法治进步的重要标志，同时还是民族复兴的根本保障。依法治国需要在全社会形成学法懂法和守法的良好氛围，学校教育也要教育学生懂得如何运用法律法规来规范自己的言行和保护自身的合法权益。因此，对学生进行法治教育就显得意义重大，法律部分也因此成为德育课程4个方面内容（道德、心理健康、法律、国情教育）的一个组成部分。法治教育旨在让学生知道法律是一种特殊的行为规范，是由国家制定，并靠国家强制力保证实施的一种特殊行为规范，是人民意志和利益的体现，在社会生活中发挥着重要的作用。

初中德育教学大纲（课程标准）中对法治方面的教育随时间推移呈现出逐步重视的趋势。从新中国成立以来，一直到1986年的《公民》教学大纲中才出现专门关于法治的教育内容（树立法制观念：法律是我国社会生活中不可缺少的行为规范；法律的主要作用；中学生要知法、守法，初步掌握一些法律知识[①]），从此以后教学大纲（课程标准）中法制教育都占据着一席之地（1988年初级中学《公民》中有着法律知识和法制观念两部分的内容[②]）。1993年《九年制义务教育全日制初级中学思想政治课教学大纲》中指出："对学生进行社会主义民主与法制观念教育，使他们知道法律的作用，培养学生依法享有公民权利和依法履行公民义务的观念，公民应依法办事和违法受制裁的观念，正确运用民主权利，提高遵纪守法的自觉性，树立公民的社会责任感。"[③]再到1997年《九年义务教育小学思想品德课和初中思想政治课课程标准》中指出："对学生进行法律常识教育，使他们了解法律在治理国家中的重要作用，知道宪法是国家的根本大法，懂得法律与公民生活的密切关系；帮助学生初步形成适应现代社会生活所必需的法律意识，自觉遵守宪法和法律，依法规范自己的行为。"[④]2003年《思想品德课程标准（实验稿）》和2011年《思想品德课程标准》法律部分也有明确要求。对应的初中德育

① 20世纪中国中小学课程标准、教学大纲汇编·思想政治卷[M].北京：人民教育出版社，2001：274.

② 20世纪中国中小学课程标准、教学大纲汇编·思想政治卷[M].北京：人民教育出版社，2001：286.

③ 20世纪中国中小学课程标准、教学大纲汇编·思想政治卷[M].北京：人民教育出版社，2001：301.

④ 中华人民共和国国家教育委员会.九年义务教育小学思想品德课和初中思想政治课课程标准（试行）[M].北京：人民教育出版社，1997：50.

教科书中也有着相应的法治教育内容，从1986年初中《公民》教科书中出现了初步的法律知识，《公民》教科书的教学内容要求初步掌握一些法律知识，一直到20世纪90年代初，法制教育的内容一直在《公民》教科书中来完成；90年代初期，在初中德育教科书名称统一为《思想政治》之后，在初中一年级安排有两课（认真学习社会主义法律知识；守法、护法是公民责任）和初中三年级安排有两课（增强法制观念，维护安定团结；正确行使公民权利，自觉履行公民义务）来分别讲述法律。到1997年版的初中德育教科书中，则安排整个初中二年级教科书的内容进行法制教育。再到新课改以来，关于法律的内容首先在课程标准上体现了3个层次，分别为“学法用法、权利与和义务、法律与社会秩序”，对应着学生的“自身成长（成长中的我）；自身与他人（我与他人的关系）；自身与集体、国家和社会（我与集体、国家和社会关系）”3个方面对法律规范的要求（2011年课程标准，在此基础上略有调整，分别用“心中有法、权利与义务、法律和秩序”3个层次对应“成长中的我、我与他人和集体、我与国家和社会”）。

具体到教科版《思想品德》实验教科书中，关于法律和法治教育内容采用的是分散与集中相结合的方式，主要是遵循着法律与个人生活、法律与社会、法律与国家这3个不同层面来分别对学生进行法治教育。在七年级下册“无序和有序”单元中，先是讲述规则与秩序，然后在此基础上引出对法律的初步认识。“没有规矩，不能成方圆。”生活中的规则有很多，所谓规则，就是关于可以和不可以做什么、应该和不应该做什么、可以和应该怎么做、不可以和不应该怎么做的约定。不同场所有不同的规则，而且规则还有不同的分类标准；正常的秩序来自于对规则的遵守，规则可以保证秩序的正常运行。遵守规则既有外部的遵纪守法，也有内部的心中自觉。教科书接着就心中的规则进行了探讨，他律和自律、遵守规则和法纪的两种不同境界，真正学会“慎独”，“莫见乎隐，莫显乎微。是故君子慎其独也”[①]。另外，教科书中在讲述规则的时候，还就一种特殊的规则——网络世界的游戏规则（教科书中内容为：匿名世界的“游戏规则”）进行了阐述。在现实的世界中，人的真实身份是存在的；但在网络的世界里，由于网络的虚拟化导致了真实身体的隐退，“与身体隐退相联系的是身份的隐退”[②]，在身份隐退的背后就往往可能由于这种“无实体的交流”的“自由”造成了交往的变异。在网络的世界中，由于缺乏有效的监督和管理，所以他律难以起到作用，这时更需要教育学生学会在这个匿名的世界中学会遵守游戏规则，自觉遵守心中的行为准则，

① 陈晓芬，徐儒宗，译注. 论语·大学·中庸[M]. 北京：中华书局，2011：288.

② 高德胜. 道德教育的时代遭遇[M]. 北京：教育科学出版社，2008：53.

规范自己在网络世界中的言行。教科书中设有“匿名世界的‘游戏规则’”一节内容来讨论网络世界中学生该遵守的规则。首先，就有的同学在现实社会和网络社会中判若两人的表现展开讨论。接着，分析了网络世界和现实世界交往的异同。最后，对青少年遵守网络规则提出了要求和期望。在论述规则之后，教科书接着对法律进行了初步的探索。“正常的社会生活秩序，不仅需要各种纪律、守则和道德规范等非强制性规则来维护，更需要一种强制性规则——法律的保障。”在比较了法律、道德、纪律、章程、宗教戒律等异同之后，给出了法律的概念，并对法律的作用进行了介绍。

除了这部分主要讲述了个人关乎法律内容之外，教科书在后面的几册中也提及了法律的问题，层次逐渐上升，主要表现为与他人、社会及国家等方面的法律内容。在八年级上册“一念之差与一步之遥”单元中，针对社会的诸多诱惑，青少年可能因为一时冲动堕入危险的陷阱，也可能由于一念之差而犯下追悔莫及的过错，因此，德育教科书中重点将《中华人民共和国预防未成年人犯罪法》中的与学生日常生活中相关的条款一一列出，并配以具体案例进行解释，并详细列举了未成年人的不良行为和严重不良行为，对学生进行违法犯罪教育，帮助学生明辨是非，做到防微杜渐，防患于未然。在一个法治社会中，每个公民都应该养成自觉守法、遇事找法、解决问题靠法的良好习惯。法律涉及生活中的方方面面，在八年级下册“市场考察”单元中，也自然地融入和渗透了法律的内容：“市场需要规则，公平买卖，货真价实，童叟无欺，这是我们理想的市场秩序。秩序依赖规则，在现代社会，法律是保障市场正常运行的最重要的规则。”对涉及的一些经济法律的经济立法和执法活动进行描述。我国是社会主义法治国家，依法治国是人民当家作主的根本保证。在教科书九年级“又到两会时”单元的“法律的尊严”一课，再次就法律问题进行专门论述，“‘依法治国’‘依法行政’‘严格执法’‘司法公正’，一个个与法律紧密相关的词语，频繁地回响在我们的耳畔；一部部与时代发展、社会进步同行的法律，融入社会主义民主与法制建设的辉煌乐章，表达了国家推进依法治国方略的坚定决心和信心”。在九年级“国策经纬”单元中，立足于我国社会主义初级阶段的基本国情，讲述了从新中国成立以来，尤其是经过改革开放 40 多年的快速发展，我国所取得的伟大成就。在这些成就面前，仍然需要有清醒的认识，那就是我国正处于并将长期处于社会主义初级阶段。“又到两会时”单元从关注两会的角度出发，对学生进行民主政治教育，认识人民当家作主的途径，培养民主和法制意识，并学会参与社会政治生活。人教版《思想品德》实验教科书在七年级下册第四单元“做知法守法用法的人”中集中讲述法治教育。“感受法律的尊严”一课从“走进法律”“法不可违”和“防患于未然”3 个部分来论述法律的尊严。法律作为身边的规则，谁都不能违反，日常生活中谁都离不开法律。同时，谁都不能违反法律，如果有违法犯罪行为必定会受到惩罚和制裁。作为青少年需要认清犯罪的危害，并加强自我防范意识。“法律护我成长”一课则从“特殊的保护，特殊的爱”和“善用法律保护自己”两部分来讲述法律就在你我身边，青少年要增强自我保护意识，常见的保护有家庭保护和学校保护、社会保护和司法保护这几种，并要学会运用法律的手段保护自己的合法权益不受侵犯，法律可以帮助我们求助有路，要学会运用法律武器来打官司，善于与邪恶势力做斗争，但同时也需要注意方式方法，讲究斗智斗勇。

规则意识、法治观念是公共精神、公民意识的基本内容。每个人都是独立的个体，都会有自己合理的需求，但同时每个人又都是社会的一分子，需要遵守社会的规则和法制，只有人人遵守这样的社会规则和法制，才能保障个体的合理利益需求。因此，思想品德教育需要培养学生的规则意识和法制观念，使学生懂得遵守规则和法律的重要性，这些规则意识和法律制度其实也是当代中国与时俱进的时代精神的体现。法律是一种特殊的社会规则，它不同于道德、纪律、章程、宗教戒律等，是掌握国家政权的统治阶级意志的体现，是由国家制定并认可，是依靠国家强制来保证实施，并且在全国范围内对全体社会成员具有普遍约束力的特殊行为规范。正是由于法律代表的这种掌握国家政权的阶级的意志和利益，因此，不同政体和不同时期国家的法律所反映和代表的意志和利益是不同的。在奴隶社会，法律代表的是奴隶主的阶级意志；封建社会的法律也是为了维护统治者统治的工具；资本主义国家的法律体现的则是资产阶级的意志，保护和巩固着资产阶级的利益。我国作为社会主义国家，人民是国家的主人，法律代表了人民的利益，在最大程度上维护着人民的利益，结合社会主义国家的国情，涉及人们的社会生活、学校生活和家庭生活各个方面，规定着人们享受的权利和履行的义务，协调着人与人之间的关系，解决了人与人之间的纠纷或矛盾。强化对青少年的法律教育，既是我们国家建设社会主义法治国家的需要，也是青少年学会如何参与社会生活的需要。对青少年进行法制教育的总体要求是努力让学生知道基本的法律知识，了解法律在个人、国家和社会生活中的基本作用和意义；学会运用法律来维护自己、他人、国家和社会的合法权益；树立良好的规则意识和法制观念。教科书分年级让学生分别懂得法不可违；善于运用法律保护自己；懂得《中华人民共和国宪法》是国家的根本大法，理解党中央提出依法治国方略的意义，做遵纪守法护法的好公民。

随着依法治国的全面推进，德育课程对法治教育的重视程度越来越高，在课程和教科书中关乎依法治国内容所占的比例也逐渐提升。德育课程标准内容板块中涉及道德、心理健康、法律和国情 4 个方面，法律就有着稳定的一席之地。而且，在 2016 年 4 月教育部办公厅颁发的《关于 2016 年中小学教学用书有关事项的通知》(教基二厅〔2016〕12 号)文件中，明确指出为了贯彻落实十八届四中全会精神要求在中小学设立法治知识课程，决定从 2016 年起，将义务教育阶段起始年级的"品德与生活"和"思想品德"教科书名称统一更改为"道德与法治"①。教科书名称变化的背后其实是一种理念的彰显，是教育主管部门对国家提出依法治国战略的积极回应，将法治直接加入德育教科书名称之中，足以说明法治教育在中小学教育阶段的重要性。另外，相比于实验版《思想品德》教科书对法律内容的分散安排，在接下来新版的初中《道德与法治》教科书中，法治教育的内容安排相对集中，如教科版《道德与法治》教科书就将八年级下册设定为法治教育专册，专门讲述法律内容，突出法治教育在德育教科书中的地位和作用。

(二)教科书中的改革创新

中国共产党在社会发展过程中，大力倡导以改革创新为核心的时代精神来引领当代中国社会的发展。改革创新为核心的精神代表着当代中国社会发展的新方向，是党和国家阶段性集体智慧的体现，更是当代时代精神的纲领性的指导要求。党的十七大和十七届六中全会中都提出了大力弘扬"以改革创新为核心的时代精神"，将改革创新作为当代中国时代精神的核心，足以说明改革创新在社会发展中的地位和作用。

改革是当代中国的鲜明特征，是当前中国社会发展和进步的活力之源。改革就是对旧事物和旧制度的改良革新，面对社会发展的新形势和新情况，必须全面深化改革，运用进行时的态度来面对改革，将改革进行到底，不断推动社会各方面的发展和进步。所谓改革，即改良革新，是指改变旧事物、旧制度，革除旧的东西，将事物中的旧的部分改造成能够适应客观情况的东西。改革是对社会旧的生产关系、上层建筑的根本性调整，是社会得以发展的强大动力。中国共产党在新的时代条件下带领全国人民进行了改革开放的伟大革命，给党和国家事业的发展注入了新的活力和强大动力。习近平总书记强调："改革开放是决定当代中国命运的关键一招，也是决定实现'两个一百年'奋斗目标、实现中华民族伟大复兴的关键一招。"②改革的实质是社会主义制度的自我完善和发展。

具体到我国初中德育课程和教科书中，关于改革思想最早出现在 1986 年《中学思想政治课改革实验教学大纲(初稿)》"社会主义建设常识"部分，大纲指

① [EB/OL]. http://www.moe.gov.cn/srcsite/A26/moe_714/201604/t20160428_241261.html.

② 中共中央宣传部. 习近平总书记系列重要讲话读本(2016 年版)[M]. 北京：学习出版社，2016：67-68.

出改革是“四化”建设的客观需要，并对改革的目的、任务和性质等进行了论述。[①] 在接下来的初中德育课程标准以及教科书中都有一定的篇幅对改革的内容进行阐述。2003 年实验版思想品德课程标准中在“我与集体、国家和社会的关系”的“认清国情，爱我中华”部分对改革开放内容进行了要求。教科版《思想品德》实验教科书九年级“国策经纬”单元的第十四课中就有一节“强国之路：改革开放”的内容对我国的改革开放进行专门论述。从凤阳小岗村的例子入手，讲述了改革开放给国家带来的翻天覆地的变化，各方面取得了全新的突破。改革开放从农村到城市，从沿海到内地，从东部到西部，实现了在我国的全面推进。

创新的内容丰富，包括各个方面的新思路、新见解和新成果。所谓创新，就是指以现有思维模式提出有别于常规思路的见解，以新思维、新发明和新描述为特征的一种概念化过程。“创新”一词起源于拉丁语，它原义包含着 3 层含义：第一，更新；第二，创造新的东西；第三，改变。创新是人类文明进步的不竭动力，是一个民族进步的灵魂，是一个国家兴旺发达的不竭动力。从哲学上说，创新是人的实践行为对于人类发现的再创造，对人类物质世界的再创造，以形成新的物质世界形态的过程。创新的内涵丰富，弘扬以改革创新为核心的时代精神，一般来说，包括理论创新、制度创新、科技创新和文化创新等各方面的创新。

德育教科书中对创新的各个方面都有所提及，但在侧重点上有所区分。关于创新的内容主要集中于理论创新和科技创新的阐述。其中又以理论创新最为明显和典型，而科技创新已经在前面有过论述，所以在此就教科书的理论创新内容进行阐述。在新中国成立以来的德育教科书中，都安排一定的章节对党的理论创新成果进行专门介绍。从新中国成立之初到改革开放之前的一段时间内，初中德育教科书中的理论创新成果主要是将马克思主义普遍原理和中国实际相结合的理论成果分别进行阐释说明。中国共产党诞生后，中国共产党人站在时代的高度，努力实现对马克思主义理论的创新和发展，创造性地提出了毛泽东思想等重要理论成果。而且这些理论成果在这一时期的德育教科书中占据了一定的分量和比重。十一届三中全会以后，随着改革开放的推进，以邓小平同志为核心的党中央依据“和平与发展”的时代主题，围绕着“什么是社会主义，怎样建设社会主义”这个根本问题丰富发展了马列主义、毛泽东思想，创立性地提出建设有中国特色社会主义理论体系，并渐趋成熟发展为邓小平理论，成为党的指导思想。这种党和国家的思想路线也及时地成为德育教科书对学生进行思想政治教育的重要内容，这一时期的德育教学大纲（课程标准）明确要求学校德育必须进

① 20 世纪中国中小学课程标准、教学大纲汇编·思想政治卷[M]. 北京：人民教育出版社，2001：276.

行党的思想路线中关于邓小平理论内容的教育，与之对应的德育教科书也都及时进行了修订，并设有专门的章节来讲述邓小平理论，旨在将这种新的理论体系在德育教科书中表述出来，让学生理解党的指导思想发展的最新成果。随着社会主义现代化建设形势的深入发展，在新形势下中国共产党人在面临"建设一个什么样的党、怎样建设党"的问题时，提出"三个代表"重要思想。新世纪以来，科学发展观和社会主义核心价值观逐渐成为新时期指导全国各族人民的核心观念，这些都是解放思想、实事求是、与时俱进的精神在中国社会主义现代化建设中的具体表现，也是对改革创新精神的诠释。为此，我国新课改以来的初中德育课程标准和德育教科书中都有专门章节和篇幅将上述提到的理论创新成果呈现出来。新课改以来教科版《思想品德》实验教科书在九年级"国策经纬"单元中，就有"小平，你好"和"三个代表"两课的内容讲述这种"与时俱进"的时代精神，无需对这两课的内容进行具体分析都可以看出这两课所表达的主题思想。在"小平，你好"一课中，首先通过对社会主义初级阶段的论述，让学生理解我国正处于并将长期处于社会主义初级阶段的基本国情；然后告诉学生"一个中心，两个基本点"的我国社会主义初级阶段的基本路线的内容。"三个代表"一课则讲述了"三个代表"的科学内涵以及科学发展观的战略思想，并对上述时代精神进行了全面总结，"科学发展观是同马克思列宁主义、毛泽东思想、邓小平理论和'三个代表'重要思想既一脉相承又与时俱进的科学理论"，将解放思想、实事求是、与时俱进的时代精神品质真正表现到德育教科书中去。人教版《思想品德》实验教科书虽然没有明确将这些内容作为一个单元来讲述，但却是通过在"了解祖国，爱我中华"单元"认清基本国情"和"了解基本国策与发展战略"的两课中对处于社会主义初级阶段的国情和国策进行了概括，体现出这种时代精神品质。从反映思想路线这一点上来看，德育教科书其实就是国家和社会先进思想理念的"风向标"。

关于社会层面的价值取向，德育教科书中极力倡导自由、平等、公正的社会秩序，主要采用分散论述、层层深入的方式（根据学生"成长的自身、自身与他人和集体、自身与国家和社会"3 个方面来对应课程标准中法律的"心中有法、权利和义务、法律和秩序"3 个层次）安排法治教育的内容，落实法治教育的理念，将法治教育的内容贯彻落实到教科书中，从而使学生真正掌握法律的内容，从个人、社会和国家等不同层面来全面理解和遵守法律。

三、个人价值准则

以"爱国、敬业、诚信、友善"为核心的公民个人层面的价值准则，覆盖了个人道德生活的各个领域，是全体公民都应该恪守的基本道德准则。作为一个公民，首先要有强烈的爱国意识，热爱自己的国家，时刻将国家利益放在第一位。在此基础上，还应该热爱自己所从事的职业，秉承爱岗敬业的思想，全心全意地投入到自己所从事的工作中去。同时，还应该在个人道德品质上严格要求自己，做到诚信友善，因为诚信友善不仅是中华民族的传统美德，还是新时期公民的道德要求。在我国德育课程及教科书中，有专门的关于个人的道德要求，这也与德育课程本身的要求是吻合的，因为德育课程就是应该为培养有道德的公民服务。新课改以来的德育课程标准就是遵循着个人道德的这条主线，分别就涉及的关于个人的成长（成长中的我）、个人与他人和集体的关系（我与他人和集体）、个人与社会及国家的关系（我与国家和社会）3 个部分中对个人在自己成长、与他人和集体交往、国家和社会的责任方面应该具备的道德品质进行具体规定。

从新中国成立至今，在社会主义建设走过的 70 多年风雨历程中，涌现了很多杰出的时代英雄，他们凭借着坚持不懈的精神和顽强的意志，在自己平凡的工作岗位上默默耕耘，并取得了不平凡的业绩，成为他们所处时代的先锋和楷模，也因此形成了诸如大庆石油工人王进喜的铁人精神、掏粪工人时传祥精神、好人好事雷锋精神、工人技师许振超精神、“两弹一星”精神、水稻之父袁隆平精神、抗击“非典”精神、抗震救灾精神等。这些精神在他们所处的时代中发挥着较大的影响，可以说是当代中国时代精神的具体表现，也是社会发展过程中值得学习的良好的个人道德品质。这些不同时期的一些突出精神（大庆精神、雷锋精神、孔繁森精神、抗洪救灾精神等）都在相应时期内对整个国家和社会产生较为明显的影响力。因此，初中德育教科书中将这些随着时代发展而涌现的时代精神提炼出来，并在教科书文本中传递给学生，从而帮助学生更好地理解时代精神的本质和内涵。不同时期的初中德育教科书中都有关于这些具体的个人价值准则体现，主要以教科书中所列举出来的例子为主，在讲述某种精神之后，都会辅之以一些典型的人物故事来阐明这些精神。

在教科版和人教版《思想品德》实验教科书中，都有着这些具体的人物事迹及其精神的体现。以教科版《思想品德》实验教科书为例，教科书文本通过王进喜、时传祥、袁隆平、许振超、雷锋、焦裕禄、孔繁森等榜样人物的事例来具体阐释他们所做出的贡献，都属于个人层面道德品质的具体体现。同样，在人教版《思想品德》实验教科书中也有对这些精神的描述，在九年级“满怀希望迎接明天”单元的主题文以及阅读材料中就提到了井冈山精神、长征精神，新时期第二代铁人精神的王启民、劳动模范孟泰、人民公仆焦裕禄等。通过对我国初中德育教科书，尤其是新课改以来的初中德育教科书中所列举出来的这类人物及其精神的事例进行归纳分析，上述提到这些不同时期的精神基本上都有所提及，主要集中反映出热爱祖国、爱岗敬业、甘于奉献、勇于进步、诚实善良等良好品质。其中关于德育教科书中对祖国的热爱和个人诚实守信等方面的内容已经在中华优秀传统文化部分进行过论述，所以，现从以下几个方面进行分类：以王进喜和时传祥等人为代表的在工作岗位上默默无闻的奉献精神；以袁隆平、许振超、包起帆等人为代表的通过不断学习的勇于创新精神；以雷锋为代表的乐于助人精神；以焦裕禄、孔繁森、郑培民等为代表的朴实为民的公仆精神；等等。

（一）教科书中的甘于奉献型精神：以时传祥和王进喜等人为代表

新中国成立以来，掏粪工人时传祥和铁人王进喜的事迹一度成为人们争相传颂的典范，从他们身上所体现出来的精神也丰富了时代精神的内容。在教科版《思想品德》实验教科书中，八年级（下册）第十课和九年级（全一册）第二课中的阅读材料里分别讲述了“真正纯洁的人时传祥”和“铁人王进喜”的故事，这两个故事虽然安排在两个不同的单元，也是为了不同的单元主题服务（王进喜的材料在“历史启示录”单元中，而时传祥的例子则是在“劳动创造世界”单元中），但相同的是这两个例子都反映了忘我劳动、甘于奉献的时代品质和精神。王进喜，历任大庆石油钻井队队长、大队长、钻井指挥部副指挥等职务，带领钻井队创造了当时月钻井进尺的全国最高纪录，从玉门到大庆参加石油大会战，组织全队职工用“人拉肩扛”的办法搬运和安装钻机，用“盆端桶提”的方法运水保开钻，用自己身体搅拌泥浆压井喷，被称为“铁人”王进喜。而时传祥，是新中国成立初期北京崇文区粪便清洁工，数十年如一日给首都人民群众掏粪扫污，用“一人脏”换来了“万人净”，为北京的环境美化做出了杰出的贡献，曾受到了毛泽东、刘少奇、周恩来、朱德等中央领导同志的亲切接见和高度评价。人教版《思想品德》实验教科书中除了提到两个人都是用自己勤劳的双手来阐释甘于奉献的精神之外，在新时期大庆油田勘探开发研究院院长王启民将“铁人精神”注入了新的内涵，既用于奉献又善于“智取”，做到“宁肯把心血熬干，也要保持油田稳产高产”。他们在自己的岗位上为社会主义建设做出了应有的贡献，也为学生树立了较好的榜样。王进喜的“铁人”精神是这种甘于为祖国奉献，不辞劳苦事例的高度概括，是王进喜崇高思想境界、优秀品德行为的集中体现。

教科书通过讲述王进喜的事迹和精神，帮助学生对王进喜事迹有了进一步了解，还可以感受到“铁人”精神背后的丰富内涵：“宁可少活 20 年，拼命也要拿下大油田”“甘愿为党和人民当一辈子的老黄牛”的埋头苦干、忘我奉献精神，把能为国家和人民做事当成是自己的最大使命和快乐。时传祥精神也是一种巨大的爱的奉献。这种奉献是将所有的爱汇织成对事业的不求回报和全身心地为社会、他人付出自己的高尚人生境界，是“毫不利己，专门利人”的思想情操，也是新中国劳动者爱岗敬业精神的具体体现。虽然“铁人”精神、时传祥精神发生在新中国成立初期，距离现在的时代可能稍微有点远，但这种精神在德育教科书中还是有着一定的现实意义。

铁人王进喜和时传祥的事迹，从20世纪90年代一直到新课改以来的初中德育教科书中都得到了提及，旨在让学生通过对铁人精神和时传祥精神等内容的学习，了解到这些新中国建设者和劳动者甘于为国奉献的精神品质，让学生学习这些优良的品质，教育学生从小树立伟大的为国奉献的道德风范，用自己的行动去诠释新时代的精神风貌，这无疑也是对学生进行时代精神教育的重要内容。

（二）教科书中的勇于学习型精神：以许振超、王海和包起帆等为代表

初中德育教科书中除了弘扬乐于奉献的这类时代精神之外，还注重体现劳动者勇于学习推动创新的优良品质。在教科版《思想品德》实验教科书中，通过讲述许振超、王海和包起帆3位普通的工人经过自己不断地学习之后，创造出了优秀的科技成果来说明勇于学习的创新型精神。许振超是一个只读过初中的工人，参加工作后，他善于学习新知识、掌握新科技，坚持自学各种专业知识，并注重将所学知识运用到生产实践中去，通过30多年坚持不懈的努力，终于成为了学习型、知识型的现代工人技师。许振超的科技创新精神在人教版《思想品德》实验教科书中也作为阅读材料专门列出来让学生思考并获得启发。与之类似的还有王海和包起帆，王海也只读过小学三年级，但经过长期不懈的刻苦学习和钻研，完成了多项技术革新和改造项目，获得了很多科技进步奖。被誉为“抓斗大王”的包起帆，他为了实现用抓斗装卸木材的梦想，经过无数个日夜的努力和尝试，终于设计出了木材抓斗。30多年间，他以主人翁的精神，刻苦学习科技知识，先后完成了100多项技术革新和发明创造，获得16项国家专利，4次获得国家发明奖和国家科技进步奖，11次获得国际发明金奖。同样，被誉为“杂交水稻之父”的袁隆平也是不畏艰难，勤奋进取，学一生，爱一行，专一行，为我国现代农业的发展做出了巨大贡献。

教育旨在帮助学生树立正确的观念，学会该如何掌握正确的学习方法进行学习，“授人以鱼不如授人以渔”，教学不仅仅是教学生学会知识，更重要的是在学习知识和掌握技能的过程中，提升学习能力，学会如何学习。人的一生中如果仅仅依靠在学校里所学到的知识，是难以适应社会发展和科技进步需要的，难免不会被社会和时代所淘汰。

因此，初中德育教科书中所列举的这些在工作中善于钻研、肯于学习的典型事例，旨在告诉学生，要树立不断学习的意识，不管你开始的起点如何，但学习的

念头始终不能放弃，只要你坚持学习，敢于创新，尽管开始你可能很差而且不如别人，但最终都能取得让自己和他人满意的成绩。在终身教育和终身学习理念成为教育和学习主题的当下，这种善于学习、勇于创新的精神恰恰是每一个社会公民都需要的，也是与终身学习理念相吻合的。终身学习要求每一位社会公民都保持与时俱进的学习状态，不断加强自身内在修养的提升，做到"活到老，学到老"。初中德育教科书秉承着与时俱进的思想，将这些具体涌现出来的不断学习的精神理念通过通俗易懂的故事表达出来，让学生在阅读故事中获得教育，收获体验。

(三)教科书中的乐于助人型精神：以雷锋等人为代表

助人为乐一直是社会主义社会所极力倡导的一种优良品质。而新时代乐于助人的典范当以雷锋为代表，因此，关于雷锋的助人为乐精神也自然成为初中德育教科书中对学生进行教育的内容。雷锋是一名普通的汽车兵，一位只有着22年生命历程的普通战士和共产党员，却"把有限的生命，投入到无限的为人民服务之中去"了，用其平凡而短暂的一生铸就了永恒的雷锋精神，为后世人们做出了重要的榜样和示范作用。关于雷锋精神，其实就是"对雷锋事迹所表现出来的先进思想、道德观念和崇高品质的理论概括和总结，是社会主义价值观念的人格载体"①。1993年版《思想政治》初中一年级下册"尊重他人尊重师长"中就有对雷锋精神的具体描述："雷锋自己就是助人为乐的好榜样。战友家里经济有困难，他悄悄地用战友的姓名把钱寄去；灾区人民有困难，他一次又一次地把点滴积攒下来的钱送到灾区……"在接下来几个阶段的德育教科书中雷锋精神都有不同程度的提及。初中德育教科书中雷锋精神的出现，旨在让学生对其内涵有更深入的了解，学习他"坚决听党的话，一辈子跟党走""为了党，愿洒尽鲜血，永不变心"的爱党、爱国、爱社会主义的崇高理想和坚定信念；学习他助人为乐、毫不利己、专门利人的为人民服务的品质；学习他忠于职守、精益求精，干一行爱一行的"螺丝钉"精神；学习他"每一分钱、每一滴油都是人民的血汗，要像自己的眼睛一样爱护"的勤俭节约的优良品格。

中国是一个礼仪之邦，有着悠久的助人为乐、与人为善的历史和传统。古人在总结伦理实践的基础上积累了很多关于互帮互助的美德，如"兼相爱，交相利""利人乎，即为；不利人乎，即止"等都表达帮助别人的美好品德。"赠人玫瑰，手留余香"，人活在集体中，需要发扬互帮互助的精神，每个人都会与他人和社会发生千丝万缕的联系，彼此间的互帮互助是必不可少的。作为社会的一员，我们每

① 赵绪生. 传统文化与时代精神[M]. 西安：陕西师范大学出版总社有限公司，2015：135.

一个人都从别人那儿获得过帮助，那么，也就应该以同样的方式来回报他人和社会，做到助人为乐，乐善好施。教科书中安排讲述雷锋助人为乐的精神，也体现了初中德育课程标准中“帮助他人，与人为善”的理念和要求。

（四）教科书中的朴实为民型精神：以孔繁森和郑培民等为代表

新中国成立以来，以焦裕禄、孔繁森等为代表的共产党人，心里装着群众，一心想着群众，事事为群众着想，全心全意为人民服务，竭尽全力地为人民排忧解难；他们鞠躬尽瘁、不辞辛劳、朴实为民的干部作风为新时期党员干部树立了良好的榜样。焦裕禄、孔繁森、郑培民等，他们代表着最广大人民群众的根本利益，用自己的实际行动践行着朴实为民的精神品质。人教版《思想品德》实验教科书在九年级“实现我们的共同理想”一课中向学生展示了焦裕禄的精神，河南兰考县焦裕禄纪念馆中收藏的焦裕禄生前用过的被子上有 42 个补丁，褥子上有 36 个补丁，人民公仆这种崇高的精神让前来参观的参观者纷纷驻足凝视，感慨万分。教科版《思想品德》实验教科书中在不同的章节都有着他们这种朴实为民工作作风的材料。在八年级下册“同一片土地上”单元中对支援少数民族地区建设的孔繁森事迹进行了概括。作为主动报名参加援藏的干部，为了西藏人民，孔繁森献出了自己的金钱、鲜血、健康乃至宝贵的生命，用生命谱写了新时期人民公仆的光辉形象。在九年级“国策经纬”单元中对为民书记郑培民的事迹进行了介绍：“为民书记”郑培民心系人民群众，身怀爱民之心，与群众结下了浓厚的感情。他在湖南湘西工作时，两年时间跑遍湘西大山中的 218 个乡镇。1998 年湖南特大洪灾，常德安造垸发生溃堤，人心惶惶，郑培民逆着撤退的人流奔到一线指挥抢险……不论是在危难关头还是在日常工作和生活中，郑培民都把“万事民为重”作为自己行动的指南。

类似于焦裕禄、孔繁森、郑培民……这样的干部，他们用自己的实际行动，谱写了新时期人民公仆的新篇章，在社会主义建设的新时期，我们的国家和社会需要更多这样为人民办实事的公仆。通过初中德育教科书中对其事例的展示，向学生传递了这种“朴实为民型”的时代精神。具体来说，可以概括为以下几个方面：其一，心系群众的公仆情怀。他们牢记为人民服务的宗旨，心中装着全体人民、唯独没有自己，为了人民的事情可以鞠躬尽瘁、死而后已。其二，脚踏实地的求实作风。他们都从自己工作地点的实际情况出发，在尊重客观规律的基础上，深入一线调查研究，坚持从实际出发，充分体现了共产党员脚踏实地的办事风格。其三，直面困难的奋斗品质。教科书中所列举出来的几位人民公仆，他们都在极其困难的环境中工作，但是都选择了勇敢面对，凭借着“敢教日月换新天”“不达目的、死不瞑目”的精神和干劲，带领人民自力更生、艰苦奋斗，取得了骄人的成绩。其四，廉洁奉公的道德操守。这些公仆任何时候都不搞特殊化，生活简朴，不为名，不为利，坚持着廉洁奉公的操守，展现了自身高尚的情操。

通过上面几个方面的阐述，总体来看，无论是甘于奉献的铁人王进喜、勇于创新的许振超和王海等，还是乐于助人的雷锋、朴实为民的郑培民等人民公仆，他们都用自己的实际行动谱写了一个个感人的事迹，生动诠释了社会主义核心价值体系中良好的个人道德品质。德育教科书中将这些人物的事迹呈现出来，虽然没有高度提炼概括出这些人和事所表现的精神，但透过这些故事可以让学生感受和思考这些社会需要大力弘扬的个人道德品质，应该说能够对学生产生影响并起到一定的教育效果。同样，与之类似的在我们现在社会经常被提及的"感动中国""××最美人物""道德模范"评选活动，也是对这种新时代发展形势下涌现出来的先进人物和事件的一种肯定和宣传。"感动中国"是央视打造的一个体现时代精神的品牌栏目，通过投票的方式选取年度最具有震撼人心、令人感动的人物，推出的这些人物和事件都有着令人感动的精神力量，被誉为"中国人的年度精神史诗"。其中上述提到的在教科书中出现的郑培民、钟南山、袁隆平等均被评选为"感动中国"的模范。另外，在时代的发展中也涌现出了很多"最美故事"，诸如最美女教师张丽莉，最美司机吴斌，最美妈妈吴菊萍等之类的最美人物形象已经深入人心，成为人们弘扬当代中国精神的一个重要组成部分。这些"感动"和"最美"已经成为中国新道德的代名词，它们寄托了人们对当代中国社会中符合美德的各种现象的期待，也代表了新的时代道德风范。① 这些年来涌现出来的这些感动人心的新道德典型，足以说明改革开放以来，很多的中国人逐渐摆脱了不良的旧道德影响，获得了适应新时代的新道德。

另外，上述这些人物及其所表现出来的精神品质在初中德育教科书中给学生阐释了各种时代精神的同时，也向学生展示榜样人物的教育作用。榜样示范法一直是道德教育的重要方法之一，通过榜样示范来达到对学生影响和教育的目的。我国教育类的教科书中关于各类教育方法部分，榜样示范法总是有着它稳定的一席之地。正如谚语"优良的示范是最好的说服"所言，好的榜样示范足以起到应有的教育效果。一个榜样人物以及这个人的话语和故事，有时候看似简单平凡，但却能点燃很多人心中的梦想与激情，为别人树立一个典范，成为他人模仿和学习的榜样。为此，树立榜样就成为道德教育的一个传统方法并流传至今，经久不衰。新中国成立以来的数套初中德育教科书中，都选取了大量的榜样人物作为对学生进行道德教育的媒介。教科书中的这些榜样人物，可以说是

① 宇文利.中国人的价值观[M].北京：中国人民大学出版社，2012：116-117.

教育学生的“重要他人”。所谓“重要他人”，就是指在对学生更好地适应社会的成长过程中产生过重要影响的那些人。在这些“重要他人”中，以榜样人物最具代表性，这些榜样人物在教科书中发挥了重要的作用。榜样的力量是无穷的，因为榜样人物的形象具体而且生动活泼，具有极大的说服力和示范性。“以人为镜，可以明得失”，一个榜样人物以及这个人的话语和故事，有时候看似简单平凡，但却能点燃很多人心中的梦想与激情，尤其是在道德教育中，榜样示范法总是有着它的一席之地，这些榜样人物所发挥的作用是巨大的，因此效果也往往会更好。教科书中所列举出来的这些榜样人物，大多数是通过故事的形式来展示，这样既让学生感受到了榜样人物的高尚人格，同时了解了这些人物的具体事例，这样就会产生既亲切又真实的感受。学生通过对这些榜样人物事件的学习，除了能够体会到他们身上所体现的时代精神，还能学会如何从榜样人物的事件和身上汲取力量，强化道德自律，达到道德教化的效果。

第三节 德育教科书中价值观的全面融合

德育教科书作为德育课程的载体，需要教育和促进学生形成良好的道德品质、健康的心理状况、全面的法律观念和正确的公民意识。同时，作为国家意识形态的载体之一，德育教科书还需要在学校完成向学生传递社会主流价值观念的任务，让学生能够从古今中外优秀文明成果中汲取精神营养，在成长过程中逐渐形成正确的世界观、人生观和价值观。所以，德育教科书应该依据一定的标准来将这些价值观念传递和表达出来，以便达到教育学生的目的。因此，从整体上看，对初中德育教科书价值观应该实现中华优秀传统文化、外国优秀文明成果和社会主义核心价值观这 3 个方面的全面结合。从纵向时间上来看，在传承中华优秀传统文化的基础上，汲取时代发展的精华，实现中华文化的传承与发展，显示出传统与现代的结合。在横向空间上来看，除了拥有中国文化之外，德育教科书还应该有一定的外国文明成果来体现国际视野，做到在课程理念、知识观、学习观、课程评价、课程文化等方面既立足于中国国情，又顺应国际课程改革的发展趋势，具备广阔的国际视野，从而实现价值观的全面融合。

从中国的角度来看，中华优秀传统文化为社会主义核心价值观提供了源泉和基础，社会主义核心价值观则是在继承传统文化的基础上进行了进一步地丰富和发展。传统文化产生于过去，是历史的积淀，是对以往不同阶段时代精神的概括和总结，当然也就不可避免地带有过去时代的烙印；但它又传承至现在，充分体现了优秀文化发展的历史逻辑特征。社会主义核心价值观既吸收了中华民族几千年来优秀传统文化的精神养料，又很好地将中华传统文化进行了创造性转化、创新性发展，使其更好地符合时代发展的要求。从世界的角度来看，社会主义核心价值又充分吸收了人类文明的优秀养料，融世界文明和民族文明于一体，从当前社会发展的现实中萃取为人们所认同的共同价值观念和思想精髓，体现了鲜明的时代特征。这两者相融相通、彼此促进，共同统一于社会主义核心价值体系建设的实践中，推进了社会主义核心价值体系的建设。所以，无论是中华优秀传统文化、外国优秀文明成果还是社会主义核心价值观，这些核心内容和思想理念在我国初中德育教科书中都得到了很好的体现，德育课程和教科书也成为国家在学校教育中传递主流意识形态和价值观的重要阵地，努力为青少年树立正确的世界观、人生观和价值观做出贡献。

新的时期呼唤新的时代精神，时代的转变必然会引起人们思想观念的发展与变迁。自人类文明产生以来，人类就在不断地从发展中汲取优秀的精华为己所用。同时，在应对经济全球化和世界文化的交流碰撞中所带来的新问题和新挑战，也需要新的精神力量来正确处理和面对。另外，社会主义核心价值观还为社会提供了一个价值坐标，帮助社会成员分清什么精神值得提倡，什么精神应该摒弃，真正理解真善美和假恶丑，从而引领社会的精神追求和人们的价值取向。德育课程及其教科书突出了对社会主义核心价值体系方面内容的体现。对照2011年版《思想品德课程标准》，在总共列举出的54条课程内容要求中，直接体现社会主义核心价值观要求的有33条，比例高达61%，覆盖了社会主义核心价值观中所提及的12个范畴。① 社会主义核心价值观的内容在初中德育教科书中既有分散、螺旋式的渗透，也有专门章节的阐述。与之对应的教育科学出版社最新修订版《道德与法治》教科书中，集中安排了“培育和践行社会主义核心价值观”的专门章节和内容。在国家层面的价值目标中，通过卫星上天、当家作主、文明有序排队以及和谐相处的图片来阐明“富强、民主、文明、和谐”的理念。在社会价值取向层面，教科书中选取关于户籍制度、医疗保险制度、义务教育和依法治国等材料来说明“自由、平等、公正、法治”的理念。在公民个人价值准则层面，教科书选取了钱学森、林亚业、孙东林和刘盛兰等4人的事迹来分别诠释“爱国、敬业、诚信、友善”的个人道德品质。

各国的文化林林总总，属于世界性的；同时，文化又是具有民族性和区域性

① 中华人民共和国教育部. 义务教育思想品德课程标准(2011年版)[M]. 北京：北京师范大学出版社，2012：7-16.

的，这是因为“民族性和国度性是文化的重要属性之一”①。所以，我们可以说文化既有国度，又没有国度。以中国为例，说文化有国度，是因为中华民族在几千年文明史的发展过程中，创造性地继承和发展了中国文化，在这个过程中形成了独具中国特色的民族文化瑰宝；说文化没有国度，是因为几千年来中国优秀文化的精华，既属于中国，又属于世界，在丰富了中华文化体系的同时也充实了世界人类文化的宝库。毫无疑问，作为对青少年学生进行思想品德教育为主的德育教科书，既要反映人类文明共性和共同价值的东西，又要将中华民族特色的文化传递下去，将这些重要的、共同的价值理念体现到教科书中对学生进行影响和教育，也就对应了人类文化和民族文化这对关系的问题。我国初中德育教科书的发展应该坚持立德树人的根本任务，充分继承中华优秀传统文化、努力吸纳外国优秀文明成果，并正确处理好道德教育中传统与现代、外国与中国之间的关系，全面展示和体现人类文化和民族文化的精华，将社会主义核心价值观以教科书文本的具体形式传递给学生，围绕“培养什么样的人，才能让他顺利在 21 世纪的时代里生存、生活和发展”的问题，培养学生发展核心素养，从而达到教育的目的和效果。

① 张岱年，方克立．中国文化概论（修订版）[M]．北京：北京师范大学出版社，2004：6.

第五章　德育教科书的价值追求

古语有云："以铜为镜，可以正衣冠；以史为镜，可以知兴替；以人为镜，可以明得失。"(《旧唐书・魏徵传》)研究历史不仅仅在于能够准确地认识过去，更重要的是能够真正从历史的经验教训中吸取有用的、为我所用的东西，这样才能尽可能准确地、科学地洞察现在和预测指导未来。杜威就曾指出："历史叙述过去，但这个历史乃是现在的历史。"[①]本研究也是如此，通过对新中国成立以来我国数套初中德育教科书文本的追根溯源，尤其是对新课改以来教科版初中《思想品德》实验版教科书文本的剖析，试图总结出我国德育教科书体现了什么样的价值观念；并通过厘清新中国成立以来特别是新课改以来我国初中德育课程理念的变迁和教科书内容中价值取向的嬗变，为德育教科书究竟应该体现什么样的价值观提供思考，在此基础上来探讨德育教科书究竟应该体现什么样的价值观念，在此基础上对德育教科书价值取向的未来走向提出展望，希望能对学校德育的走向提供一些理论上和实践上思考的依据和启示。

第一节　德育教科书价值取向的总结

至此，本书前面三章(第二、三、四章)已经分别剖析了我国德育教科书中关于中华优秀传统文化、外国优秀文明成果和社会主义核心价值观的价值取向。在论述完这三部分之后，有必要在此对这三部分之间的相互关系略加说明。教科书中对中华优秀传统文化、外国优秀文明成果和社会主义核心价值观这三者采用了时空维度和纵横维度相结合的方法，实现了将古今中外文化精品的全方位展示和覆盖。一方面，时空维度上，从时间上看，既有中国优秀传统文化的继承，又有现当代精神的弘扬，突出了古典与现代的紧密衔接；从空间上看，既有中国的本土文化又有外国的异域文化，充分体现了世界文明成果，体现了民族文化和世界文化的全面融合。可见，这三者之间的关系在德育教科书中不是彼此孤立的，而是三位一体和彼此融合的，并且共同统一于社会主义核心价值观之中。

① 杜威.民主主义与教育[M].王承绪，译.北京：人民教育出版社，2001：231.

另一方面，纵横维度上，从纵向来看，我国德育教科书包含了我国从古至今的文化精品，既有传统文化中的精华（中华优秀传统文化），又有现今社会发展的时代精神（社会主义核心价值观），体现了教科书对文化传承的连续性和发展性；从横向看，我国初中德育教科书不仅包含中国的文化精品（民族文化），同时还拥有着除中国元素之外的外国优秀文明成果，彰显了教科书的全球化和国际化理念（世界文化）。全面体现了“古为今用，洋为中用”的思想指引下的教科书价值观念。

通过对中华优秀传统文化、外国优秀文明成果和社会主义核心价值观 3 个维度的分析，我国德育教科书从整体上表现出强化中国传统、体现国际视野和突出时代特征这 3 个方面的特点。作为对学生进行道德品质教育的德育教科书，肩负着培养学生良好的道德情操、形成良好行为习惯的重任，应该体现出符合当代初中学生特点的价值取向。从教科书价值取向应然的角度来说，一般德育教科书应该需要做到对中华民族的文化传统进行传承，并能够在关注和传承中华优秀传统文化的同时将时代特色体现出来；另外，在全球化趋势下还需要以更加审慎的眼光借鉴先进的外来异域文化为其所用。为此，本书通过对我国德育教科书，尤其是新课改正在广泛使用的实验版教科书的分析，从教科书价值取向实然的角度分析，基本上能够将这些应该体现的价值观念在教科书中全面地反映出来并传递给学生，达到教育的目的和课程标准的规定。总体上来说，我国德育教科书在空间上基本能够体现人类文化和民族文化的精华，而且能够随着时代的推进在时间上实现了德育教科书价值取向的恒定与嬗变。在时空维度上，德育教科书基本上都能够有所覆盖，体现了其价值取向的系统性和全面性。

一、体现了民族文化和世界文化的统一

各国的文化林林总总，它是世界性的；同时，文化又是有民族性和区域性的，这是因为“民族性和国度性是文化的重要属性之一”[①]。所以，我们可以说文化既有国度，又没有国度。以中国为例，我们说文化有国度，是因为中华民族在几千年文明史的发展过程中，创造性地继承和发展了中国文化，在这个过程中形成了独具中国特色的民族文化的瑰宝。我们又说文化没有国度，是因为几千年来中国优秀文化的精华，既属于中国，又属于世界，在丰富了中华文化体系的同时也充实了世界人类文化的宝库。我国学校教育既要培养学生具有“民族灵魂”和“中国灵魂”，同时又强调“国际视野”和“世界眼光”，也就是说，要求学生的德性

① 张岱年，方克立.中国文化概论(修订版)[M].北京：北京师范大学出版社，2004:6.

素养既是民族的，又是世界的，体现出民族精神与世界精神的统一。[①] 毫无疑问，作为对青少年学生进行思想品德教育为主的德育教科书，既要反映人类文明共性和人类共同价值的东西，又要将中华民族特色的文化传递下去，将这些重要的、共同的价值理念体现到教科书中对学生进行影响和教育，其实也就对应了世界文化和民族文化这对关系的问题。我国初中德育教科书从弘扬了中华优秀传统文化、实现了中西方文化融合、全面渗透了核心价值及政治教育意识这3个方面，全面体现了世界文化和民族文化的精华，将这些优秀文化以教科书文本的形式传递给学生，达到教育的目的和效果。

（一）德育教科书实现了中华优秀传统文化的传承

中华民族在5000多年的发展历史中创造了光辉灿烂的文化，形成了中华优秀传统文化，在很大程度上成为中华民族的深层心理积淀，构成了中华民族的民族性格，成为中华文明屹立于世界文明史上的独特风格。从历时性和共时性角度分析，中国传统社会的价值观念有“大传统”和“小传统”之分。所谓“大传统”，是指经过思想阶层和统治阶层的思想家加工定形的，并为统治阶级所提倡的作为社会主流的价值观念；而所谓“小传统”，则指社会的贫民阶层在民间流行的不定型的，作为潜意识存在的社会心理和风俗习惯。[②] 与之类似，德育教科书在文化和价值观念的传承上，既需要有主流价值观念的“大传统”作为主导，同时又需要有潜伏于主流价值观念之下的“小传统”。我国初中德育教科书坚持以弘扬中华优秀传统文化为己任，在教科书主题文的编写、阅读材料的选择以及名言警句的使用甚至教科书图片的选择方面都能够将几千年来中华文化的精华体现出来。依据教科书的课程标准中划分的关于国情教育、道德教育、心理健康教育和法律教育4个大方面的内容，中华优秀传统文化尤其在道德教育的内容上表现较为突出，所占比例尤为明显，在道德教育方面更是注重将中国传统伦理道德文化的精华在教科书中给予了充分的呈现。以德育教科书中的名言警句为例，依照道德教育、心理健康教育、法律教育和国情教育4个部分对教科书中出现的名言警句进行分类划分，其中1997年人教版初中德育教科书中道德教育方面占全套教科书名言警句的40%（其中全套教科书中共有名言警句132条，道德教育方面的占53条），2003年人教版初中德育教科书中对应的道德教育方面的占全部比例的57%（全套教科书中共有103条，关于道德教育方面的有59条），而2003年教科版《思想品德》实验教科书的比例则高达70%（全套教科书中有名言

① 班华．德育目标应有的要求：民族精神与世界精神统一[J]．教育研究，2013(2)：54-58．

② 戴茂堂，江畅．传统价值观念与当代中国[M]．武汉：湖北人民出版社，2001：13-14．

警句 108 条，道德教育方面的有 76 条）。这个数据可以在一定程度上反映出德育教科书中对中华传统文化尤其是中华优秀传统道德的重视。中国文化博大精深，传统伦理道德源远流长，在历史发展的长河中不断充实、更新和完善，其内涵丰富，博大精深。中国传统伦理道德是中华民族传统文化的核心，体现在人们的思想和行为之中，是人与人之间关系的准则。但对于传统文化应该以审视的眼光来看待，因为在这些传统的伦理道德文化中，既有凝聚着民族精神、推动社会进步和发展的精神精华，但同时也有着阻碍社会进步与个人发展的精神糟粕，在继承和弘扬中国传统伦理道德文化的时候，需要明确究竟符合什么样标准的才是中国传统伦理道德文化的精华，必须要有一个客观公正的态度，这样才能很好地将中华优秀传统文化向青少年进行弘扬和传承。

新中国成立以来的德育教科书，尤其是改革开放 40 多年来我国出版发行的德育教科书中，随处都可以感受到中华优秀文化特别是中华传统道德的精华。德育教科书的价值取向浓缩了中华优秀传统文化的内容，也吸收了中华传统道德文化的精华。无论是从张岱年先生倡导的中国伦理道德优秀传统的爱国主义思想、个人价值观念、人际和谐思想和社会责任观念这 4 个方面来分析，还是从罗国杰先生从基本道德、职业道德、家庭伦理、文明礼仪 4 个部分关于中国传统道德规范的解说来看，德育教科书中都广泛涉及了这些内容。如果依据这些规范来一一对照德育教科书，可以发现大部分的道德规范都得到了不同程度的体现。如在罗国杰提出的基本道德规范中，德育教科书中至少体现出“公忠、正义、仁爱、中和、孝慈、诚信、宽恕、谦敬、礼让、自强、知耻、勇毅、节制、勤俭、爱物”等方面的规范；在家庭伦理规范中的亲子关系、长幼关系，在初中德育教科书中分别都有专门章节来论述；在文明礼仪规范中，罗国杰提出的“尊老敬贤之礼、接人待物之礼、仪态言谈之礼、庆典婚丧之礼”4 个方面的礼仪，除了最后一个“庆典婚丧之礼”在教科书中没有提及外，其他 3 个方面的文明礼仪也是不同时期初中德育教科书论述的重要组成部分。具体到初中德育教科书中关于中华优秀传统文化的表现，可以从德育课程的设计理念和教科书内容的选择上来分析。对照常规的中华优秀传统文化的核心理念，中华优秀文化的核心理念都能在德育课程标准和教科书中寻到踪影。无论是从前面章节初中德育教科书关于中华优秀传统文化的关于“家国情怀、社会关爱和人格修养”这 3 个维度的分析框架来看，还是依据“忠、孝、仁、义、礼、智、信”的中华美德的传统来比照，或就常规的关于“爱国、敬业、孝亲、惜缘、尊师、重友”等方面来衡量，初中德育教科书中基本上包含和覆盖了这些关于中华优秀传统文化的核心内容。教科书中都有很大的篇幅对爱国、爱家、尊师、孝亲和如何与人友善相处这些中华优秀文化的精髓进行了阐述,让学生在进行思想道德教育的同时自然而然地感受到中华传统文化的魅力,从而接受中华优秀传统文化的熏陶。

以教科版《思想品德》实验教科书为例,"财富论坛""又到两会时"和"国策经纬"等单元就是通过对伟大祖国的介绍来让学生更加热爱自己的祖国,对祖国产生浓厚的感情,从而达到爱国主义教育的目的。"扬帆起航"和"走进社区"两个单元分别通过对学生学校生活环境和家庭生活环境的介绍来使学生产生强烈的爱校爱家的情怀。"跨越代沟"单元围绕着"尊师"和"孝亲"的主题来阐述如何与父母和老师相处,突出了中华传统文化中尊师重道和孝老爱亲的理念。"人与人之间"单元则体现了如何与人友善相处,教育学生在与人的交往中学会平等与尊重、宽容与理解、关心与互助、负责与合作,真正做到"仁、义、信"的标准。"在同一片土地上"和"自然的声音"两个单元分别让学生热爱中华56个民族的大家庭和关心爱护自然并学会与自然和谐相处,体现了传统文化中的和谐思想。"在分数的背后"单元则是从学生平时非常熟悉的考试入手,通过"分数的品质"一课来讲述诚实和公平的重要性,体现了对中华文化中诚实的优良传统。现代社会的"礼"主要就是要遵守规则,遵守道德律令和法律法规,德育教科书中对如何遵守规则、法律和道德等诸多问题都进行了探讨,向学生展示了"礼"的现代意义。

除了这些理念的凸显之外,在德育教科书所选取的一些名言警句和阅读材料的内容上也有很多是关于中华优秀传统文化的精品。对于教科书选用的名言警句,通过对改革开放以来初中德育教科书国别的统计分析,其中关于中国名言警句所占比例有逐渐上升的趋势。据统计,我国初中德育教科书中名言警句这一栏最早出现于1997年人教版《思想政治》教科书的占46%,到2003年实验版《思想品德》教科书占60%—70%(其中教科版《思想品德》实验教科书占60%,人教版《思想品德》实验教科书占70%),而且这些名言警句中除了部分反映时代精神的领导人经典话语之外,其他的基本上都是古代圣贤的经典名句或作品。如孔子、孟子等先哲的经典语录就经常被选用为各套初中德育教科书中的名言警句。如在论述有关立德修身、教育求学等方面,1997年和2003年人教版以及2003年教科版3套初中教科书中都引用了大量的孔子和孟子等中国古代哲学家的名言,比如"己欲立而立人,己欲达而达人""见贤思齐焉,见不贤而内自省也""不学礼,无以立""人不可以无耻。无耻之耻,无耻矣""人必自侮,然后人侮之""三人行,必有我师焉"等这些名言警句都占据了绝对的比例。除了名言警句展现出中华优秀传统文化之外,教科书中所选用的阅读材料很多都是中华传统文化中的精品,这些阅读材料大部分都是通过故事的形式来呈现,起到对教科书中主题文的补充说明作用,让教科书的说理变得更加通俗易懂,属于真正的"小故事，大道理”。这些阅读材料融趣味性、知识性和教育性于一体，用通俗易懂的文字言简意赅地表达了深刻的道理，让人读起来很受启发和震撼。以教科版《思想品德》实验教科书为例，据统计，教科版全套《思想品德》教科书中共有这样的故事 60 余则，充分体现了中华传统文化的精华。从国别上看，中国和外国的故事所占比例基本平衡。其中，中国故事中关于中国经典故事如“迟之悟读书”等有 30 余则。这些中华经典小故事在德育教科书中大量出现，无疑是一种极好的课程资源。它们一方面避免德育教科书内容的空洞说教，不仅仅是向学生简单地讲述道德的大道理，而是运用故事的表达方式来增添道德教育的趣味性和可读性，是对主题文内容的有益补充和完善，取得了主题文难以达到的教育效果，在教科书中起到了一定的增色作用。另一方面，这些中华经典小故事也是对中华优秀传统文化的一种传承和弘扬，将这些经典的文化精品通过通俗易懂的故事在教科书中向学生进行展示和呈现，既使学生懂得了一些基本的道德教育的道理，又让学生进一步深入了解了中华传统文化的内容，为初中德育教科书传承和弘扬中华优秀传统文化起到了积极的推动作用。

德育教科书中关于中华优秀传统文化在总量上所占比例的逐渐上升显示了德育教科书的特点，表明德育教科书在尽可能地体现中国文化元素上所做的努力和贡献。中华优秀传统文化中有着很多关于中华传统伦理道德的精华，将这些方面的内容选择作为德育教科书的素材，体现了课程思想性和人文性的特点。我国初中德育教科书中既有对中华优秀传统文化的显性介绍，又有着对相关内容的隐性渗透或融合，同时在教科书中还通过设计各种活动来引导学生了解和感知中华优秀传统文化的博大精深，起到了弘扬和传承的效果。因此，总的来说，初中德育教科书较好地贯彻落实了关于中华优秀传统文化的传承和发展，运用德育教科书这一平台对学生进行中华优秀传统文化教育，发挥着德育教科书弘扬中华文化的作用。

（二）德育教科书积极体现了中西方文化价值的融合

中西方文化代表着两种不同的文化类型。季羡林先生曾将世界文化分成中国文化、印度文化、伊斯兰的选择文化及欧美文化四大体系，并据此将世界文化分为东方文化（日本、韩国、朝鲜、越南文化均属于中国文化圈，加伊斯兰选择文化圈和印度文化圈，这三者可以总称为东方文化）和西方文化（从古希腊一直到现今的欧美文化可以称为西方文化）两种类型，并将思维模式和思维方式作为两种文化最根本的区别。① 这是因为西方文化注重分析（analytical），一分为二；而

① 季羡林. 季羡林谈东西方文化（典藏本）[M]. 北京：当代中国出版社，2015：2-3.

东方文化则注重综合(comprehensive),合二为一。季先生同时指出,分析思维就是抓住物质一个劲地分析下去,一直分析到基本粒子,用通俗的话来讲,就是“只见树木,不见森林”或“头痛医头,脚痛医脚”。而综合思维的特点就是整体概念和普遍联系,即可以概括为“既见树木,又见森林”或“头痛可以医脚,反之亦然”①。从本质上讲,无论是以中国文化为主流的东方文化也好,还是在外国文化中占主导的西方文化也罢,都没有孰优孰劣之分,两者都是人类文明的结晶,都旨在为提高人的本质,提升人类的生活和享受水平,为了给人类造福服务。在全球化的今天,国与国之间的交流更趋普遍和频繁,在各国人们的交往中就会有文化的交流和碰撞,这就应该注重中、西两种文化的交流,在碰撞中融合,共同发展。两种文化在彼此比较和碰撞的过程中,一方面,使我们中华优秀传统文化的精华更加熠熠闪光;另一方面,在比较中也能发现我们自身文化在发展中存在的弊端与局限性,为进一步在保存自身传统的精华、吸纳与借鉴异域优秀文化的基础上,创造与生成新的文化而努力。② 为此,在学校教育中就应该注重教育学生正确面对中西方文化,帮助学生树立正确的态度来对待这两种文化。而传递学校教育信息的教科书就需要有着一种客观的态度来处理好教科书中关于中西方文化及价值观的比例。

通过前面章节的分析,明确了我国初中德育教科书中应该注重弘扬中华优秀传统文化和突出当代中国时代精神;但在全球化的当下,这还不够,还需要将外国优秀文明成果吸收进来,尤其是以西方为代表的外国文明成果中的精品更应该在教科书中得以展示和体现出来。因为这些文化是没有国界的,属于西方国家,更属于全人类和全世界。纵观新中国成立以来的德育教科书,在主题文部分明确表现出来的关于西方文化成分的内容其实并不多,主要在名言警句和阅读材料两个方面。如前面所述,初中德育教科书中外国优秀文明成果主要是通过外国榜样人物形象在教科书中的设定、外国优秀作品的呈现等方面来实现的。所选取的外国人物,既有伟大的领袖、杰出的科学家和艺术家,同时也有一些学生身边的普通人物,通过这些人物的言行举止来达到传递道德规范的效果。书中选取的外国作品,无论是外国优秀作品中的叙事,还是书中列举出的外国名言警句,都是集中反映外国文化的精品,可以帮助学生掌握和了解外国这些作品关于学习、工作和生活方面的哲理性探讨,并从这些探讨和论述中掌握必要的道德

① 季羡林.季羡林谈东西方文化(典藏本)[M].北京:当代中国出版社,2015:130-131.

② 李申申,等.传承的使命:中华优秀文化传统教育问题研究[M].北京:人民出版社,2011:264-265.

规范，养成良好的道德行为。教科书中还讲述了不同国家和地区的风土人情，教学生学会在国际化形势下如何面对多元文化。

通过分析，外国优秀文明成果的成分在教科书中也呈现出变化之势。这个变化趋势从德育教科书中关于中外名言警句的比例变化上就可见一斑。初中德育教科书中的名言警句从国别上看由中国和外国两部分组成，其中关于中国的名言警句随着时代的发展有逐渐增加之势。相对而言，关于外国的一些经典名言警句有所减少，但这些随着时代的发展仍然在教科书中出现的外国名言警句都是一些十分经典的、被广为传颂的精品，对学生起到了很好的教育作用。如教科书中关于学习的部分，教科版《思想品德》实验教科书中引用了弗兰西斯·培根的名言："读史使人明智，读诗使人灵秀，数学使人周密，科学使人深刻，伦理学使人庄重，逻辑修辞之学使人善辩。凡有所学，皆成性格。"威廉·梅克比斯·萨克雷的名言："播种一种观念，收获一种行为；播种一种行为，收获一种习惯；播种一种习惯，收获一种性格；播种一种性格，收获一种命运。"这两句可以说是论述读书的经典之语，尤其是培根的《论读书》(*of Studies*)中的名句更是世界上论述学习的经典之中的作品，学生可以从这些名言警句中领会其背后深刻的意义，从而帮助学生树立良好的学习习惯。再如在"跨越代沟"一节中，引用了玛格丽特·米德的经典话语"整个世界处于一个前所未有的局面之中，青年人和老年人，青少年和所有比他们年长的人，隔着一条深沟在互相望着"来描述代沟，代沟问题的研究就是以人类学家玛格丽特·米德为代表，选取她的经典话语来描述代沟，其权威性自然是无可厚非。类似的例子很多，在此不一一列举。阅读材料的选择更是体现了这种外国优秀文明成果的价值特点，很多经典案例的选择都是来源于外国文化之中，在教科版《思想品德》实验教科书中，像"哈佛校规、古罗马双面神像、马克思恩格斯友谊"等经典故事都是异域文化中非常有教育意义的代表性作品，将其选取到德育教科书中，既弥补了中华文化故事描述中的不足，同时也开拓了学生的视野，将学生带到全球化的国际视野中对学生进行道德教育，收到了良好的教育效果。

其实，在道德教育方面，中国与西方存在着若干比较明显的差异。比较来看，中国实施的"高"道德教育与西方实施的"低"道德教育，或者说"准法的"德育，在特征、结果、过程、效果和适用性方面有明显差别。从特征看，中国的社会和教育充满了激情、理想主义、英雄主义，表现为伟大、理想、超越和神圣；西方的社会和教育表现为理想、功利主义、实用主义，特点是平凡、现实、适应和世俗。

在中国，道德义愤常常是正当的；在西方，法制理性衡量一切。① 正是因为中西方文化的这些若干差异，在国际化和全球化的大趋势下，我们更应该注重不同文化类型的交流、碰撞和融合，提炼出符合时代发展的、适合中国特色的有价值的文化，并在道德教育主阵地之一的德育教科书中得以体现和展示，向学生进行价值教育。20 世纪下半叶以来，全球化的发展打破了过去世界那种壁垒分明的界限，国家与国家之间涉及政治、经济和文化价值观方面的交流越发频繁，也因此引发了国际社会成员对待自身文化和国际核心文化的一种态度，而且逐步形成了国际社会核心价值观。当然，形成国际社会核心价值观并不是说要在全世界文化中达成一种文化模式的趋同化，而应该是一种"和而不同"的国际共识。也就是说，允许各国在保留和发扬自身文化价值观的基础上具有一种或几种共同的国际社会核心价值观念。努力做到与国际接轨，这也符合马克思主义与时俱进的理论本质，体现了德育教科书传承与发展的品质。

（三）德育教科书全面渗透了社会主义核心价值观念和政治教育意识

社会主义核心价值观是在社会发展过程中高度概括和总结出来的时代精神。社会主义核心价值观的建构离不开对中华优秀传统文化的继承和对外国优秀文明成果的借鉴。一方面，中国几千年来形成的具有深厚文化底蕴和民族特色的传统文化给社会主义核心价值观提供了理论基础和实践支撑，成为核心价值观的重要源泉；另一方面，世界各国在发展过程中创造和积累的优秀文明成果也为社会主义核心价值观提供了丰富的理论支持和智力保障。

初中德育教科书为培育和践行社会主义核心价值观，始终保持了与时俱进的精神状态，能够准确及时地将时代最具代表性的精神体现到教科书中与学生共享，起到了教育的作用。社会主义核心价值观既继承和发扬了中华民族传统文化的精华，同时又将近年来中国在改革开放和社会主义现代化建设进程中的与时俱进的新思想、新观念和新行为集中反映和体现出来，并充分吸纳和借鉴了世界其他国家的优秀文明成果，实现了传统与现代、外国与中国的紧密结合。传统文化和核心价值观体现了历史与现实的统一，中华优秀传统文化为社会主义核心价值观提供了源泉和基础，核心价值观则在继承传统文化的基础上进行了进一步的丰富和发展。传统文化产生于过去，是历史积淀的产物，是对历史以往时代精神的概括和总结，当然也就不可避免地带有过去时代的烙印；但它又传承至现在，充分体现了优秀文化发展的历史逻辑特征。前者为后者的形成提供了源源不断的文化根基，而后者则为前者的进一步深化发展赋予了新的契机。在

① 魏贤超，王小飞，等. 在历史和伦理之间：中西方德育比较研究[M]. 杭州：浙江大学出版社，2009：1-3.

初中德育教科书中，有可能不能绝对地将二者界定开来，有些核心的思想和理念，可能既属于中华优秀传统文化，同时也属于社会主义核心价值体系中不可或缺的重要组成部分。如教科书中的“诚实守信、团结友爱、互助奉献”等精神品质和风尚，既是几千年来中华民族一直流传下来的优良传统，又是新时期需要继续坚持和弘扬的核心价值观念。

新时期呼唤新的时代精神，时代的转变必然会引起人们思想观念的发展与变迁。自人类文明产生以来，人类就不断地从发展中汲取优秀的精华为己所用。同时，在应对经济全球化和世界文化的交流碰撞中所带来的新问题和新挑战，也需要有新的精神力量来正确处理和面对。另外，时代精神还为社会提供了一个价值坐标，帮助社会成员分清这个时代什么精神值得提倡，什么精神需要摒弃，真正理解真善美和假恶丑，从而引领社会的精神追求和人们的价值取向，教育青少年一代学会如何求真、至善、臻美。在经济社会发展方面，时代精神有着价值评判的功能。如随着社会的新发展而凸显出来一些时代特征的东西，之前不被人们关注的生态环境问题，促进人与自然的可持续发展理念逐渐引起人们的广泛共识，从而变成时代精神而备受重视。

德育教科书担负着学校价值观教育和道德教育的重要任务，国家始终高度重视德育在学校教育中的地位。因此，德育课程及教科书在一定程度上应该将国家的主流价值观念传递给学生。通过对不同时期的初中德育教科书的分析，虽然自新课改以来的德育教科书的政治意识形态取向有所淡化，但从总体上看德育教科书一直承担着对学生进行政治教育的任务。无论是《思想政治》教科书、《思想品德》教科书，还是已经在修订使用的《道德与法治》教科书，尽管课程和教科书的名称在变化，但德育学科及教科书的政治教育功能仍然处于重要地位，肩负着对学生进行政治教育的功能，履行着对国家主流意识形态的价值观念进行传递的职责。初中德育教科书中的论述就是社会公众舆论中权威文本的体现，这些论述一般通过名人、名言警句、典故等来进行说理论道，从这些名人的权威话语出发，从他们的经典行为出发，层层深入地论述这些权威话语的合理性，从而将主流的价值观融入教科书中，也在融入的过程中实现了教科书中意识形态的控制，从而突出了德育教科书的政治教育意识。

二、反映了教科书价值取向的恒定与嬗变

德育教科书中所选取的文本应该体现其蕴含的价值观念。随着时间的推移，我国德育教科书反映了其价值取向的“变”与“不变”，在保持经典恒久价值稳定性的基础上，朝着关注学生个体生活化方向发展。一方面，虽然历经时间的变

迁和发展，但进入德育教科书内容的文本仍然大多数以经典叙述为依托，反映了选文文本的恒久价值，让德育教科书的价值得以重视和体现；另一方面，依据德育课程标准的要求，随着时间的推移，德育课程以学生的生活为基础，注重对学生生活世界的关注和重视。尤其在党的十一届三中全会以后，我国德育逐渐回归本体，打破整体主义走进人的生活世界，强调对主体和生命的尊重和敬畏。[①]新课改以来的初中德育教科书，重视对普通人生活世界的关注，注重学生个体自身的参与和体验。

（一）德育教科书体现了选文文本的恒久性价值

西方学者曾指出，经典文本本身就具有认知、情感、劝说、对话、元语言、审美等功能。[②] 这些功能与道德教育文本的叙事传统不谋而合。道德教育文本中应该注重经典性著作的选择，从而突出德育教科书选文文本的恒久价值。初中德育教科书中有很多体现这些恒久价值的经典叙事作品，诸如“二子学弈、高山流水遇知音、管鲍之交、哈佛的校规、囚徒与小草、一大杯牛奶”等这些经过时间检验、广为流传的经典哲理小故事在德育教科书中的阅读材料部分出现。这些中外的经典小故事虽然很简短，但都有一定的趣味性和可读性，而且还蕴含着深刻的内涵，具有一定的经典性和恒久性。通过这些故事的补充说明，对教科书的主题文进行了很好的解释，让教科书的说理变得更加通俗易懂，属于真正的“小故事，大道理”。这些经典的叙事不仅“迎合”了学生阅读的“胃口”和需要，而且体现了道德教育的效果，经历了时间的发展和历练，具有恒久性的教育价值。这些哲理性的经典小故事在2003年教科版《思想品德》实验教科书中尤为明显。这些故事涉及生活的各个方面，每个故事都体现了一定的价值观念，而且这些经典的故事都经过了时间的历练，从而成为教科书中经典的选文材料。选入教科书中的经典内容都必须经得起时代的检验，既符合当时的时代背景，又能够在当下的现实中起到一定的教育意义，符合现代社会的价值取向。如若不然，就可能会引起不必要的质疑和争议。如语文出版社新版《语文》教科书中课文《南京大屠杀》被替换成《死里逃生》，《鲁提辖拳打镇关西》被替换成《智取生辰纲》就引起了社会和学界的广泛关注和热议，虽说这些争论孰是孰非还有待进一步确定，但通过这些足以说明教科书选材内容的重要性，教科书文本需要体现恒久的价值观。

---

① 李建国. 教化与超越：中国道德教育价值取向的历史嬗变[M]. 北京：中国社会科学出版社，2014：177-194.

② D. 佛克马，E. 蚁布思. 文学研究与文化参与[M]. 俞国强，译. 北京：北京大学出版社，1996：194-201.

鉴于教育所肩负的历史使命，当今很多现代民主国家都将教科书的教育作用提到了一定的高度，使之向“神圣化”方向发展。同时对于什么样的内容可以进入教科书、什么样的内容不能被选进教科书都有着严格的要求和规定，每个国家对基础教育阶段的教科书都实行严格的控制。① 这不是教育部门、出版社以及教科书主编等可以直接决定的，而必须经过专门的部门审查通过才能出版发行使用。这是因为要保证教科书“百年树人”的教育价值能够得到充分实现，从而不至于被短视的利益所左右，确保教科书教育的恒久价值。为此，很多教科书中的内容，始终保持着选文经典性的原则，让经得起时间检验的文本在教科书中占据主导地位，这不失为一种成功之举。和选取当下现实中的人和事相比，选取经典性的材料更具保险性和恒久性，因为经典性材料经过了时间的检验，有着其独特的优越性，并且都是已经盖棺定论的判断，不会存在价值教育上重新定位的可能，“只有坟墓中的尸体才不会改变人生的轨迹，任何活着的人，都存在着从星光闪耀的天空，坠落向平凡地面甚至地狱的可能”②。试想，如果一套教科书选取了某一个活跃在当下的明星人物作为道德教育的正面典型，万一这个明星由于个人生活的私德问题背离了道德教育的标准(如，当下很多明星在被爆出因为私生活的吸毒、逃税、嫖娼等个人丑闻后，公众道德形象轰然倒塌。试想，如果这样的公众人物之前被选进教科书，一旦这些人物出事，教科书该如何应对？这种情况下，试图用“明星”来促使学生好好学习，无异于“与虎谋皮”)，这样的教科书就面临着要及时更换材料的尴尬，让教科书的价值教育受到影响。

周国平先生曾强调教育应该比市场站得高看得远。在此基础上，我们可以尝试进一步倡导教育应该比现实站得高和看得远，也就是说，教育应该站在现实的头顶上，穿越历史的迷雾，用它独有的价值理性，去建设下一代恒久价值的心灵家园。教育不应当被短视的利益所左右，更不能被短视的利益所利用。教科书的内容本质上是选择，“教科书需要精选内容，需要在泛化的知识世界里为学生树立起主流价值”③，在此基础上，可以将这个理念运用到教科书编写之中，突出教科书主流价值和教育价值的恒久性。所以，教科书尤其是德育教科书选文或选取的材料及材料中的人物，要注意其永恒的教育价值，明星也罢，经典也好，除非它有恒久的教育价值，否则，都不应该被选入教科书之中，不应该走进学生

① 钟启泉. 对话与文本：教学规范的转型[J]. 教育研究，2001(3)：33-39.

② 曹保印. 教材要选择恒久价值[N]. 青年时报，2005-10-22.

③ 蒙石荣. 教科书：在泛化的知识世界树立起主流价值——专访首都师范大学石鸥教授[J]. 今日教育，2016(10)：30-31.

心灵的深处。

（二）德育教科书文本朝着关注普通人生活的方向发展

从社会学的视角，教育在“到底应该培养什么样的社会人”这一问题上往往有着不同的观点和见解，是培养社会杰出人才的“精英教育”还是培养面向普通群体的“大众教育”成了不同时代人们思索的社会问题。随着社会的发展，当今教育已经步入大众化、普及化和平民化的新阶段，应该努力实现从“寻找适合教育的学生”的精英教育向“寻找适合学生的教育”的大众教育或平民教育转轨。教育的目的在于培养学生健全的人格和心智，除了要求他们能够建功立业、名垂青史之外，首先和更重要的是要求他们成为一个健康的个体人。与之对应的问题在教科书中的人物形象上也表现出来：教科书中的榜样人物的选取是以精英人物为主还是以普通人物为主，进入新世纪的新课改以来，经过专家的反复论证，要求新课改实验教科书在“选择内容上要体现基础教育特质，面向每个学生，而并非只为少数精英”①。在这样思想的引领下，更加关注学生的生活世界，在人物形象的选取上更多的是通过普通人的形式呈现出来。

教科书中的这种关注普通人的生活世界，从学生比较能够感知到的普通人物和事情着手，让他们觉得教科书中的这些榜样人物和自己的生活息息相关，就在自己的生活之中，而不要让学生感到所列举出来的榜样人物都高高在上，高不可攀或遥不可及。而且只要仔细分析这些教科书中的精英榜样人物，往往能够发现这些精英都是以完人化的形象出场，他们在教科书中被设定得没有任何缺点，表现得十分完美，总是那么的高尚伟大，总是那么的彬彬有礼……（当然，在此不是否定精英人物的完美形象，也绝无诋毁这些榜样人物的意思。客观地说，榜样是有力量的，也是必不可少的，教育应该向青少年介绍历史上那些伟大人物，因为这些榜样人物对提升青少年的道德情操和人生境界都有良好的激励作用）但这样人物的设定会给读者（学生）造成一种错觉，觉得这些人根本就不是普通的凡人，他们不食人间烟火，没有任何的缺点。这种关于精英的道德教育过于“圣人”或“英雄”模式，他们“大公无私”“毫不利己，专门利人”，他们表现出“无我”的最高道德境界。这种精英化取向的出发点是无可厚非的，是想通过这些完美人格的精英们给学生提供良好的道德情操教育，希望达到好的教育效果。但这样就真的能够奏效吗？实际情况可能未必如此，现实情况也会是这些完人化的精英们让学生望而却步，这些标准对普通人来说就如同空中楼阁一样难以企及，反而会觉得自己与其差距太大，失去了榜样应有的教育效果。有研究发现，

① 朱慕菊.从“一纲一本”到“一纲多本”的历史跨越[N].中国教育报，2009-11-05.

当树立起来的榜样太过完美或太过高大之后，这时候榜样所起到的效果反而会打上折扣，甚至形成一种负效应。“有意无意地以完美的理想形式表现，以及有意无意地将神话般的现实呈现给学生，试图以这种方式来提高教育的水平和效果，其实是一种误解。理想标准完美化的结果，只会导致‘好我’与‘坏我’，‘好的’他人与‘坏的’他人的分裂，将任何瑕疵都视为与理想状态的背离。受这种影响的学生对自己的缺陷包容性差，对挫折承受性差，偶有失落就悲观或失望。”① 当学生觉得这些崇高、伟大的人物及场景离自己的实际生活相隔得太远，不是生活中的常态的时候，就会导致一种望而生畏的心态，无数次的高不可攀的目标在眼前时，久而久之，反而会产生一种心理学提及的习得性无力感(learned helplessness)，即通过某种学习经验而形成的，并会给以后的学习带来消极影响的一种特殊心理状态。② 这种习得性无力感的心理状态反而不利于榜样示范的作用。

德育教科书选取的“精英”人物即教科书中的道德精英，是指德育教科书中所选取的具有崇高道德的人，他们一般都是各个行业的精英，在自己的领域做出了杰出的贡献，更为关键的是他们拥有着常人所不具有的崇高道德品质。与之对应的德育教科书精英化就是指教科书在对学生的道德培养以传递终极价值为出发点，以培养具有高度理想化的社会精英人士为己任，通过树立高大纯粹的道德榜样来对学生进行道德教育。德育教科书文本中有很多关于人物的描写和阐述，都是“道德理想主义”类型的，为追求高层次的“真理”“主义”为己任，突出了对诸如“政治领袖”“青少年英雄”“行业领军人物”“革命者”等“英雄式”的“精英”阶层的榜样示范作用。德育教科书中英雄人物高大的形象和感人的故事固然能够激起学生的道德理想主义热情，但这些人物往往因为其身份、地位过于“高、大、上”，而且其所处年代也与学生的实际生活相差较远，这些精英人物虽然能够在一定程度上对学生有所触动，但大多数时候这些人物对学生来说还是如同海市蜃楼，虽然美好，却不着边际，离学生的生活世界有些遥远，有“镜花水月”之嫌。作为对学生进行道德品质教育的德育教科书中，自然免不了要有这些道德精英来起到榜样示范的教育作用，但也不能缺乏普通的平民化的他人。因此，教科书中更需要很多的“平民”来贴近学生的日常生活，让学生感觉更加亲切和自然。当然，所谓教科书中的“平民”不是指日常生活中所说的在财产和地位上与达官显贵相对的“平民百姓”，而是指与“圣贤”“英雄”“领袖”等各种神圣形象相

① 李晓文.学生自我发展之心理学探究[M].北京：教育科学出版社，2001：117.

② 周国韬.习得性无力感理论浅析[J].心理科学通讯，1988(6)：49-53.

对的，现实生活中的平凡个体①。具体到德育教科书中的平民，就是指现实中的普通人，可以是生活中的你、我、他，是大家平时口中的“小明”“小强”或“小红”等，是相对于英雄、圣贤等比较而言的，他们可能不是各个领域的领军人物，也没有太多杰出的事迹值得赞扬学习，他们是我们现实生活中平凡的个体，与我们的生活条件、生活背景等方面相似度极高。新课改以来的《思想品德》实验教科书中，除了出现各种精英式的人物之外，更多地从学生的生活实际出发，选取了很多大家日常生活中的小王、小李、小张等人物形象出现在教科书中，朝着更加注重普通人生活的平民化取向发展。当这些人物出现在教科书中作为一种代表性的群体来对学生进行教育时，学生会感到分外亲切和自然，因为和他们的实际生活很是贴近，仿佛都是发生在身边的事情。另外，相比于之前的初中德育教科书，新课改以来的德育教科书选文越来越注重对学生生活世界的关注，更加地贴近学生的日常生活和现实。根据对教科版《思想品德》实验教科书编写人员的访谈调查，了解到该套教科书编写团队成员在编写之前曾对浙江省杭州市进行了一次大规模的调查，就初中学生理想文本内容的主题、文本形式、教学形式对在校初中学生、家长、班主任和德育课程教师进行了调查②，突出了学生生活事件的关注。通过课题组上千份的回收问卷结果显示，初中学生始终关心的生活事件与问题一直是学习（包括学习的习惯和方法、学习竞争、学习压力、学习焦虑等），同时在不同时间段关注和侧重的生活事件有所不同（初中一年级主要为生长发育，初中二年级主要为学习和交往，初中三年级是学业竞争、升学就业等问题），同时也得出初中学生对文本呈现形式表现出不同的偏好。

---

① 李伟言. 重塑我们的道德生活——当代德育价值取向转型的理论研究[M]. 北京：北京师范大学出版社，2012：110.

② 见表5.1.注：该调查采用问卷调查形式。调查对象为在校初中学生、学生家长、班主任与思想政治课教师。调查随机抽取1所重点中学、3所普通中学的初一、初二、初三学生，每个班中的10位家长，2所普通中学的现任班主任、任课教师。调查共回收问卷1000多份，其中有效问卷：初中生活内容倾向学生问卷321份，新教科书内容形式倾向性调查学生问卷413份，初中学生主要生活内容与问题家长问卷57份，初中学生主要生活内容与问题班主任问卷35份，对新教科书的编写意见任课教师问卷15份。结果显示，初中学生关注的主要生活事件与问题：第一，初中学生始终经历和关注的问题：根据对学生有效问卷的分析，初中学生始终经历和关心的重点问题是学习。除初一刚入学的第一个月和寒、暑假，学习问题是学生关心的“突出”主题，包括学习竞争、学习压力、学习焦虑、学习习惯与方法、学习枯燥疲惫感等。第二，在不同时间段侧重经历和关心的问题：贯穿整个初一年级的生活事件为生长发育；而学习和交往等则是初二学生的主要生活事件，学习疲惫感较为突出；在初三，上学期主要表现为学习竞争问题和情绪情感体验的繁杂性以及对生活意义的思考，下学期则主要是学习竞争和毕业去向以及心理健康问题等。

表 5.1　初中学生对文本呈现形式的偏好[①]

项目		初一	初二	初三	备注（较集中的学生意见）
主要内容形式	正文	36	28	41	重点难点用不同字体、颜色或加下划线
	图片	55	43	61	教材编写应多些图画！图画！
	漫画	77	74	73	可以画得很难看
	格言	34	35	44	
	生活案例	56	50	58	增加内容
	故事	70	70	71	
	法律判例	29	28	33	
	社会热点	36	40	49	
	国情	35	32	23	反映热点
	世界时政	35	34	44	多涉及各国文化，贴近学生爱好
辅助形式	音乐	79	49	75	流行音乐
	报纸	29	43	55	
	课外书	73	59	65	
	期刊	50	55	62	《读者》等杂志
	影视	77	73	73	
	录音	37	44	54	
	广播	45	43	52	
	多媒体	72	69	74	
	其他	了解更多的社会信息；上网；实践			

同样，以教科版《思想品德》实验教科书七年级上册为例，教科书中的阅读材料（见表 5.2）除了一些经典的叙事材料之外，其余的大多数都是以学生的口吻或面貌出现的，都是贴近中学生日常生活的"杨亮""小明"等。

① 浙江大学国家品德课程研制课题组. 杭州市初中思想政治或思想品德教材调查报告，2003.

表 5.2 教科版《思想品德》实验教科书(七年级上册)阅读材料汇总表[①]

单元	阅读材料
第一单元	我们的校园、北师大二附中校训、杨亮的材料、卓灵的材料、我们的初一(1)班、林琳的材料、哈佛的校规、承担新角色、制订计划注意事项、没有赚到的钱、双面神像
第二单元	学习方法、歌曲《童年》歌词、比尔·盖茨的建议、迟之悟读书、劳逸结合、李伟与我的材料、恩格斯的故事、玩的规则、二子学弈、瓦匠与建筑师、少年周恩来、几种良好的学习习惯、赵明与李杰、Internet 与资源共享
第三单元	宋佳的材料、女生须知、小明的梦、男生指南、男女生的生理发育、青春的萌动、小峰的"自由"、一位女中学生的信、做不做淑女、顾琴的材料、刘浩的材料、李敏的材料、唐静和夏岚、我只是一个普通的孩子、口吃现象
第四单元	"人"字的结构歌词、孤独的鲁滨孙、囚徒与小草、人的需要、狼孩、联合国人权宣言、乡下人与城里人、刘南与马晓伟、收废品的人、一分钟人生感悟、吴欣与林芳的例子、一群光头男孩、一大杯牛奶、"请、谢谢、对不起"、称呼他人有学问、学会微笑、改变世界的握手、如何用"我"进行表达、学会倾听、忠实的听众
第五单元	鲶鱼效应、心理状态与考试成绩、自我期望、三个 80 分的同学、七嘴八舌话分数、多元智能、财富的品质、真实的 80 分、老实人吃亏、宋飞与张晓平、我和同桌、先努力后收获的定律

其实,这种变化也随着时间的推移在德育教科书中得以显现,纵观改革开放以来的初中德育教科书,不难发现这种人物选取的"精英"到"平民"的转变。在 1981 年版和 1992 年版的德育教科书中经常会有一些诸如"英雄式"人物"抛头颅,洒热血"的例子,如"加拿大共产党员白求恩同志,不远万里,跋山涉水,来到中国,用他精湛的医疗技术,帮助中国人民的革命斗争,把自己的热血和生命,献给了中国人民的解放事业。……"[②]"红军总司令朱德同志已是 40 多岁的中年人,也和战士一起挑粮上山。战士们觉得总司令太辛苦了,为了照顾他的身体,把他的扁担藏起来。于是,朱德同志就想出了一个办法,在他的扁担上写上了自己的名字,这样就没有人拿他的扁担了。"[③]"毛泽东主席、刘少奇主席、周恩来总理到北京十三陵水库工地参加劳动。有一次在运料时,总理的手被石头砸破了,

① 朱小蔓,魏贤超.思想品德(七年级上册)[M].北京:教育科学出版社,2004.

② 吴铎,等.青少年修养(上册)[M].北京:人民教育出版社,1981:15.

③ 国家教委中学思想政治课教材编写组.思想政治(一年级下册)[M].广州:广东高等教育出版社,广东教育出版社,1992:11.

流了血。大家劝总理包扎一下，总理却笑着说：'轻伤不下火线嘛！'说着就又干了起来。那时，总理已经60岁了。"[①]教科书中所选取的榜样人物都是在相关领域取得杰出成就的伟大人物，是其所在历史时代的成功者，在某些方面取得了杰出的成果，除了领袖人物之外，即使选取的一些儿童榜样，也是儿童同龄人当中的佼佼者。从这些选取人物的阶层来看，教科书中的人物大多以政治家和科学家为主，这些人物无疑都是社会的精英。这一时段的德育教科书中所选取出现的精英人物取向反映了一种精英化的传统教育理念。

精英化教育取向是为了培养出具有道德优越感的社会阶层，为了培养为社会做出杰出贡献的人才，凸显了自古以来我国读书人"学而优则仕"的远大理想，在每个时代具有一定的积极意义，因为我们不可否认任何时代都是需要精英人才，而且随着时代的发展和科技的进步，我们可能会需要更多更好的精英人才来为国家和社会做贡献。但从教育的立场来看，教育的首要目的是培养人，培养具有健康人格品质的人。教育在培养人成为杰出的精英人物之前首先要做的是教会学生如何成为人，成为一个普通的正常人，一个人在成为伟大的杰出人物之前或者已经成为杰出人物时，他(她)仍然是一个普通的正常人，这应该成为教育的基本出发点。在未来的发展趋势中，社会的精英固然重要，但首先需要培养的是具有独立个性特点的普通个体人，并在此基础上将其培养成社会精英。因此，教科书中所选取的人物，应该注重这两个方面的结合和平衡，从关注普通人的生活世界开始，先是培养具有适应社会发展能力的合格公民，在此基础上再朝着更高的标准来进一步要求。

(三)德育教科书更加倡导学生个体的体验性和参与性

学校道德教育究竟应该用什么样的教育方式来进行？在进行道德教育的方法上，德育教科书中的表述方式有没有变化？相比于新中国成立以来不同阶段的初中德育教科书，随着时间的推移，新课改以来的实验教科书的文本表述更加注重学生个体的体验和参与，灌输和规训的倾向得到一定程度的改变。

新中国成立以来，尤其是改革开放以来的德育教科书中，其语言叙述风格大多数注重对道德教育的说教和规训，都是些要求学生"什么能做""什么不能做""应该怎么做"等词句，教科书文本中多以说教的形式来展现道德教育的内容，在一定程度上是为了道德教育而教育。文本多以"要怎么做""应该怎么做"等灌输和说教类的词语，成为比较典型的灌输式教育模式。所谓灌输式教育，就是把教

---

① 国家教委中学思想政治课教材编写组. 思想政治一年级(下册)[M]. 广州：广东高等教育出版社，广东教育出版社，1992：11.

育变成一种存储行为，教师是储户，学生成了保管人。教师不是去交流，而发表公报，让学生接受、记忆和存储这些材料。① 灌输理论是马克思主义关于思想政治教育的基本原理，也是我国学校思想政治教育的基本原则。② 学校道德教育类似于马克思主义世界观和社会主义的革命观教育，一般都是以灌输说教式为主，在方法上来看，很大程度上就是"灌输的德育"③；在内容上往往没有顾及学生发展的实际，而将成人社会的一些认为"重要的"内容强加于学校德育和学生的教育。教育方式就是通过规定学生"应该……""必须……"，对学生该怎么做、要怎么做、能做和不能做等提出了具体的"规训"。比如，在1981年的初中德育教科书中"青少年应当怎样尊敬老师呢"的表述："我们应该尊重老师的劳动，上好每一堂课。老师备课是艰苦的脑力劳动，要花费很多的时间和精力。我们应该注意听讲，积极动脑思考，主动举手回答老师提出的问题。……"④可以发现德育教科书文本的表述普遍代表着一种"权威的言说者"身份，这个"权威的言说者"虽然没有直接在教科书的文本中标示出来，但却真实地隐匿在文本背后，是一个个抽象的"人"，他们"无所不知""无所不能"，对受教育者"指手画脚"，竭力地向受教育者灌输着教育者已经准备好的一些道德规范。确切地说，这一个个抽象的"人"代表的其实就是众多编写者集体预设思想的结晶，是课程大纲和标准内容具体化的体现，也是社会主流道德观念的化身。

灌输和规训是进行意识形态教育的一种比较有效的教育方式，在学校教育中发挥着特定的作用。然而，随着时代的发展，这种"规训"和"灌输"的方式已经不能完全适应社会前进节奏的需要，因为"规训教育的最大危险就是人性的培育遭到忽视"⑤。这种方法虽然教给学生获取各种理论的手段，却把个体的生命捆绑在铁笼里，将灵魂囚禁在洞穴中，难以给生命和精神提供自由飞翔的翅膀，是一种不值得大力提倡的教育方式。西方的道德认知发展理论也认为"儿童是道德哲学家"，道德是在儿童与其社会道德环境（包括各种教育因素）的积极交互作用中逐步发展或建构起来的，因此该命题在教育学上的逻辑结论必然是：灌输是无效的。⑥ 可喜的是，近年来这种说教和灌输的教育方式在学校教育中得以改

---

① 保罗·弗莱雷.被压迫者教育学[M].顾建新，赵友华，何曙荣，译.上海：华东师范大学出版社，2001:25.

② 王文.灌输理论在新时期思想政治教育中的科学运用[J].学术论坛，2010(4):47-50.

③ 檀传宝.道德教育是学校德育的根本[J].全球教育展望，2001(6):9-14.

④ 吴铎，等.青少年修养(上册)[M].北京：人民教育出版社，1981:61.

⑤ 金生鈜.规训与教化[M].北京：教育科学出版社，2004:3.

⑥ 柯尔伯格.道德教育的哲学[M].魏贤超，柯森，等译.杭州：浙江教育出版社，2000:411.

观,在教科书的文本呈现中也有所体现,教科书中关于道德教育的表述方式有了一定程度的转变,朝着多让学生参与体验的方式来进行道德教育的方向转变。

新世纪以来的新课改提倡注重学生的实际体验,旨在让学生在课程的学习中学会主动参与、乐于探究。与之对应的学校道德教育方式也相应发生了调整和变化,在原来说教的基础上朝着更加注重学生自身的体验和参与的方向发展。由此,德育课程体验性成为一种新的理念悄然出现,并逐渐推进。所谓德育课程的体验性,就是让学生通过现实生活,将课程中的知识与自身的实践与体验相结合,通过在生活中的运用而得以实施。相比于前面所提及的灌输和规训的方式而言,是在实际体验中自然获得了需要进行的道德教育。以不同时期我国初中德育教科书中的"热爱祖国"这一主题教育为例来具体讲述这种从灌输、规训到体验、参与的变化。改革开放初期的德育教科书中要求学生记住我们的国名、国旗、国徽等("热爱祖国,要立志把建设祖国的重任担当起来。"……"热爱祖国,要立志把保卫祖国的光荣职责担当起来。"……"热爱祖国,要尊重国旗、国徽、国歌。"……)[①],文本中多以"要如何如何"的话语出现,带有明显规训和灌输的倾向。而到新课改后实验版初中德育教科书中的相关内容,在表述方式上就有着比较明显的变化,之前的那些"应该……""必须……"之类的话语没有了,取而代之的是更加注重学生的体验。同样还是"热爱祖国"的教学内容,2003 年实验版教科书中通过让学生吟唱、聆听《歌唱祖国》《黄种人》《在希望的田野上》《毕业歌》等歌曲,在歌声中体验爱国的情怀,在欣赏歌曲和歌词的过程中体验祖国的美好("'同学们,大家起来,担负起天下的兴亡……'由田汉作词、聂耳谱曲的《毕业歌》,唱出了莘莘学子的爱国热情,表达了他们强烈的历史使命感和社会责任感,激励了无数青少年献身祖国!"活动:了解《毕业歌》创作的时代背景,学唱《毕业歌》2003 年教科版《思想品德》九年级,第 19 页)。从教科书内容编排的结构上看,相比于以前的教科书,实验版教科书在内容上以直接定论的形式告诉学生结论的部分明显减少,取而代之的是大量的阅读材料和活动设计。

以 2003 年《思想品德》实验教科书七年级上册为例,人教版七(上)中有活动设计 78 个,教科版七(上)中有活动设计 99 个,分别以"活动""探究""体验""分享""讨论""反思"等形式来进行设计。这些活动设计或是要导入接下来教科书中需要探讨的课题,或是要通过该活动设计来引导学生总结出期待的结论,等等。从文本的表述方式上,我们也不难发现这种理念的变迁,实现了从"灌输"和"规训"向"参与"和"体验"的转变,避免空洞的理论灌输和说教,取而代之的是从学

① 吴铎,等.青少年修养(上册)[M].北京:人民教育出版社,1981:13-14.

生的生活实际出发，启发引导学生通过积极参与、亲身体验来达到道德教育的目的。同时，教科书文本中相比之前，更多使用"我""我们"等表达方式，这在《思想品德》实验教科书以及最新修订版《道德与法治》教科书中越发明显，如"我希望……我喜欢……给我的启发和思考……我们该怎么做……"等表达在教科书主题文、活动、探究等板块随处可见，凸显学生个体的参与体验性。因为"体验，是人的存在方式，也是人追求生命意义的方式"①。日常生活中的体验往往会唤醒沉睡在人心灵深处的意识，这种积极主动的体验比起那些被动的灌输和说教的效果来说，感受会更加强烈，体验会更加真切。

初中德育教科书的体验和参与性还体现在教科书设计取向上的变化。教科书是为学生设计的某一学程的学科内容的书面性指导材料，它的基本任务是呈现学科领域内的资料，例如数据、日期或确凿的特性（某个领域里的学者和实践者共同认为是事实的基本项目）的描述。② 教科书在教育上的地位，仍是非常巩固。这是因为教科书有若干重要的功用，较为明显的有：①教科书是统一全国教材或推行课程标准的"利器"；②教科书对于能力薄弱或工作过忙的教师，确有极大的帮助。③ 但教科书同时也是学者思想的"跑马场"，是关于政治、道德、科学和教育等问题相互争论的筹码，正是因为这样的原因，所以教科书的地位也飘忽不定，赞同肯定者有之，反对否定者也不少。赞同者们一般都是"教科书中心主义"，将教科书视为教学的"圣经"，认为教师必须严格"遵从"教科书，因为教科书是师生交往的媒介，也是用来进行教学和评价的"标尺"，教学中要严格依照教科书的知识点进行教学，掌握教学内容，命题和考试也是以此为准绳，不能偏离规定的"跑道"。他们将教科书视为教学和学习中唯一的资源，认为对照教科书和教学参考书来进行教学是比较稳妥和安全的，可以减少一些可能因为偏离教科书而造成的外部压力。因此，持这种观点的赞同者们不主张探求和拓展教科书以外的其他资源。反对者们则认为教科书的更新周期慢，耗时长，往往不能全面系统地表述社会的发展需要，甚至限制了教师的发展和学生的成长。他们认为教科书的出版和发行都要花上很长的时间，而且每本教科书出版之后，三四年就过时了；统一的教科书不能真正表述社会、历史、身份、准则，不能真正地表述工业的发展、科学的发展；并且限制了教师业务的提高。④ 持这种观点者又导

---

① 朱小蔓．情感教育论纲[M]．南京：南京出版社，1993：7-59．

② 瞿葆奎．教育学文集：课程与教材（下册）[M]．北京：人民教育出版社，1993：105．

③ 赵廷为．教材及教学法通论[M]．福州：福建教育出版社，2007：107．

④ 陈桂生．"天经地义"的教科书[J]．陕西教育，2000(2)：14．

致了对教科书地位否定的另一个极端。极端的观点往往能够激起人们思辨智慧的火花，从中得到一些启迪，从而客观辩证地看待和分析问题，对教科书地位的论述亦然。

在分析比较上述完全赞同论和反对论两种观点的基础上，我们认为，教科书的地位既不像赞同者们提倡的“圣经式”那样将其作为教学近乎唯一的依据，也不像否定者们强调对教科书本身的完全超越，而应该是保守与开放相结合的适中态度，教科书的地位应该是“宗”，课外的渗透是“影”，虽然形影不离，但“万变不离其宗”。教科书与教育的渊源颇深。甚至在一定程度上可以说，中国的教育，几乎是与教科书“携手并进”的，这足以凸显教科书的地位和作用。石鸥教授指出，教科书既是国家意志、民族文化、社会进步和科学发展的集中体现，是实现培养目标的最直接的手段，也是一种教育工具和教育资料，是课程的重要组成部分和课程实施的载体，在整个学校教育中具有不可替代的地位与作用。① 由此，通过石鸥教授的论述，我们可以发现，教科书的作用主要集中表现在传递社会主流意识文化和满足学校教育教学需要这两个方面。一方面，教科书作为实现学校培养目标的主要载体，集中体现了国家的意志，承载着国家与社会赋予的责任，是国家意识形态教育的一种表现形式和主流文化的传递方式。主流文化是一个时代、一个社会积极倡导的、处于支配地位的文化。而教育作为一种有目的、有计划和有系统的培养人的过程，也是将民族发展、国家繁荣昌盛的优秀文化进行一代一代传承的过程。这些优秀的文化都有每个时期的主流和精华，那么这些主流文化往往就会通过教育中的教科书形式反映和传递出来，提供给教育对象以适应社会生活变化和发展的需要。课程是主流文化的主要体现者，一般是以社会主流文化的代言人的形象出现的；而教科书又往往作为课程“形象代言人”来将这些主流文化具体化。另一方面，因为教科书的前述功能，这就要求其必然具备一定的教育性，与学校教育和课程实施“携手并进”，通过具体化的内容和方式，与学校培养人的目标相吻合，注重对学生知识、技能、情感、态度和价值观的教学，为学校的教育教学工作服务。

针对上述对教科书地位和作用不同观点的分析，可以发现其实这些观点的分歧主要就是关于如何对待和使用教科书的态度问题。教科书说白了就是老师“教”和学生“学”的课本，究竟是应该从教师教的角度来编排还是从学生学的角度来组织？以往的教科书，通常从教师“教”的角度编写，从利于教师使用出发，

① 石鸥．最不该忽视的研究——关于教科书研究的几点思考[J]．湖南师范大学教育科学学报，2007，6(5)：5-9.

站在教师的立场来安排设计内容，所代表的价值观念也是从教师的"教"，故称"教本"；相比于"教本"而言，"学本"则从学生"学"的角度来编写，注重培养学生的主动性和参与性，既需要突出老师的"教"，同时也应该涵盖学生的"学"，即在老师的组织和帮助下，学生自己能够进行学习，并且学会如何正确学习。在新课程理念指导下，提倡从"教本"走向"学本"。"教本"一般是根据关注知识传授的方式来编制"教本"的教科书，这种教科书的价值取向主要是基于教师的立场出发的，教科书就是围绕着该怎样利于教师教，而忽视了学生的主体性。而"学本"则与之相对，是一种关注学生个体发展，从学生立场出发，围绕着学生的兴趣和需要来编排教科书，想学生之所想，急学生之所急；无论从语言表达还是人物选取上，都是基于学生的立场出发。在语言的表达上，除了规范化的学术语言之外，不宜采用过多的成人化的表述方式，更多的应该是贴近学生生活实际的语言。为此，教科书应该不仅仅是一种简单的静态知识的载体，还应该是帮助学生进行学习的桥梁。所以，德育教科书应该是帮助学生进行道德学习，引导学生进行道德学习，并成为通向道德世界的桥梁。在这个桥梁的联通下，不断走向道德教育的较高境界。杨启亮教授依据课程发展历程将教材的功能概括为知识型和智慧型教材观两种类型，并从超越知识观的角度讨论了教材智慧观的功能。① 从这个角度来看，德育教科书只有成为一种智慧型的教科书才有可能实现真正意义上从教师的"教本"到学生的"学本"的转变，注重学生的自主参与和体验。

三、存在着一定程度的缺憾与不足

当然，一般意义上的教科书都是美好与弊端并存的。初中德育教科书除了很好地体现了德育课程标准的要求，将民族文化和世界文化有机地融合在一起，实现了其自身价值取向的恒定与发展之外，还存在着一些值得探讨的地方，等待进一步去发展与完善。这些主要表现为德育教科书中政治教育内容与学生实际生活结合不够、活动实践的可操作性不强，教科书中法治教育的内容略显不足，在如何体现文化自信方面还需进一步加强，等等。

（一）德育教科书中政治教育与学生实际生活结合不够

在我国学校教育中，一直都十分重视政治教育。"其实，中国的新式学校一开始就和民族国家的观念与实体紧密相连。中国的学校，以其鲜明有力的符号系统而成为国家意志与形象的展现。"② 作为教学载体的教科书更是责无旁贷地

① 杨启亮.教材的功能：一种超越知识观的解释[J].课程·教材·教法，2002(12)：10-13.

② 李书磊.村落中的"国家"：文化变迁中的乡村学校[M].杭州：浙江人民出版社，1999：9.

肩负着政治教育的功能，而且尤其以语文、历史和德育类教科书的政治教育功能更为明显。教科书中突出强调国家意识形态与思想政治教育的渗透，重视教科书内容的思想性和政治性。“由于掌握人类积累的基础知识并不一定就会成为马列主义和毛泽东思想的信仰者；因此，我国新中国成立以来的课程在编制上始终贯彻坚持知识性与思想性的统一，在各类学科课程内容中渗透上述观点，以期达到知识性与思想性的统一。”[①]由于中国社会自进入封建社会以来，“分分合合”的历史命运决定了历代统治者将全部精力放在“安邦定国”之中，为了维护封建集权统治的需要，教育活动也是呈现出在国家意识形态和社会主流价值观统摄和控制之下的价值取向。[②] 新中国成立以来到“文化大革命”结束这一阶段，我国德育实践经历了从“以政治为主体，社会需求为主导”到“泛政治化”再到“完全政治化”的发展变迁[③]。改革开放以后情况有所转变，逐渐从“强调政治方向”向“社会主义价值与个体品质养成并重”的方向发展[④]。现在的德育教科书相比于之前的教科书政治取向有所淡化，但保持德育教科书的政治教育功能依然十分重要。

政治教育是我国公民教育的一项重要内容，德育教科书作为国家进行道德教育的重要载体，自然会将国家的主流价值观念反映出来并实现向教育者传递的目的。从新中国成立到改革开放初期，由于中间受“文化大革命”的影响，德育课程都是一种大德育模式，即所包含的内容有政治教育、思想教育、道德教育和心理教育等，在这种大德育模式中政治教育无疑占据着重要的地位。但一度以来，我国教育中的政治教育占据着“统帅”与“方向”的地位，过分突出了政治价值。这也导致政治教育的“泛政治化”倾向严重，甚至在“文化大革命”期间基本是“全政治化”倾向，德育在一定程度上就基本等同于政治教育。因此，新中国成立以后到改革开放之前的一段时间，我国德育价值取向经历了在政治开道的路途上渐行渐远的变迁历程，泛政治化的取向经历了由渐次确立到固化最终走向

---

① 王艳霞．课程中的文化选择——对我国义务教育语文教科书的文化构成分析[D]．北京：中央民族大学，2007：187.

② 李建国．教化与超越：中国道德教育价值取向的历史嬗变[M]．北京：中国社会科学出版社，2014：144.

③ 李建国．教化与超越：中国道德教育价值取向的历史嬗变[M]．北京：中国社会科学出版社，2014：260.

④ 李建国．教化与超越：中国道德教育价值取向的历史嬗变[M]．北京：中国社会科学出版社，2014：260-261.

异化的过程。①

与之对应的这一阶段的德育教科书较多地注重意识形态方面的教育，德育教科书中大部分主题都是“政治教育”方面的内容。在德育课中强调道德教育的说教和识记，政治色彩较为突出。强调为社会主义现代化建设和实现共产主义而奋斗。如，1980 年《关于印发改进和加强中学政治课的意见的通知》就强调指出：“中学政治课是对学生进行马列主义、毛泽东思想基础知识教育的课程，是思想政治教育的重要途径之一，是贯彻德、智、体全面发展的教育方针的重要方面，是区分社会主义教育和资本主义教育的重要标志。它的任务就是以马列主义、毛泽东思想的理论基础知识武装学生，提高学生认识问题的能力和政治觉悟，……为实现祖国的社会主义现代化而献身。”②对应着课程大纲要求，类似政治意识形态化的内容在 20 世纪 80 年代的初中德育教科书中也经常可以寻到踪迹。“要成为优秀的中学生，就得加强修养。”“加强思想修养，对中学生来说，主要就是培养共产主义道德品质。”“共产主义道德是人类最高尚的道德，它是马列主义、毛泽东思想的一个重要内容。它的基础是共产主义理想。共产主义道德是无产阶级和广大劳动人民，在同敌对、腐朽和落后的势力进行斗争的过程中发展起来的。同时，它继承了历史上劳动人民的优良道德传统并把它提高到一个新的境界。进行共产主义道德教育，是培养无产阶级革命事业接班人，树立良好的社会风气，维护社会的安定团结，建设高度民主、高度文明的社会主义现代化强国的需要。……因此，青少年应加强思想品德修养，进一步肃清林彪、江青一伙的流毒，抵制各种非无产阶级思想的影响，使身心健康成长，把自己逐步培养成为具有共产主义道德的人。”③随着改革开放的深入推进，到 20 世纪 80 年代末 90 年代初，相比之前的德育学科，政治色彩和“泛政治化”倾向有所改观；但作为意识形态教育之一的课程，其教科书文本中仍然能够找到较为浓厚的政治色彩。“我国公民热爱自己的国家，首先应该表现在为做一名中国人而自豪，在任何时候和任何地方，都要维护祖国的尊严，不做任何丧失国格的事。”“我国公民热爱自己的国家，更应该表现在把个人的命运和国家的命运，紧密地联系在一起，懂

① 李建国.教化与超越：中国道德教育价值取向的历史嬗变[M].北京：中国社会科学出版社，2014:161.

② 20 世纪中国中小学课程标准、教学大纲汇编·思想政治卷[M].北京：人民教育出版社，2001:235.

③ 吴铎，等.青少年修养(上册)[M].北京：人民教育出版社，1981:3-5.

得祖国的利益高于一切、重于一切的，努力为国家争光，多做贡献。”[①]

随着课程改革的推进和教育理念的发展，在注重“政治教育”的同时，德育的课程体系得到了一定程度的丰富，从德育课程大纲的要求中就可以看出变化：从1982年《大纲》中强调“将学生培养成为具有共产主义世界观的革命事业接班人”，到1986年版《大纲》中的“培养一代有理想、有道德、有文化、有纪律的建设人才”，到1993年版《大纲》中“培养学生运用马克思主义的立场、观点、方法来观察和分析问题的能力、参加社会实践的能力，提高学生的政治素质和思想道德素质，为其逐步树立科学的世界观、人生观打下基础”，到1997年《大纲》中关于理想化的目标越来越模糊，现实的目标越来越清晰。2003年《课程标准》（实验版）中提出的“让学生在实践中磨炼自己的意志，培养不怕挫折、敢于战胜困难的顽强精神，努力做到德智体全面发展，为将来成为有理想、有道德、有文化、有纪律的好公民奠定基础”再到2011年版《课程标准》的“帮助学生过积极健康的生活，做负责任的公民，引导孩子独立思考和积极实践的能力”。这些变化足以说明我国初中德育课程和德育教科书的内容更加全面、更加系统、更加实用。

随着时间的推移，德育教科书中政治教育目标逐渐变得更加清晰，政治教育功能也更加明确具体。但总的来说，德育教科书中这些政治教育的文本更多还是倾向于说教的成分，站在说教者的立场要求学生应该怎样做、需要怎样做等，而真正切合学生生活实际的可行性方案则不多见，即德育教科书的政治教育与学生生活实际结合得不够，有些政治教育的内容是一些比较空洞的概念，缺乏一定程度的可操作性。如，在教科版《思想品德》实验版教科书九年级“国策经纬”单元“小平，你好”一课中，相关的思考、讨论以及实践活动都比较难以实施（讨论：我国的生产力快速发展，人民生活水平迅速提高。那么，我国现在还处于社会主义初级阶段吗？回顾“历史启示录”单元中有关中国共产党领导人民为民族解放和建设社会主义而奋斗的史实，结合当前实际，讨论坚持四项基本原则的现实意义[②]），具体落实程度和可操作性不强。另外，与之对应的一些活动设计也难以付诸实施，让教师在教和学生在学的过程中觉得难以真正贯彻落实。比如，九年级教科书中的活动“想一想，如何充分利用当前良好的社会氛围培养创新能力，实现个人价值”[③]“讨论培育和弘扬民族精神对于中学生健康成长的重要意

① 国家教委中学思想政治课教材编写组.思想政治一年级（上册）[M].广州：高等教育出版社，广东教育出版社，1992：3-4.

② 朱小蔓，魏贤超.思想品德（九年级全一册）[M].北京：教育科学出版社，2007：101-104.

③ 朱小蔓，魏贤超.思想品德（九年级全一册）[M].北京：教育科学出版社，2007：110.

义”①等活动就缺乏一定的具体操作性，会让学生在学习之后操作起来感到比较困难，难以做出合理的回答，从而可能会影响政治教育的效果。

（二）德育教科书中法治教育内容略显不足

法治教育属于德育课程中一个重要的组成部分，在新中国成立以来的初中德育教学大纲（课程标准）中呈现出逐步重视的趋势。从新中国成立以来，一直到 1986 年的《公民》教学大纲中才出现专门的法治方面的教育内容，从此以后的教学大纲（课程标准）中法治教育都占据着一席之地（1988 年初级中学《公民》中有法律知识和法制观念两部分内容）。1993 年《九年制义务教育全日制初级中学思想政治课教学大纲》，1997 年《九年义务教育小学思想品德课和初中思想政治课课程标准》，2003 年《思想品德课程标准（实验稿）》和 2011 年《思想品德课程标准》对法治教育都提出了明确要求。与其对应的初中德育教科书中也有着一定的法治教育内容，从 1986 年初中《公民》教科书中出现了初步的法律知识，一直到 20 世纪 90 年代初，法治教育的内容一直由《公民》教科书来完成；到 20 世纪 90 年代初期，在初中德育教科书名称统一为《思想政治》之后，在初中一年级安排有两课（“认真学习社会主义法律知识”“守法、护法是公民责任”）和初中三年级安排有两课（“增强法制观念，维护安定团结”“正确行使公民权利，自觉履行公民义务”）来分别讲述法律。到 1997 年版的初中德育教科书中，则安排初中二年级教科书的全部内容进行法治教育。新课改以来，关于法律的内容首先在课程标准上体现为“学法用法、权利与和义务、法律与社会秩序”3 个层次，对应着学生的“自身成长（成长中的我），自身与他人（我与他人的关系），自身与集体、国家和社会（我与集体、国家和社会关系）”3 个方面对法律规范的要求。通过对改革开放以来教科书中关于法治教育内容的安排，可以看出法治教育的内容比重呈现出变化的趋势，其中以 1997 年版初中德育教科书法治教育内容的安排较为集中，其他时期的教科书中法治教育内容则显得不足和分散。

新课改以来的教科版《思想品德》实验教科书，主要是遵循着法律与个人生活、法律与社会、法律与国家这 3 个不同层面来分别对学生进行法治教育，采用的是分散与集中相结合的方式。如，在七年级下册“无序和有序”单元中，先是讲述规则与秩序，然后在此基础上引出对法律的初步认识。在论述规则之后，教科书接着对法律进行了初步的探索。在比较了法律、道德、纪律、章程、宗教戒律等异同之后，给出了法律的概念，并对法律的作用进行了介绍。在八年级上册“一念之差与一步之遥”单元中，针对社会的诸多诱惑，青少年可能因为一时冲动堕

① 朱小蔓，魏贤超. 思想品德（九年级全一册）[M]. 北京：教育科学出版社，2007：112.

入危险的陷阱，也可能由于一念之差而犯下追悔莫及的过错，因此，德育教科书中重点将《中华人民共和国预防未成年人犯罪法》中的与学生日常生活相关的条款一一列出，并配以具体案例进行解释，并详细列举了未成年人的不良行为和严重不良行为，对学生进行违法犯罪教育，帮助学生明辨是非，做到防微杜渐，防患于未然。在一个法治社会中，每个公民都应该养成自觉守法、遇事找法、解决问题靠法的良好习惯。法律涉及生活中的方方面面，在八年级下册“市场考察”单元中，也融入和渗透了法律的内容，对涉及的一些经济法律的经济立法和执法活动进行描述。在教科书九年级“又到两会时”单元的“法律的尊严”一课，再次就法律问题进行专门论述，“‘依法治国’‘依法行政’‘严格执法’‘司法公正’，一个个与法律紧密相关的词语，频繁地回响在我们的耳畔；一部部与时代发展、社会进步同行的法律，融入社会主义民主与法制建设的辉煌乐章，表达了国家推进依法治国方略的坚定决心和信心”。

法安天下，德润人心。法律是成文的道德，道德是内心的法律。德育教科书中渗透法治教育的内容已成为一种必然的趋势。通过对德育课程标准及教科书的梳理，可以看出法治教育的内容一直在德育课程及教科书中占有一席之地，但从前面的分析也可以看出，法治教育的内容略显单薄，而且是分散于整个体系之中，德育教科书中没有对法治教育内容的集中论述。在中共中央全面推进依法治国的当下，应该让法治精神和依法治国的理念进入教科书、进入头脑，所以需要对法治教育的内容进行进一步的拓展和充实，这可能是之前德育教科书中需要进一步完善的地方。当然，这个问题在新版的德育教科书中得到了很好的解决，最新修订版的德育教科书中关于法治教育的内容有了明显的增加。首先，从名称上看，对德育课程名称进行了新的调整，教育部办公厅颁发的《关于 2016 年中小学教学用书有关事项的通知》中就明确提出为了贯彻十八届四中全会要求在中小学设立法治知识课程，从 2016 年秋学期开始，将义务教育起始阶段的德育教科书名称统一改为《道德与法治》，在名称中专门出现“法治”的字眼，足以说明对法治教育的重视。另外，相比于之前教科书中分散安排法律方面的内容，教科版新修订的《道德与法治》教科书在八年级下册集中讲述法治教育的内容。

（三）德育教科书中体现中国文化自信的内容需要加强

随着改革开放的不断深入，中国打开了国门，与世界各国进行广泛的交流与合作。一股股“外国风”也开始铺天盖地地席卷而来，不仅汉语里多了很多外来音译词，而且欢度西方的节假日也成了一种时尚风气，国人对西方节假日的热衷程度空前高涨，从商家到学校，各种庆祝活动仪式铺天盖地，一度呈现出西方节日的强势“入侵”现象。透过这些热闹现象的背后，可以让我们感受到以西方文化为主的外国文化的强大渗透力。那么外国文化的魅力究竟在何处呢？主要是由于两个方面的原因：一方面是我们自身历史和现实的原因，自清末鸦片战争以后，在对待发展的问题上主要分化为保守派和洋务派。其中保守派主张一成不变，继续走老路子；洋务派主张学习西方先进技术，实现“师夷长技以制夷，师夷长技以自强”的目标，认为单纯引进西方先进技术就能强国御侮，但事实证明“洋务运动”也不足以改变中国命运。新中国成立后，受阶级斗争和“文化大革命”的影响，传统文化遭到了破坏。改革开放打开了中国的国门，使西方世界的文化色彩斑斓地呈现在中国人民面前。同时，“文化大革命”造成的影响，使人民如饥似渴地阅读从西方传过来的各类著作，在中国掀起了一场西方文化热潮。[①] 改革开放之后，随着国际交流与合作的增多，西方文化逐渐被中国人所接受并扩展开来。

对外国文化推崇的情况在德育教科书中也有所体现，德育教科书中选择了很多关于外国的经典案例故事，教科书中除了拥有中国文化之外，还安排设置了一定的外国优秀文明成果，这些外国文明成果在教科书中主要是通过阅读材料部分的经典故事为主来呈现的。从比例上看，中外故事 60 余则，其中外国故事 27 则，占了将近一半的比例，这本无可厚非。但从文化自信的角度来说，这种现象是需要引起重视的。党的十八大以来，习近平总书记多次谈到中国传统文化，表达了对中华民族传统伦理道德的尊重和认同，这是对自身民族文化的充分肯定，表明了我们坚持文化自信的决心。为此，德育教科书作为对青少年意识形态教育的重要载体之一，需要教育学生树立文化自信，教科书需要强化对中华传统文化的重视程度。

通过前面章节对德育教科书中外国经典小故事的分析，了解到这些经典的小故事有着很强的针对性，有些故事难以找到其他可以替代的经典例子。但从中西方文化教育的角度来看，也并不是所有的外国文化作品的叙事例子都是非常合理的。如上述提到的“浅水洼的小鱼”和“没有赚到的钱”，其实故事的国别性就不是特别明显，如果将作品中的人物和一些细节稍加修改，也完全可以将其改成中国的叙事例子。在德育教科书中，如果为了说明一个道理而能够用中国的故事说清楚，就没有必要使用国外的例子。这一点在依据 2012 年《义务教育思想品德课程标准》下进行修订的最新版教科书中就有很大程度的转化，在编写的过程中，针对这些国外文化中的经典叙事如何在教科书体现就保持着客观谨慎的态度。如果同样的叙事（国内的和国外的）都能说明同一个道理，甄选原则

---

① 解红.改革开放以来中国的西方文化热研究[D].沈阳：辽宁大学，2011：1.

是国内的优先考虑选择使用，同时对教科书中部分的外国阅读材料的案例进行了替换。如果教科书中有着过多的外国元素的故事，可能会给学生造成一种假象，那就是对外国东西的一种盲目崇拜和追求。随着国际化和全球化的发展，文化的更新和转型日益加快，造就了文化的多元性。多元文化既给学校教育带来了机遇，又使学校教育遭遇了新的挑战。可谓渴望与恐惧同在，机遇与风险共生。在多元文化背景下的中、西两种文化之间不断地进行着交流、冲击和碰撞的过程中，部分大学生在面对一些西方腐朽思想侵蚀的时候，容易导致价值观念判断上的迷惘，从而容易造成价值选择的错位。在当代学生中有着这样的部分群体，他们在日常的生活中吃着肯德基，喝着星巴克，用着 iPhone，热衷于西方的情人节和圣诞节……这正如原华中科技大学校长杨叔子教授曾指出的那样："内地的大学生，ABC 很好，XYZ 也很好，但就是不太了解长城、黄河，不太了解文天祥、史可法，一点也不知道《史记》《资治通鉴》。"①这种情况看似简单的个人情感倾向，但实际上在其背后却显示出一种深层次的民族文化危机，也一定程度上反映出学校教育及课程对中国传统文化继承和弘扬的缺失以及中西方文化教育的失衡。为此，德育课程应该正确处理好中西方文化之间的关系，纠正可能迷失的价值观念，这也是初中德育教科书应该担负的历史使命。

另外，除了上述需要进一步完善的问题之外，教科书中也有一定的学术化和成人化特点，与初中学生的认知水平不太相符。目前，我们的德育教科书很多都侧重于道德知识的讲述，而忽视了当下青少年学生身心发展和认知水平特点，因此导致编制出来的德育教科书存在着一定程度的专业化和学术化倾向。教科书的语言和其他各类著作的要求是不一样的，它往往用非常正统和规范的语言来描述所要表达和传递的内容，这样也就容易在一定程度上造成教科书使用语言的过分专业化和学术化。新中国成立以来的初中德育教科书中无论是在语言描述还是故事情节描写，或多或少都存在一定的学术化倾向。透过教科书这种倾向去分析，不难发现造成这种倾向的原因。从教科书编写团队组成来看，教科书的编写团队大部分来自高校教师的学术研究队伍，很多德育教科书的主编都是高校德育学科的教授和学科带头人。这些教授组建的编写队伍在有意和无意中都会表露出一种专业性和学术性的倾向。教科书拥有学术性和专业性的特点本来无可厚非，但这样过强的专业性和学术性的表述对于初中学生而言可能就显得有些生硬。道德教育不应该是刻板的灌输讲授，更应该是生动有趣的兴趣学习。道德教育其实也可以尝试运用生动活泼的语言来打动学生的心灵，从而引

① 杨叔子. 我国高等教育的五"重"五"轻"[J]. 书摘，2003(2)：1.

起学生的共情，激起学生的共鸣。同时，新中国成立以来的初中德育教科书中很多选文和选图都是从成人的视角去分析和看待问题，缺乏充分站在青少年的立场和角度来分析和解决问题，这也是当前德育教科书中较为普遍的一个问题，导致教科书的成人化倾向在一定程度上存在。

第二节　德育教科书价值取向的可能走向

通过前面从中华优秀传统文化、外国优秀文明成果和社会主义核心价值观3个维度对我国初中德育教科书实际拥有的价值观念进行剖析总结后。可以发现，我国初中德育教科书大力继承和弘扬了传统文化和时代精神的内容，将中华优秀传统文化和外国以及全人类的优秀文明成果都吸收进入了教科书的文本之中。围绕本书开始所提出的两个问题，即，从实然的角度来分析，我国初中德育教科书究竟反映了什么样的价值观，这些价值观是通过什么样的形式体现出来？（问题一）从应然的角度来理解，我国初中德育教科书应该体现什么样的价值观，为什么是这些价值观在教科书中得以体现？（问题二）前面的几章已经就第一个问题展开了较为详细的论述，接下来针对第二个问题，也就是对我国初中德育教科书价值取向的应然性进行探讨，在分析德育教科书应该具备的价值观念的基础上，对未来德育教科书价值的可能走向提出展望。

新世纪中国道德教育应该以马克思主义为指导，以现代化建设实践为依据，坚持“古为今用”和“洋为中用”的原则，继承中华民族道德教育的优良传统，借鉴世界道德教育的文明成果，从而开拓出适合自身发展和创新的道路出来。[①] 在此基础上，未来的道德教育课程及教科书应该坚持以本土化为特质，以国际化为重心，注重民族性和世界性的统一。所以，结合初中德育教科书的特点来分析，在德育教科书中所蕴含或传递的价值观应该立足中国当下，在“古今中外”维度下正确处理好传统与现代、中国与外国价值观念彼此之间的关系。围绕着教科书如何体现道德教育中传统与现代文化的平衡和中国与外国文化的整合来展开，坚持弘扬传统文化和时代精神相统一，吸纳外国成果和保持民族特色相融合，从而做到承接古今、汇通中外。

一、坚持传统文化和核心价值的统一

中华传统文化博大精深，经过历史长河的不断发展、充实和完善，已成为中

① 朱永新.我的教育理想（增补本）[M].桂林：漓江出版社，2009：264.

华民族珍贵的精神食粮。无论是铸就中华民族自强不息的精神柱石，增强炎黄子孙团结合作的凝聚力；还是构建适应社会发展的道德体系，提升整体的国民素质，都离不开中华优秀传统文化的支持和保障。因此，继承和弘扬中华优秀传统文化，人人有责。近年来，党中央、国务院以及教育部门都十分重视传统文化教育，党的十七大报告和十七届六中全会的《中共中央关于深化文化体制改革推动社会主义文化大发展大繁荣若干重大问题的决定》以及教育部关于《完善中华优秀传统文化教育指导纲要》等文件和通知都分别对弘扬传统文化做出了规定和要求。习近平总书记在党的十九大报告中指出："文化自信是一个国家、一个民族发展中更基本、更深沉、更持久的力量。""推动中华优秀传统文化创造性转化、创新性发展，继承革命文化，发展社会主义先进文化，不忘本来、吸收外来、面向未来，更好构筑中国精神、中国价值、中国力量，为人民提供精神指引。"①因此，作为道德教育的德育教科书就更应该大力继承和弘扬中华优秀传统文化。德育教科书中的价值理念应该与中国传统伦理道德的精华和中华民族优秀传统文化相吻合，将我国优秀传统文化的精华不同程度地体现在教科书文本之中。具体来说，在国家层面上，德育教科书需要注重渗透国家观念，突出建设社会主义国家的基本要求，体现出国家发展的诸如民主、文明、和谐的理念。在社会层面上，可以从法律和道德的角度来分别讲述如何维护社会秩序和社会公德，倡导社会的公平与正义，以便形成自由、平等和法治的社会局面，培养学生的社会责任和关爱意识。在个人层面上，德育教科书需要注重培养学生的家国情怀，强调爱国爱家的责任感，热爱自己的骨肉同胞、热爱祖国的灿烂文化；尤其突出强调个人的道德修养，努力使学生养成勤劳勇敢、诚实守信、勤俭节约、克己奉公、自尊自信、自立自强的精神品质。通过德育教科书中优秀传统文化对学生的浸润与洗礼，让学生既饱读诗书，内心充实；又落脚实践，奉君子言行，从而将学生教育成为"诚于中而形于外"的堂堂正正的中国人。因此，德育教科书未来的价值理念应该是在继承几千年传承下来的中华传统道德精华的基础上，做到与社会主义核心价值观的统一和融合，实现传统文化的创造性转化和创新性发展。

传统文化博大精深，对人尤其是青少年一代影响深远，教育意义明显。以传统文化中的家国情怀为例，自古以来，中国人就有着很强的忧国忧民、爱国爱家的情感取向，从屈原为救国救民的"路曼曼其修远兮，吾将上下而求索"，杜甫的"烽火连三月，家书抵万金"，范仲淹的"先天下之忧而忧，后天下之乐而乐"，陆游

① 习近平．决胜全面建成小康社会 夺取新时代中国特色社会主义伟大胜利——在中国共产党第十九次全国代表大会上的报告[M]．北京：人民出版社，2017：23．

的“位卑未敢忘忧国”和“王师北定中原日，家祭无忘告乃翁”，顾炎武的“天下兴亡，匹夫有责”……再到《义勇军进行曲》中的“起来，不愿做奴隶的人们……”，这些都可以看出中华儿女将国与家之间的命运紧密地联系在一起，中华儿女“家国一体”的民族情感，始终在国与家中休戚与共，一脉相承。回顾中华民族的发展，在任何一个历史时期都始终坚守着“家国一体”的文化脉络，将国与家二者紧密相连。在现代汉语中把“国”称为“国家”，就是一个例证。国，是主权政府下的人民实体；家，是社会的最小细胞，二者是紧密联系在一起的。“国泰则民安，民富则国强。”人们常说的“国泰民安”的关系是因为国中有家，国才得以“泰”；家寓于国，家才得以“安”。国和家的命运攸关，是中华民族漫长历史中最为深刻的总结。孟子说过“民为贵，社稷次之”，《尚书》有云“克勤于邦，克俭于家，不自满假，惟汝贤”。可见，国、家、自我，在那时就被看作是一种递进的逻辑关系。由此，国家看似很大，实则与每个公民都息息相关；家庭看似很小，但始终需要国家的庇护。我们的生活，以中国的地域为生存条件，以中华民族的发展为历史渊源，以中华文明的积累为现实内容，具有浓厚的中华民族特有的人文特征。作为中国人，如果离开了中国的时空条件就不能很好地生存，更不能发展。这就体现了我们对待国家、民族和家庭的千丝万缕的联系，也是中华优秀传统文化中家国一体情怀的具体化。当代中国就是要求学生能够在社会主义核心价值观的指引下，为实现中华民族伟大复兴的中国梦而不懈努力和奋斗。

家国情怀强调国与家的统一、家国一体。《人民日报》曾发表评论称，“家国情怀”是一个人对自己国家和人民所表现出来的深情大爱，是对国家富强、人民幸福所表现出来的理想追求。它是人们对自己国家一种高度认同感和归属感、责任感和使命感的体现，是一种深层次的文化心理密码。国家进行价值取向的控制，不是偶然，而是与我国几千年的文化积淀和传承有着一定的关系。“中国古代国家的形成，不是由发达的奴隶制国家取代以血缘为纽带的氏族社会；恰恰相反，它是由家族走向国家。……由此，形成了中国独具特色的家—国一体的社会体制与社会结构。”[①]“中国的家是社会的核心。它是一个‘紧密结合的团体’，并且是建构化了的，整个社会价值体系都经由家的‘育化’(enculturation)与‘社化’(socialization)作用传递给个人。”[②]以家为单位的社会关系的基本单元是宗族，在宗族内部，每一个人并不是一个独立的个体，他必须和其他人发生联系才能从这种血缘关系中找到属于自己的位置，从而实现自己的价值。当一个人成

① 林存阳，刘中建. 中国之伦理精神[M]. 成都：四川人民出版社，2000：71.
② 金耀基. 从传统到现代[M]. 北京：中国人民大学出版社，1999：24.

为别人的父亲和儿子的时候，他就会考虑到自己与他人的和谐关系和自己应该尽到的责任和义务，于是就产生了诸如“父慈子孝”之类的以“孝”为核心的道德观念和道德规范，正如金耀基所说：“‘孝’是中国大传统和小传统的核心。”① “孝”的实质就是个体对家庭的责任和义务，具体表现为晚辈对长辈的尊敬与服从。在家国一体的社会结构中，它不但维持着整个家族的秩序，而且由家到国的扩大，由孝而忠地维护着整个社会秩序，完成了由“身”到“家”到“国”至“天下”的一个完整的层次结构②。正是由于我国这种家国本位的传统，由“孝”而“忠”进而“爱国”的文化习俗，将国家与人民融为一体，使国家具有无比的凝聚力，从而保证了国家对意识形态的有效控制。在灾难与辉煌的双重变奏中，将国与家的情怀紧密结合在一起，一个个小家的梦想从来都是与国家整体命运休戚相关，家国一体情感始终在历史衍生中一脉相承、不可分割。

遵循这种家国一体的文化脉络，中华民族建立了以血缘关系为纽带的宗法社会，并逐渐形成了家和国的对应关系——家是最小国，国是最大家。在中国的传统文化里，家占据着重要的地位，家是国的细胞，国的很多问题都是由家的问题导致的，家与国密不可分。事实上，现如今，“家事”早就超越了私事的范畴，成为“国事”的重要构成部分：一些“国事”问题，如留守儿童问题、离婚率上升问题、家庭暴力问题、青少年犯罪问题等，无不与“家事”出现问题相关。这也正是“家国一体”不可分割的体现。试想，如果家成碎片，国岂能安？如果我们的“家事”都是健康的、正常的，那么“国事”问题就会少很多。然而，随着社会的发展，家的规模、结构和功能都在发生着越来越大的变化。单亲家庭、留守家庭、失独家庭等，都是值得引起国家重视的社会问题；传统意义上家所具有的繁衍、传承、互助、包容、教育等功能已逐渐被淡化乃至消失。既然“家国一体”，那么，家事不仅是一家一户的事情，而且事关社会风气，是时代的事情、国家的事情。爱国首先就要爱家。对 14 亿中国人而言，“家国一体”的中国梦，寄托着最深厚的情感。在现代商品经济的大潮中，每个人、每个家都更应该坚守住一些传统文化中的优秀品质，把这些年失去的、淡化的“家庭意识”重新唤醒，把自己家庭中好的传统、基因传承下去。每个人都有对上、对下的责任感，那么我们整个国家就会变得很美好。这种对上和对下的责任感，就需要通过“家”来重新实现，并演化成为中国人自强不息、奋斗不止的强大精神支柱。

为此，德育教科书需要全面继承中华优秀传统文化，将中华优秀传统文化的

---

① 金耀基.从传统到现代[M].北京：中国人民大学出版社，1999：26.

② 唐凯麟，曹刚.重释传统：儒家思想的现代价值评估[M].上海：华东师范大学出版社，2008：83.

内容直接体现或间接渗透在德育课程标准和教科书文本之中，努力培养学生热爱祖国的灿烂文化，从中华优秀传统文化中汲取力量，为维护国家富强和民族团结而努力奋斗。最新部编版《道德与法治》教科书在九年级上册第三单元“文明与家园”第五课“守望精神家园”中，从延续文化血脉和凝聚价值追求两部分对坚定文化自信，推动社会主义文化繁荣兴盛进行了集中论述。除了这些集中论述之外，在整套教科书中，关于传统文化中的名言警句、典故等几乎在每一章都有体现。这样的安排在一定程度上体现了未来德育教科书对待传统文化的发展方向。

另外，德育教科书在继承中华民族传统文化精华的同时，也应该及时地反映当代中国的时代价值理念。新中国成立至今，尤其是在进入新世纪的课程改革以来，我国中小学德育教科书总体价值取向符合时代发展的规律，将每个时代最需要反映的时代精神都及时地更新到对应的教科书中，并且结合时代的发展迅速及时地做出了相应调整，在体现教科书内容相对稳定性和恒久性的基础上，也强调选材内容的时代性，努力做到了与时俱进。因此，德育教科书在今后的发展中应该继续处理好坚持与发展的关系，通过系统学习党的指导思想等层面的基本内容，引导学生紧密结合与自己息息相关的政治、经济、文化生活，经历探究学习和社会实践的过程，切实提高参与现代社会生活的能力，将时代精神的精髓融入自己的言行之中，从而形成正确的世界观、人生观和价值观，为终身发展奠定思想与政治基础。

每个时代都有其独特的时代精神和价值观念。习近平总书记在党的十九大报告中指出，社会主义核心价值观是“当代中国精神的集中体现，凝结着全体人民共同的价值追求。”[①]在弘扬当代中国时代精神中，以德育教科书如何体现社会主义核心价值观为例，需要注重德育课程的实际，从德育课程及其教科书如何体现时代性、把握规律性、增强实效性上入手，为弘扬当代中国时代精神服务。正如前面第四章所分析的那样，德育教科书体现了对社会主义核心价值观的渗透和融合。在实验版及之前的德育教科书中，对社会主义核心价值观的内容是采用分散的方式来呈现的。[②] 在新修订的德育教科书中，大多采用集中的方式

---

① 习近平.决胜全面建成小康社会 夺取新时代中国特色社会主义伟大胜利——在中国共产党第十九次全国代表大会上的报告[M].北京：人民出版社，2017：42.

② 注：2006 年 10 月，党的十六届一中全会第一次提出“建设社会主义核心价值体系”的重大命题，2012 年 11 月党的十八大的“三个倡导”（即倡导富强、民主、文明、和谐，倡导自由、平等、公正、法治，倡导爱国、敬业、诚信、友善，积极培育社会主义核心价值观），对社会主义核心价值观进行了高度凝练和集中表达。因为实验版教科书的编写时间是在社会主义核心价值观提炼之前，所以德育教科书中没有对这些内容的集中论述，但关于国家、个人和社会层面的这些价值理念都分散渗透分布在德育教科书的各个部分，这些具体的内容都已经在教科书中得到了充分的体现。

进行论述，如在教科版初中德育教科书《道德与法治》修订版中，在九年级第一单元的继承弘扬中华优秀传统文化之后，教科书又集中安排了“培育和践行社会主义核心价值观”的专门内容。在国家层面的价值目标中，通过卫星上天、当家作主、文明有序排队以及和谐相处的图片来阐明“富强、民主、文明、和谐”的理念。在社会价值取向层面，教科书中选取关于户籍制度、医疗保险制度、义务教育和依法治国等材料来说明“自由、平等、公正、法治”的理念。在公民个人价值准则层面，教科书选取了钱学森、林亚业、孙东林和刘盛兰等 4 人的事迹来分别诠释“爱国、敬业、诚信、友善”的个人道德品质。

二、体现国际性和保持民族性的结合

20 世纪下半叶以来，全球化发展打破了过去世界那种壁垒分明的界限，国与国之间涉及政治、经济和文化价值观方面的交流越发频繁，也因此引发了国际社会成员对待自身文化和国际核心文化的一种态度，而且逐步形成了国际社会的共同价值观。秉承“古今中外”的思路来考察德育教科书中所蕴含的价值取向，德育教科书除了继承和弘扬关于中华优秀传统文化和当代中国时代精神之外，还应该站在历史发展的长河中来审视社会的进步和人类的发展。因为从古至今，各个国家和民族都创造了独具特色的灿烂文化，对世界文明做出了应有的贡献。国家的繁荣与发展，在继承和弘扬本国文化的基础上，也需要开阔视野，走向国际化。《中共中央关于加强社会主义精神文明建设若干重要问题的决议》中强调指出，社会主义事业的繁荣发展，应该“继承发扬民族优秀文化和革命文化传统，积极吸收世界文化优秀文明成果”。这足以说明在社会主义现代化建设的进程中，既需要坚持继承中华优秀传统和弘扬当代中国时代精神相结合，同时还离不开对除中国之外的其他国家优秀文明成果的消化吸收。多借鉴外国优秀文明成果中适合道德教育的内容为德育教科书所用，并将这些内容通过在教科书中设定外国的榜样人物以及优秀作品等形式呈现出来，从而教育学生学习外国优秀文明成果，让学生在学习时能够感受到这些外国榜样人物的人格魅力和外国优秀作品的教育意蕴，体现德育教科书的国际化意识。

中西方文化精神的基本差异在于中国文化的基石是道德和艺术，而西方文化则以科学、法律和宗教作为基本支柱。[①] 由此，可以看出西方文化相比于中国文化而言，更加“主理性、重法则”，注重服从律令、戒律等冷冰冰的条文。在哲学中，理性是指人们能够运用理智的能力。西方理性概念源于古希腊 Logus（逻各

① 李信. 中西方文化比较概论[M]. 北京：航空工业出版社，2003：77.

斯,最初是言说之意,后有“规律”“尺度”之意)和 Nous(努斯,本义为心灵,后指精神性的、能动超越的灵魂)。西方理性的传统来自早期的逻各斯传统。逻各斯一词有着“目的、存在的理由、内在根据”等多种含义,在亚里士多德的认识论中,理性是清楚理解事物的力量。① 一般来说,理性本身包含着 3 种含义:第一,在存在论意义上,它表现为一种特殊的本质性存在,是独立存在的精神实体;第二,在认识论意义上,它表现为一种与感性认识相区别的、特殊的认识能力,是把握对象本质和规律的认知能力;第三,在价值论意义上,它秉承着善的价值,是有道德的和自由的生活。② 理性主义对我国的影响起于 20 世纪后期,在西方哲学理性的影响下,我国学者也开始了对理性的研究,从而理性的观念也从西方传入我国。因此,我国初中德育教科书中关于理性的观念有着一定程度的体现,以教科版《思想品德》实验教科书为例,七年级上册中在讲述遵守规则时,就列举了“哈佛的校规”的故事来讲述在规则面前该如何去处理和面对,这应该算是一个比较典型的借鉴外国优秀文明成果的案例,案例中关于理性的观念呈现得较为明显,对我们借鉴这些优秀文明成果提供了很好的示范作用。

“哈佛的校规”故事出现在教科版《思想品德》实验版教科书七年级上册第一单元“扬帆起航”中。遵守新规则主题文的下面安排了一篇“哈佛的校规”的阅读材料,就是通过具体事例来进一步说明主题文所阐明的观点。该篇的主题文:“遵守新规则:制定校规校纪的目的在于维护学校的正常教育教学秩序,保证我们能在和谐、有序的环境中学习和生活。进入中学,我们要面对各种新的规则。新的校规校纪反映了学校和社会对我们的要求。我们要更加自觉地遵守校规校纪,逐步学会自我约束、自我管理。”后面对应的阅读材料“哈佛的校规”向学生诠释了该如何遵守规则,如何更好地进行自我约束和管理。对比这个故事,我们可以试想,如果这样的事情发生在中国文化的背景中,结果会是怎样呢?有可能是上面这种处理结果,但更有可能不是上面那样的处理结果。因为,按照中国一贯的价值观念,这个学生虽然违背了规则,但他为图书馆保住了非常珍贵的图书,两相比较之下可能算是将功赎罪、功过相抵而不再将这个学生开除。但这样的事情发生在哈佛就不可以,因为规则不可违背,规则面前不存在任何讲人情的因素,这也可能就是中西方价值观念的差别。在中国文化中,更多关注的是人与人之间的情谊,重视建立在血缘关系基础之上的血缘情感,彼此之间的情谊是最重要的,有些事情只要合情合理就行,即使可能违背了

---

① 王小飞.道德教育文本研究[M].杭州:浙江教育出版社,2009:380-381.

② 庞立生.理性的生存论意蕴[D].长春:吉林大学,2003:6.

既定的规则也容易被大家所原谅和接受；但在以西方文化为主的异域文化中，重视的是建立在公民关系基础上的公民理性，注重公平公正的规则。所以，教科书中这个哈佛校规的故事就是通过西方文化中关于理性方面的价值观念来达到道德教育的目的。

展望离不开回顾，在回顾历史的基础上可以帮助我们更好地去展望未来。可以通过对我国前期各阶段德育教科书的梳理回顾来预测未来发展。通过前面的分析，不难发现，从新中国成立一直到20世纪90年代末的初中德育教科书，在内容和形式安排上相对比较单一，教科书的编写都是以单一主题文形式来表达和呈现。进入新世纪新课改以来，初中德育教科书为了能够更好地阐明主题文要表达的意思，在形式上安排设置了阅读材料部分，这些阅读材料一般是对主题文所提及内容的例证，或者是主题文中提到过的人和事的补充说明。在教科书主题文中有时候需要涉及一些人物、事件和场景，但为了不影响主题文的连贯性和简洁性，在文中又不便过多阐明，只是用只言片语提到，但这些只言片语对学生来说是不够的，如果仅仅依靠这些内容可能对具体情况还是不甚了解。为了让学生能够更好地理解上述所提及的人或事，教科书中就将这些需要补充的内容用阅读材料的形式呈现出来，为解释主题文起到了很好的说明作用，也为主题文段落之间的承上启下做了很好的衔接。教科书中所选择的这些阅读材料除了是学生生活场景中所熟悉的一些描述性文字及相关文件文献的汇编外，其中还有很多是一些经典的、富有哲理性的叙事作品。叙事作品是叙述学理论的主要体现形式，叙述学理论一般采用"故事"和"话语"两个层面来分析叙事作品。[①]"故事"层面指的是叙事作品的素材和内容；而"话语"层面则是叙事作品的表达形式，也就是作者读到的文本。

初中德育教科书中这些经过时间检验、广为流传的中外小故事虽然很简短，但都有一定的趣味性和可读性，而且还蕴含着深刻的内涵。这些叙事在德育教科书中大量出现，无疑是一种极好的课程资源，一方面避免空洞的说教，强化了内容的趣味性和可读性；另一方面，也起到了主题文难以达到的教育效果，在教科书中起到了一定的增色作用。通过这些故事的补充说明，让教科书的说理变得通俗易懂，属于真正的"小故事，大道理"。融趣味性、知识性和教育性于一体，用通俗易懂的文字言简意赅地表达了深刻的道理，让人读起来很受启发和震撼，这些哲理性的小故事在2003年教科版《思想品德》实验教科书中尤为明显。本书以该套教科书中的经典叙事为例来进行具体分析。由于关于中国的经典故事

---

① 申丹.叙述学与小说文体学研究[M].北京：北京大学出版社，1998：13-14.

在中华优秀传统文化部分已经有所提及，故在此不做专门论述。所以主要针对教科书中所选取的外国故事来分析其所表达的意义。从国别上看，其中选材为国外的故事有27则，占据了将近一半的比例，这些故事涉及生活的各个方面，每个故事都体现了一定的价值观念。综合这些故事来看，主要讲述社会道德规范和个人品质，在社会道德方面，主要包括规则意识、关爱他人、合作竞争等方面。在个人品质方面，主要有诚实、坚强、勤劳、执着、爱心等方面，如没有赚到的钱、林肯的年谱、庄稼汉和他的孩子、浅水洼里的小鱼等故事。这些外国的经典例子为未来德育教科书该如何借鉴和接纳外国优秀文明成果提供了很好的范例，值得进一步去推广使用。

当今世界，世界文化日益交流融合，初中德育教科书注重对外国优秀文明的借鉴与吸纳为培养学生具备多元文化的胸襟和视野提供了便利条件。在学习世界文化并对比分析外国文化优、缺点的同时，可以帮助学生在鉴别对比过程中发现我国社会主义政治体制的优越性，从而更加坚定地热爱中华文化和我们的社会主义祖国，树立基本的文化自觉、文化自信和文化自强意识。在体现国际性的同时，通过传统文化的弘扬来重建民族自信心。这是因为传统文化始终是中华民族万古长青的根基和灵魂，通过从中国历代思想家遗留下来的思想宝库中充分汲取精神养料，从而保持独特的民族性。努力做到在文化反思中构建自己的民族文化，既不全盘西化，也不全盘复归，而是在反思、对话中保存、维护、改造、创新。因为在面对中外文化交融的现实大趋势下，“中国文化若能抓住这样难得的机遇，整合人类一切文化的长处，就可以建立起辉煌的现代中国文化”[①]。

三、注重文化的承接古今与融汇中外

对于如何处理好传统文化与现代文化、外国文化与中国文化的关系问题，教科版初中《思想品德》实验教科书以及最新修订版《道德与法治》教科书中都有着很多具体而生动的例子，这些例子都很好地融合了古今中外的价值观念，为如何处理这些关系提供了很好的范例。在此，选取教科版《思想品德》实验教科书中“跨越代沟”单元作为一个例子，来分析德育教科书如何处理古今中外文化之间的关系。“跨越代沟”单元以如何处理好两代人之间的代际关系为主线，教育学生如何孝敬父母，与父母和谐相处；怎样尊敬老师，和老师互敬互助。从古至今，代与代之间的交流可以从玛格丽特·米德对文化类型的划分中得到启发。在其

① 周从标，贾廷秀.试论全球化背景下的中国文化[J].学术论坛，2002(4):145-147.

著作《文化与承诺》中从文化的传递方式出发，将人类的文化分为前喻文化、并喻文化和后喻文化3种类型[①]，为后人研究代际关系提供了良好的理论基础。两代人应该如何处理好关系，依据中国古代以及外国的经验，提出了新时期两代人之间代际关系的新思路。在中国古代，两代人之间的关系可以用“情感上亲密、物质上依赖、人格上不平等”来描述。具体说来，就是中国古代社会的父子因为血缘关系和家庭观念的影响，在感情上是非常亲近的；由于在经济等物质条件上还难以完全独立，很多时候还靠着父辈供给，因此对长辈十分的依赖；同时，受纲常思想的影响，长辈拥有绝对的权威和话语权，在彼此之间的人格上也是不平等的，父母的话语就是命令和权威。而在西方国家，两代人的关系却又是另外一番景象，可以用“情感上不亲密、物质上不依赖、人格上平等”来概括。受西方理性、自由等思想影响，他们更多追求的是自由和独立，没有过多的家庭观念，所以相对来说，在情感上不如中国父母对子女的那种亲密无间；很多孩子在成人之后，父母就不再承担养育的责任，而是鼓励孩子经济生活上独立，因此物质上的依赖性就小了很多；同时，在人格上没有中国古代社会那么多的纲常规定，显得相对平等。在综合这两种不同的代际关系的基础上，倡导现代社会新型的“情感上亲密、经济上独立、人格上平等”代际关系，体现传统与现代、中国与外国的融合，为怎样处理代际关系提供了新视角。

对于古今中外文化之间的关系问题，在经历了国粹化和全盘西化之争后，目前基本形成了比较一致的观点：“批判传统文化的糟粕，继承传统文化的精华，借鉴西方文化的长处，并在此基础上推陈出新，发展弘扬中国传统文化。”[②]因此，按照这样的观点，未来德育教科书价值取向应该突出传统文化和时代精神，并倡导国际化趋势，兼顾中西方文化之间的关系。发展过程中需要正确处理好这两个方面的问题。一是需要在“古今文化”的继承、改造和发展中寻求属于其自身合理的坐标，正确处理好传统文化与时代精神的问题。传统文化逐渐受到重视，在教科书中有逐渐增加之势（通过新中国成立以来课程标准以及教科书中关于传统文化的比重就可以说明）。时代精神继续保持着与时俱进的理论品质，教科书总是能够及时地将社会发展中的新思想、科技发展的新动态以及社会中的热点关注问题体现在教科书中为教育学生所用。二是需要在中外文化博弈中把握正确的文化价值定位。在走向国际化的大背景下，文明的相互交流和借鉴已是潮流和趋势，“文明因交流而多彩，文明因互鉴而丰富”，但也需要在交流和互鉴

① 玛格丽特·米德. 文化与承诺[M]. 周晓虹，译. 石家庄：河北人民出版社，1987：7-10.

② 赵绪生. 传统文化与时代精神[M]. 西安：陕西师范大学出版总社有限公司，2015：57.

时注重中西方文化之间的平衡。当下年轻人热衷于国外的各种风俗习惯，喜欢将西方的圣诞节、情人节以及万圣节等节日扩大化，对待西方节日的热情远远超过对待我们中华民族传统节日的热情。对此，我们主张在教科书和教学中加大中华优秀传统文化的比重，加大对学生进行中华文化教育的力度。合理看待和配置中西方文化之间的关系和比例，努力将学生培养成具有国际化意识的现代社会公民，同时更重要的是将学生培养成具有中国文化素养和特色的新时代中国公民。因为，我们强调国际化并不是以消解本土文化为必然，反而更需要以加强中国文化的特色为依据。未来的德育教科书应该是注重弘扬国家文化、民族文化以及区域文化，突出体现中国文化的魅力，将中华民族几千年来的辉煌成就向当代学生充分展示，使学生从小树立文化自信。此任务虽任重道远，但却应该是我们全体国民努力的方向。

对待中西方文化，既要避免对西方为主的外国文化的盲目崇拜，又要消除绝对的排外思想。尤其是在国际化的当下，国与国之间的交流日趋频繁，与之对应的就产生了不同文化背景下该如何面对和处理的事情。对此，德育教科书中也应该有专门部分来对学生进行多元文化态度的教育。经济全球化的发展，在和平发展理念的指引下，国家与国家之间的交往更加频繁和密切，在交往的过程中也会由于风俗、习惯以及礼仪方面的差异导致各种文化交流时产生文化震撼或碰撞（culture shock）。因此，如何应对这些文化的交融和碰撞就是一个值得思考的问题。从理论上讲，文化本身并没有优劣之分，所有文化都是平等的。但世界不同地区因为地域、习俗、观念等多方面的原因，会造成各种文化彼此之间的差异，从而也就因为这些差异而导致了各种多元文化之间的冲击或碰撞。这就需要教会学生树立正确的态度来对待这种现象。因为世界本来就是多样性的统一，世界文化也因彼此的差异而显得更加丰富多彩。因此，需要秉承着开放和宽容的态度来对待这些不同文化。我们对待文化的态度应该是包容的，尊重多元和差异，在尊重其他国家文化的基础上保持自己的独特性，在文化多样性的基础上学会和平共处，通过相互借鉴吸纳共同谱写和谐的世界文化新乐章，努力做到费孝通先生提出的“各美其美，美人之美，美美与共，天下大同”①。

新课改以来的德育课程标准中给出了对待不同文化的态度：“懂得（了解）文化的多样性和丰富性，以平等的态度与其他民族和国家的人民友好交往，尊重不

① 费孝通.费孝通文集(第14卷)[M].北京：群言出版社，1999：59.

同的文化与习俗。”[①]可以通过对新课改以来教科书中如何安排多元文化问题来对未来进行展望。具体来说，在新课改以来的初中德育教科书中，人教版实验教科书在八年级上册第五课“多元文化‘地球村’”一课来讲述多元文化，首先是通过外国游客在中国餐馆吃饺子的故事，引入不同国家因饮食习惯的不同而体现出来的文化差异，告诉学生“世界因文化的差异而丰富多彩”。接着正文部分从“丰富多彩的文化”“和谐的文化乐章”“开放的胸怀”“搭起文化的桥梁”等方面表明了对待多元文化的态度和立场：“面对文化的差异，……我们主张各国文化相互借鉴，求同存异，尊重多样性，共同繁荣进步。”“我们不仅要以开放的心态尊重不同的文化，还要宣传、弘扬我们的民族文化，让世界了解飞速发展的中国，了解中国源远流长、博大精深的文化。”[②]同样，关于多元文化问题，教科版《思想品德》实验教科书在九年级第十九课“天涯若比邻”中进行了论述，讲述了该如何面对多姿多彩的文化，从“七彩文化”和“天涯共明月”两个部分对不同国家和民族各具特色的文化问题进行了探讨。教科书讲述了文化是人类文明进步的结晶，不同国家和地区的不同民族和人民在历史发展的长河中创造了各种特色鲜明的文化。并且告诉学生这些文化包括语言文字、文学、艺术、价值观、宗教、教育、科技以及生活方式、风俗习惯等方面。

另外，在不同文化相互交流和碰撞的过程中，既可能会产生不同文化的相互摩擦和冲突，又可能会使不同民族之间的文化相互交流、相互借鉴。比如，在关于文化冲突问题上，教科版《思想品德》实验教科书通过阅读材料呈现电影《刮痧》的故事，影片以一个在美国的中国爷爷用中医的刮痧疗法为孙子治病，没想到却成了孩子父亲虐待孩子的证据，面对控方律师以解剖学为基础的西医理论的指控，让孩子的父亲陷入了百口莫辩的尴尬困境。这个故事其实就是一个很好的说明东、西方文化冲突的例子。其实，刮痧在中国是传统中医的一种自然疗法，放在中国文化氛围中来理解是一种很正常的治疗身体疾病的方法，很容易被人接受而不会遭到质疑；而这样刮痧的方法如果放在以解剖学理论为基础的西方国家的西医氛围中，却是没有丝毫的依据，小孩背上因刮痧留下的瘀痕也就成了父亲虐待孩子的证据，也因此造成了彼此的曲解和不理解。虽然教科书没有将这个故事的结尾描述出来，但这部电影的结局是，由于人们彼此的相互尊重、

---

① 注：(1)教育部基础教育司. 全日制义务教育思想品德课程标准(实验稿)[M]. 北京：北京师范大学出版社，2003:7;(2)中华人民共和国教育部. 义务教育思想品德课程标准(2011 年版)[M]. 北京：北京师范大学出版社，2012:15.

② 课程教材研究所思想品德课程教材研究开发中心. 思想品德(八年级上册)[M]. 北京：人民教育出版社，2008:60-64.

诚信和爱心的推动下，使得困境得以解脱，问题得以解决。这也为如何面对多元文化之间的碰撞和冲突提供了一个参考范例。在文化交流、借鉴和融合方面，教科书通过“和平绿洲”（位于耶路撒冷和特拉维夫两城市中间的一个村庄，是以色列犹太人和阿拉伯人共处的典范）、“中法文化年活动”以及“AFS交流活动项目”（American Field Service，旨在让不同文化背景、不同民族和国家的青少年到世界其他国家的家庭中体验生活）3个阅读材料讲述了对待不同文化之间的沟通与交流的策略。世界文化是在多种文化的碰撞、交流以及融合中，彼此汲取营养的基础上焕发出新的生命力的。“万物并育而不相害，道并行而不相悖。”因此，在对待多元文化时，我们应该像英国哲学家罗素所描述的那样：“不同文化的接触是人类进步的路标。希腊曾经向埃及学习，……在那些情形之下，常常是青出于蓝而胜于蓝的。”在世界文化的交流与对话中，我们应该秉持开放的、世界的眼光，尊重各民族文化传统和个性，为促进世界各族文化的共同繁荣和发展而努力，这也是初中德育教科书需要体现和传递给学生的应有价值观念。同时也是我们对待中西方文化应该秉承的态度。

面对外国文化的“洋流”，我们应该有着包容接受的态度，并在此基础上不忘记我们自己富有特色的民族文化。其实，民族文化具备深厚的历史底蕴、地方特色、完整传承过程和在传承中不断发展变异的特性。随着社会发展，民族文化的信仰始终不会被丢弃。西方因素的加入只会使中国文化变得更加多元化，让民族文化在变异中与时俱进，更符合当代人的需要。2014年五四青年节，习近平总书记在北京大学师生座谈会上讲话时强调指出，社会主义核心价值观的形成和确立，把涉及国家、社会、公民个人的价值观念融为一体，不仅继承了中华优秀传统文化，也广泛吸纳了世界文明的优秀成果，同时还体现了当代中国的时代精神。从传统与现代的论述中可以发现它们之间的内在逻辑关系。传统是“根”和“源”，而现代则是“树”和“流”，是在传统基础上进一步的深化和发展。为此，需要以“吐故纳新”的客观态度来处理和应对。德育教科书在对待传统文化与现代文化的问题上，努力实现传统与现代的融合，做到厚古而不薄今。继承传统，批判传统，开放传统，发展传统，将传统文化中的精品充分地消化吸收，为现代文化的发展注入源源不断的资源和动力；同时避免全盘接受的民族文化保守主义和全盘否定的民族文化虚无主义两种极端倾向，从而正确处理好传统文化和现代文化之间的“血缘”关系，努力实现传统文化的创造性转化和创新性发展。

因此，当前和未来一段时间我国的德育教科书应该在社会主义核心价值观的指引下，围绕国家、社会和公民个人3个层面的价值要求，将中华优秀传统文化和外国优秀文明成果全面系统地体现出来，突出学生发展核心素养的培育，注重青少年一代的全面协调发展，从而更好地为学校德育工作服务。

第三节　德育教科书价值取向的实然与应然

通过前面对我国初中德育教科书价值取向的分析，对照前面所提出的德育教科书价值取向的实然性和应然性的两个问题，本书分别做出了阐释和论述。从理想的角度来分析，教科书实际的价值观念应该就是需要反映的价值观念，即实然的理念就是应然的理念。但从实际角度来说，教科书实然和应然的理念往往会存在着一定的偏差，这是因为教科书实际呈现的文本是国家主流意识阶层、课程标准、教科书编写者以及审定者等多方价值观相互博弈的结果。在这个过程中，导致教科书的价值取向在“应该”“能够”和“实际”之间徘徊，因而也就造成了可能的“应该如何”和“实际怎样”的偏差。当然，最终能够出版发行的教科书都是最大限度地缩小了这两者之间的偏差，力争使教科书既符合主流社会的价值需求，同时又将课程标准的要求体现出来，从而达到教育下一代的目的。从总体上说，我国初中德育教科书价值取向的实然理念反映了应然的要求。

一方面，从实然的角度来分析，我国初中德育教科书按照德育课程标准的基本要求，在充分考虑学生年龄特点和认知特征的基础上，以“成长中的我、我与他人的关系、我与国家和社会的关系”为经，以“道德教育、心理健康教育、法律教育和国情教育”为纬，将各部分内容有机地融合并充分体现出来。同时，道德教育类的内容在教科书中处于绝对的主导地位，秉承非经典不用、凸显选择材料恒久价值的原则，在表现全人类共同价值的基础上努力体现出中国特色。在对新中国成立几十年来的初中德育教科书四大类的内容（道德教育、心理健康教育、法律教育和国情教育）定量分析后，可以发现关于道德教育类的内容占据了绝对的优势地位，而且随着时间的推移有不断增加之势（按照统计分析，教科书中道德教育的内容从 1997 年人教版的 40％到 2003 年人教版和教科版的 57％和 70％）。纵观几个版本的初中德育教科书，可以发现其选用的这些材料都是经过历史的检验而成为广为流传的经典，体现了教科书所选文本的经典价值和恒久价值。在国别上，无论中西方国家，只要是符合教科书教学需要的都可以选入；如果实在找不到合适的部分，也力争做到宁缺毋滥，确保教科书选用内容的质量，且具有教育意义。德育教科书中所选择的材料充分表现出对中国传统文化的重视，诸如孔子、孟子这些先贤们的作品在教科书引用的相对较多，如 2003 年人教社和教科社《思想品德》实验版教科书中，仅仅孔子和孟子格言的使用都高达8条至9条，基本上接近于全套书中格言的10%。同时，关于中华民族仁人志士的事迹和作品在教科书中也占据着很高的比例，而且还有逐渐增加的趋势。最新修订的教科版初中德育教科书《道德与法治》中，“历史启示录”单元专门安排了关于继承和弘扬中华优秀传统文化的内容，除了这些专门的阐述外，教科书中还出现了关于《周易》《论语》等传统文化的著作以及“百善孝为先”“苏武牧羊”“精卫填海”“愚公移山”“见贤思齐”等传统文化中经典的故事。这些都充分说明了中国元素在德育教科书中的分量，也体现了中国道德教育教科书的特点。同时，积极融合时代的脉搏，将社会主义核心价值观的内容积极融合渗透进去，体现社会主旋律。

另一方面，从应然的角度来看，新时代我国初中德育教科书应该紧紧围绕“培养什么人、怎样培养人、为谁培养人”的根本问题，牢牢把握立德树人的根本任务，强化落实社会主义核心价值观、弘扬中华传统伦理道德和革命传统精神，注重学生国际教育意识和核心素养的培养。在德育教科书的文本中应该充分体现出中华优秀传统文化和当代中国的时代精神，并将外国优秀文明成果作为其教育内容不可缺少的组成部分，努力朝着弘扬中华伦理道德、弘扬时代新风和吸纳世界文明成果这3个方面的方向发展，并在此基础上凸显社会主义核心价值观，力争做到在时间上处理好道德教育的传统与现代(尤其是中国的传统与现代)的关系，在空间上整合好中国与外国(主要以中西方关系最为典型)的关系。只有这样才能使德育教科书既植根中华民族文化，保持文化的民族性；同时又能够汇入世界其他国家发展的大潮，体现出国际性；在此基础上，融合这些古今中外的价值观念于一体，实现德育教科书价值理念的全面融合，使德育教科书更具时代气息，为培养具备核心素养的新一代青少年而努力奋斗，真正做到“不忘本来，吸收外来，面向未来”。

第六章　结　语

第一节　本研究主要观点概述

研究教科书离不开对教科书实物的“刨根问底”。如石鸥教授所言，不论什么样的研究态度和方法，教科书研究特别需要占有实物，进而分析实物。只有在详尽占有原始实物资料的基础上，才可能进行研究，从而得出比较客观的结论。本书在依托大量新中国成立以来初中德育教科书实物的基础上，依据中华优秀传统文化、外国优秀文明成果和社会主义核心价值观3个维度的分析框架对我国初中德育教科书实际价值取向进行了具体剖析之后，对德育教科书应该具有的价值取向进行了分析展望，在此基础上对德育教科书价值取向的实然和应然差异有了进一步认识。

首先，德育教科书中的价值取向基本符合中国传统伦理道德的精华，能够与中华民族优秀传统文化相吻合，将我国传统伦理道德的精华不同程度地以显性或隐性的方式体现在教科书文本之中。总体来说，在国家层面上，初中德育教科书注重渗透国家观念，突出建设社会主义国家的基本要求，在教科书中渗透了国家发展的诸如民主、文明、和谐的理念，培养学生的家国情怀和社会使命感。在社会层面上，初中德育教科书从法律和道德的角度分别讲述了如何维护社会秩序和社会公德，倡导社会的公平与正义，以便形成自由、平等、公正、法治的社会局面，建立良好的社会秩序。在个人层面上，初中德育教科书注重培养学生的爱国情怀，让学生热爱祖国的大好河山、爱自己的骨肉同胞、爱祖国的灿烂文化；尤其注重强调个人道德修养的修炼和个体健康心理品质的培养，努力使学生养成勤劳勇敢、诚实守信、勤俭节约、克己奉公、自尊自信、自立自强的个性品质。这些中华民族几千年传承下来的传统道德精华基本上可以在新中国成立以来尤其是改革开放以来的初中德育教科书中寻获踪影，教科书中用了大量优秀传统文化的思想和理论来讲述个人的道德品行以及如何与人相处的原则，如“天下兴亡，匹夫有责”的社会责任，“天行健，君子以自强不息”的人格品性，“仁者爱人”“与人为善”“己所不欲，勿施于人”“老吾老以及人之老，幼吾幼以及人之幼”的这些对待他人的关爱情怀等传统文化元素在我国初中德育教科书中占据了较大的比例，初中德育教科书中关于中华优秀传统文化的价值取向明显。

其次，德育教科书国际化理念也得到了很好的体现。20世纪下半叶以来，全球化发展打破了过去世界那种壁垒分明的界限，国与国之间涉及政治、经济和文化价值观等方面的交流越发频繁，也因此引发了国际社会成员对待自身文化和国际核心文化的一种态度，而且逐步形成了国际社会的共同价值观。当然，形成国际共同价值观念并不是说要在全世界文化中达成一种文化模式的趋同化，而是说形成一种“和而不同”的国际共识，倡导世界各国在保留和发扬自身文化价值观的基础上具有一种或几种共同的国际社会诸如和平、发展、公平、正义、民主、自由等全人类的共同价值。通过对前面章节关于德育教科书中外国优秀文明成果的分析，可以看出德育教科书在体现国际视野方面做出的努力。随着时代的发展，初中德育教科书中国际化趋势逐渐受到重视，关乎外国优秀的文明成果也在教科书中占据了一定的比例，主要通过教科书中关于外国的人和事、外国的作品及警句、谚语等反映出来，而且所占比例都在新中国成立初期的教科书中比较少见的基础上有了一定程度的提升，使得学生的国际理解意识进一步加强。

最后，德育教科书在继承中华民族五千年传统文化精华的同时，也及时地反映了中国现时代的价值理念，落实了社会主义核心价值观。新中国成立至今，尤其是在进入新世纪以来的课程改革之后，我国初中德育教科书总体价值取向符合时代发展的规律，将不同时期最需要反映的时代精华都及时地更新到对应的教科书文本之中，并结合时代发展的需要及时地做出相应调整和修订，在体现教科书总体稳定性的基础上，突出了选材内容的时代性，凸显了时代特色。让学生在经历探究学习和社会实践的过程中，切实提高参与现代社会生活的能力。同时，新课改以来的《思想品德》实验教科书在内容的选择上更加贴近学生的生活实际，所选取的大多数事例和素材都是源自于学生生活中发生的日常事件，很多事情不仅仅是关乎成人的事件，也不简单地是重要人物的事件，而更多倾向于青少年的世界中，如发生在学校的师生之间、同学之间、朋友之间的事情，也有涉及家庭生活中的家长与孩子等事件。选取这样具有普遍意义的事例放入初中德育教科书中往往可以帮助学生更好地理解和接受，因为“生活经验是现象学研究的出发点和归宿。其目的就是将生活经验的实质以文本的形式表达出来。通过文本，读者自己的生活经验就会被充分激活，产生与文本的‘对话’”①。随着时代

① 马克斯·范梅南.生活体验研究——人文科学视野中的教育学[M].宋广文，等译.北京：教育科学出版社，2003：46.

的发展，德育教科书中的内容与学生的生活实际联系越来越紧密。《思想品德》实验教科书相比于以往的德育教科书，努力避免了前期内容中的古板和枯燥问题，具有浓厚的时代气息，教科书中选取与学生同龄人的生活事件作为文本，贴近学生生活，符合学生心理特点，可读性强，这样学生就很容易从文本中激活自身的生活经验，从而更好地与文本进行对话。这种与日常生活紧密结合的例子在教科书中随处可见。如，以对待偶像崇拜问题为例，在教科版《思想品德》教科书八年级上册"偶像与自我"一课中，针对现在学生在进入少年时期后普遍进入一个"多梦"的"追星"时期这一现象，教科书中通过"透视追星"和"超越崇拜"两个部分来分别讲述追星的利与弊。追星现象既然普遍存在，也就一定有其合理之处，教科书没有回避这一现象，分别以虚化的一些人物来讲述他们自己追星的心路历程，这些虚化的"王达""钰琳""夏天"之类的人物所描述的故事其实就是当今青少年学生普遍关注和存在的现象，这些故事其实就真实地发生在学生的日常生活中，教科书中提到的"××明星"就是学生自己崇拜的偶像，通过这些虚化的人物将这些现象表现出来，这样贴近学生生活实际的选材内容拉近了学生与文本的距离，让学生更愿意与文本进行对话和沟通，起到了很好的教育效果。

通过分析可以发现，我国德育教科书中既有对中华优秀传统文化的继承和改造，又有对外国优秀文明成果的借鉴和吸纳，同时将中华民族的核心观念以及全人类的共同价值融入其中，体现出了社会主义核心价值观念的全部内容，凸显政治教育的功能。对照社会主义核心价值观"富强、民主、文明、和谐，自由、平等、公正、法治，爱国、敬业、诚信、友善"3 个层面的价值要求来查阅新课改以来的德育教科书，可以发现这 12 个关键词所蕴含的内容在教科书中都不同程度地得以体现，这从本书前面几章的分析中也可以得到证实。

同时，我国德育教科书在时间上实现了价值取向的恒定与嬗变。新中国成立以来的初中德育教科书历经几十年的发展变化，秉承选文经典性原则，注重保持德育教科书的恒久教育价值；同时朝着更加关注学生生活世界、普通人的生活世界方向发展，教科书生活化取向明显，注重对学生个体的参与性和体验性的提升，更加贴近学生的实际需要，更好地促进了个体健康快乐地成长。

第二节　本研究的初步探索与不足

一、初步探索

我们认为，本书从以下3个方面进行了新的探索。

第一，从价值观的视角对德育教科书进行了比较深入的分析。本书试图从价值观的角度对我国初中德育教科书进行比较系统的描述，并从初中德育教科书如何体现中华优秀传统文化、外国优秀文明成果和社会主义核心价值观这3个维度，对我国初中德育教科书实际蕴含的价值观念进行了分析研究，并进行了比较全面系统的探讨。

第二，在研究方法上做出了新的尝试。在研究方法上，除了采用文献法、调查法等研究方法对教科书的文本进行分析以及对教科书主编和编写团队进行调查访谈之外，本书还尝试结合内容分析和诠释学这两种关于量和质的方法来分析初中德育教科书文本，从而揭示德育教科书文本中所蕴含的意义。同时，目前对教科书价值取向的研究，大多是依据教科书的主题课文、人物、插图等方式来进行定量分析之后对其价值取向进行解释说明。本书在分析框架上不局限于课文的各个组成部分来分析，而是从总体上来架构德育教科书价值取向的新思路，避免单纯就主题文、材料或者插图等某方面来分析教科书的价值取向，总体上的分析可能更利于把握教科书的价值取向。

第三，在某些具体观点上提出了自己的看法。在通过对大量文献资料的挖掘和前人研究的基础上，结合对教科书编写者的调查访谈，对德育教科书的价值取向及其发展提出了自己的一些看法。遵循"古今中外"的基本思路，从中华优秀传统文化、外国优秀文明成果和社会主义核心价值观3个维度对我国初中德育教科书中所蕴含的价值取向进行分析，试图整理出德育教科书中涉及道德教育中传统文化与现代文化、外国文化与中国文化的权重，对教科书中该如何处理古今中外文化之间的关系进行了可能的探讨。尝试提出未来德育教科书的发展应该在正确处理好文化的传统与现代、外国与中国之间关系的基础上，充分继承中华优秀传统文化，积极吸纳外国优秀文明成果，在倡导人类共同价值的基础上，将社会主义核心价值观的内容渗透融合到德育课程和教科书之中，从而为培养学生发展核心素养服务。要做到既批判继承传统，体现中国德育教科书特色，又在民族性和国际性的张力中寻求解决方案，积极借鉴国外道德建设的先进文明成果和成功经验，博采众长，为我所用。此任务虽任重而道远，但却应该是我们全体国民努力的方向。

二、不足与局限

当然，在研究中也存在着一些需要进一步处理和完善的问题，如对3个维度下面的具体划分虽然都依照一定的理论支撑和依据，但也可能会存在着一些值得推敲和商榷之处；仅从中华优秀传统文化、外国优秀文明成果和社会主义核心价值观这3个维度下几个方面的描述，可能难以完全覆盖每个维度下价值取向庞大而复杂的体系，也难以非常全面地表达出所有可能的价值观念。因此，继续探讨和完善每个维度下面的具体分类标准也是本研究进一步努力的方向。

另外，由于时间的限制，本书中关于外国德育教科书和不同历史阶段德育教科书，尤其是新中国成立之前的德育教科书还缺乏一定的研究，在时间和空间的进一步扩展和延伸研究方面也还做得不够，在今后的研究中将在德育教科书的历史和比较研究上有所努力，以加深对德育教科书价值取向的研究，让教科书研究的范围更加广泛和深入。

第三节　尾声与展望

深入贯彻习近平总书记关于教育的重要论述和全国教育大会精神，需要将革命传统、中华优秀传统文化全面融入课程教材体系之中。正如石鸥教授在对部编版《道德与法治》《语文》和《历史》教科书评价所指出的那样："部编教科书强化落实了社会主义核心价值观，弘扬了中华优秀传统文化，重视革命传统教育，突出了学生素养的培养。"[①]我国初中德育教科书集中体现了中华优秀传统文化和当代中国的时代精神，在落实社会主义核心价值观和全人类共同价值的基础上，还应该着力培养学生发展核心素养，在体现教科书的普适性基础上，力求达到求真、至善、臻美的价值诉求。

德育教科书应该在围绕"培养21世纪什么样的人能够生存、生活和发展"的问题上，积极优化德育课程和教科书的编写和设置，注重学生发展核心素养的培养。核心素养体系的提出，并非我国单独声音，而是一种世界趋势。据李艺等考证，"核心素养"一词属于舶来品，缘起于经济合作与发展组织1997年启动的"素养的界定与遴选：理论和概念基础"(Definition and Selection of Competencies: Theoretical and Conceptual Foundations，即DeSeCo)项目，并于21世纪初率先提出了"核心素养"结构模型。2003年出版的最终报告《核心素养促进成功的生

① 蒙石荣. 教科书：在泛化的知识世界树立起主流价值——专访首都师范大学石鸥教授[J]. 今日教育，2016(10)：30-31.

活和健全的社会》(*Key Competencies for a Successful Life and a Well-Functioning Society*),从“人与工具”“人与自己”和“人与社会”3个方面构建了“核心素养”的框架。具体包括“使用工具互动”“在异质群体中工作”和“自主行动”共三类9种核心素养指标条目。[①] 多年来,究竟什么是核心素养,不同国际组织、国家和地区都在做类似探索。如,联合国教科文组织在提出“学会求知、学会做事、学会共处、学会发展、学会改变”五大支柱的基础上,将核心素养初步确定为“身体健康、社会情绪、文化艺术、文字沟通、学习方式与认知、数字与数学、科学与技术”7个学习领域[②];而欧盟则是从“母语交流、外语交流、数学素养和科技素养、数字化素养、学会学习、社交和公民素养、主动与创新意识、文化意识与表达”等8个一级指标对核心素养的内涵进行了界定[③]。同时,美国、日本等国家从不同角度表达了核心素养的内涵。美国对核心素养的关注起源于注重知识创新的高新企业团队,这些企业将用人所遇到的问题反馈到教育中,指出基础教育要注重培养学生的哪些能力和素质,他们称之为“技能”。这些技能不是简单、具体的,而是在21世纪里必需的生存技能,是当今社会每个人都应该掌握的内容。从2009年起,日本国立教育政策研究所启动了为期5年的“教育课程编制基础研究”,关注“社会变化的主要动向以及如何有效地培养学生适应今后社会生活的素质与能力,从而为将来的课程开发与编制提供参考和基础性依据”。尽管这些国家或地区在用词上存有差异,但都在回答一个关于“培养什么样的人,才能让他顺利在21世纪的时代里生存、生活与发展”的问题。

在我国,2014年3月30日教育部印发的《关于全面深化课程改革落实立德树人根本任务的意见》中指出:“研究提出各学段学生发展核心素养体系,明确学生应具备的适应终身发展和社会发展需要的必备品格和关键能力,突出强调个人修养、社会关爱、家国情怀,更加注重自主发展、合作参与、创新实践。”[④]文件中“核心素养体系”被置于深化课程改革、落实立德树人目标的基础地位,成为进一步深化课程改革的方向,从而引起学界对学生发展核心素养的关注和热议。核心素养体系的提出,是一个从早些年“双基”(即基础知识和基本技能)目标到后来“三维”(即知识与技能、过程与方法、情感态度价值观)目标再到“核心素养”的渐变过程,体现了课程目标的逐步完善发展。从价值取向上看,核心素养反映

---

① 李艺,钟柏昌.谈“核心素养”[J].教育研究,2015(9):17-23.

② 林崇德.21世纪学生发展核心素养研究[M].北京:北京师范大学出版社,2016.:42-65.

③ 裴新宁,刘新阳.为21世纪重建教育——欧盟“核心素养”框架的确立[J].全球教育展望,2013,42(12):89-102.

④ 教育部关于全面深化课程改革落实立德树人根本任务的意见(摘编)[J].青海教育,2014(12):4-5.

了学生终身学习所必需的素养与国家、社会公认的价值观；从指标选取上看，它既注重学科基础，也关注个体适应未来社会生活和个人终身发展所必备的素养，不仅反映社会发展的最新动态，同时注重本国历史文化特点和教育现状。目前，根据北京师范大学核心素养研究课题组最新的研究成果，学生发展核心素养就是指“学生应具备的适应终身发展和社会发展需要的必备品格和关键能力”，其内涵主要包括“文化基础、自主发展和社会参与”3 个方面能力，综合表现为“人文底蕴、科学精神、学会学习、健康生活、责任担当、实践创新”六大素养 。[①] 因此，德育课程以及教科书应该从培养人的角度出发，从教科书如何培育学生文化基础、自主发展和社会参与 3 个方面能力的基础上，培养学生适应终身发展和社会需要的必备品格和关键能力。

德育教科书在培育具备核心素养的青少年一代之外，还应该进一步强化其普适性。教科书一般都有着广泛的地域性特点，拥有着较为广阔的使用对象。中国地域广阔，不同城市和地区之间的自然条件和风俗都存在着一定的差异。而一般情况下是全国很多不同的地方都在使用着同一套教科书，这些使用对象既包括居住在繁华都市的孩子，也包括生活在较为偏僻和闭塞农村的学生。对此，《义务教育思想品德课程标准》(2011 年版)中指出：“教科书的编写应充分考虑和体现不同地区的特点，在内容和呈现形式上要因地制宜，以适应不同地区及城乡学生的特点和需求。”[②]为此，如何使德育教科书让城里的学生和农村的学生都能从中学到想要学习的知识、技能和情感价值观方面的东西？这就涉及对德育教科书普适性问题的探讨——如何体现教科书的普适性？试问：有没有或者说能不能编写出这样一套教科书，让农村的孩子既能感受到自身生活的乐趣，又能够了解、认识、体会和向往城市的伙伴，为今后进一步追寻城市生活打下心理基础；又能够让城市的学生在知道城市生活便捷的同时，希望了解、关心和期待农村的生活和同伴。

一般来说，课程有三种类型，即国家课程、地方课程和校本课程。国家课程由国家统一规定，体现了国家的意志，反映了国家对课程的统一标准和要求。地方课程是在国家课程的基础上，结合当地的政治、经济、文化等方面的特点而设置的具有地方特色的课程，它可以帮助克服和弥补国家课程的单一性，是对国家课程的有效补充。而校本课程则是以学校为依托，在国家课程和地方课程的基础之上，以体现学校办学理念和办学特色挖掘设计出来的课程。3 种课程对应

① 《中国学生发展核心素养》发布[N]. 人民日报，2016-09-13.

② 中华人民共和国教育部. 义务教育思想品德课程标准(2011 年版)[M]. 北京：北京师范大学出版社，2012：23.

着3种不同类型的教科书，通过对3种课程概念的阐述，可以看出各种课程以及其对应教科书的优、缺点。当然，这3种课程及教科书中具有大规模效应的还应该属于国家课程以及其对应的经教育部中小学教材审查委员会审查通过的教科书。那么，这样面向全国的教科书，在面对全国不同地方，如何体现其普适性呢？教科书需要在统一性的基础上，面对我国基础教育不同的地区、城乡和学校发展不平衡的现实，从尊重历史和着眼未来的角度，根据不同地区学生的需要出发，注重青少年学生在成长过程中的共同特点来选择和组织教科书编写的素材，力争体现大面积的适应性。同时，还应该依据不同地区学生生活的特点，反映他们各自生活和学习环境的特点，从而让城市的孩子渴望知道、喜欢、并牵挂农村的生活和生活在农村的同龄小伙伴们，又要使农村的孩子接受现代化的教育，了解、懂得和向往城市的生活和生活在城市的同伴，并指导他们通过自己的努力来改变农村的生活或者过上城市文明的生活。然而，在加快城市化建设的当下，农村和城市的差距逐渐扩大，稍微条件好一点的家庭都会将孩子转到城镇学校就读，而在农村里继续扎根的大部分是一些留守儿童，他们对城市的生活了解甚少。因此，教科书中应该体现对这部分群体的关注。教科书应该在普适性原则指引下进行编写工作，从而在教科书上体现出追求基础教育均衡发展的理念，为真正落实教育公平做出典范。试想，如果一套教科书仅仅适合于发达地区的学生，这样的教科书对于欠发达地区的学生就是不公平的，因为教科书中所提到的很多内容都是与学生的生活场景脱节的，对他们来说是陌生的。很显然，如果这样的一套教科书出版发行出来，就不具备我们所提到的普适性，不能让所有使用对象从中获益。教科版《思想品德》实验教科书中就有一些较为典型的例子充分体现了德育教科书的普适性特点①，如七年级上册“假如我是你”一课中，在阅读材料中通过费孝通先生的《乡下人与城里人》的文章，来分别描述乡下人和城里人由于知识和经验问题导致彼此被对方认为“笨蛋”的故事，这就告诉学生城市和农村由于地域的特点而有差异，但每个人都有其自身的优势。这个选材就很好地涉及农村和城市人的生活，彰显了面向全体学生的实际。

德育教科书在体现普适性的基础上，努力彰显其求真、至善、臻美的价值诉求。对于何为真、善、美，各界定义往往存在着差异。从一般哲学意义上来说，

---

① 注：通过对该套教科书主编之一的魏贤超教授及主要编者的内部访谈，了解到该套教科书编写组在编写时对教科书普适性的定位：是偏重农村还是偏重城市？如果农村一套，城市一套，就显得不公平。编写组要突破城市与农村的隔阂和不平等，找出农村和城市共性的东西。同时，教科书编写时不要塞满，要同时为城乡孩子留有余地和空白。做一个既是农村孩子喜欢的、又让城市孩子喜欢的教科书；让农村孩子了解、体会、向往城市的生活，又让城市的孩子了解、喜欢、挂念农村的生活和同伴。努力做一个适合全中国的教科书，尽可能给孩子提供比较共同的东西、比较平等的教育资源。

“真”是指客观的知识以及规律，当人们的社会实践活动体现或符合客观规律的时候，就是真；“善”指一个人良好的道德品行，当人们的活动能够同时满足个体或社会集团的利益和需求的时候，就是善；而“美”主要是指客体作用于主体，并使主体产生一种精神和情感上的愉悦，表现出人的能动的创造力量，这就是美。[①] 学校教育的目的在于让学生学会能够在科学理论和方法的指引下客观地认识事物发展的规律，了解世界的本原；并且能够用良好的道德情操来规范自己的言行举止，让其符合社会发展的基本要求，在此基础上向着更高的道德标准看齐，达到最高的道德境界，形成良好的道德行为；并以培养学生良好的审美情趣为目标，在求真和至善的过程中培养学生感受美、鉴赏美和创造美的能力，力争实现良好的美感教育。德育教科书作为学校教育的重要载体，不仅仅需要教会学生基本的道德知识和道德规范，还需要在懂得和理解这些知识的基础上能够运用这些知识来指引和规范自己的言行，首先使自己的行为符合道德规范，然后还能够用自己的良好德行对他人起到示范引领作用，另外用这些真和善的标准来要求和审视自己，对自己各方面提出更高的要求，以达到自我实现美的境界。德育教科书应该在这样精神的指引下，力求体现真、善、美的价值诉求，达到求真、向善和尚美，这既是教育所要追求的境界，同时也是每个个体人健康发展所应该具有的品德。

总结过去可以更好地展望未来，反思不足方能更好地完善自我。教科书是立德树人的重要载体，教科书的建设是一件非常严肃的事情，它涉及如何为青少年一代提供良好的教育素材。习近平总书记在 2020 年 11 月 29 日给人民教育出版社部分退休老同志的回信中指出，要“坚持正确政治方向，弘扬优良传统，推进改革创新，用心打造培根铸魂、启智增慧的精品教材”。[②] 而对于德育教科书来说更是如此，德育教科书该承载什么样的价值观念来教育学生，无论是对国家、社会还是个人的发展都显得意义非凡。习近平总书记指出，青少年阶段是人生的“拔节孕穗期”，最需要精心引导和栽培。[③]如何形成和发展青少年学生的正确的思想观念和良好的道德品质，将他们培养成为有理想、有道德、有文化、有纪律的“四有”新人，都是德育课程和教科书所肩负的重任。因此，德育教科书的建设和发展任重而道远。

德育教科书的建设与开发一直在路上。

---

① 黄济. 教育哲学通论[M]. 太原：山西教育出版社，1998：607.

② 李俏. 用心打造培根铸魂启智增慧的精品教材[N]. 人民日报海外版，2020－12－02(001).

③ 习近平. 习近平谈治国理政. 第三卷[M]. 北京：外文出版社，2020：329.

参考文献

1. 英文文献

[1] Allan Luke. Literacy, Textbooks and Ideology [M]. Philadelphia: Falmer Press, 1988.

[2] Anderson G L. The Elusive Definitions of Peace [J]. *International Journal on World Peace*, 1985, 2(3):101-104.

[3] Jaan Mikk. Textbook: Research and Writing [M]. Astonian: Peter Lang GmbH Press,2000.

[4] Jason Nicholls. Methods in School Textbook Research [J]. *International Journal of Historical Learning, Teaching and Research*, 2003 (2):11-26.

[5] Jason Nicholls. The Philosophical Underpinnings of School Textbook Research [J]. *Paradigm*,2005,3/1:24-35.

[6] Johnsen E B. Textbooks in the Kaleidoscope. A Critical Survey of Literature and Research on Educational Texts (Trad. L. Sivesind)[M]. New York: Oxford University Press, 1993.

[7] Levie W H, Lentz R. Effects of Text Illustration: A Review of Research [J]. *Education communication and technology journal*, 1982,30(4): 195-232.

[8] Apple M W. Making curriculum problematic [J]. *The Review of Education*, 1976,2(1):1-11.

[9] Maitland Stobart. Fifty years of European co-operation on history textbooks: The role and contribution of the Council of Europe [J]. *International Schulbuchforschung*, 1999,21(2):147-161.

[10] Michael W. Apple Philip Wexler. Culture Capitial and Educational Transmissions: An Essay on Basil Bernstein, Class, Codes and Cotrol: VIII. Towards A Theory of Educatopna Transmissions[J]. *Edncatioaac Theory*, 1978(28):34-43.

［11］ Stradling R. Teaching 20th - century Europe History ［M］. Strasbourg:Council of Europe Publishing，2001.

［12］ Taba，Hilda. Curriculum Development：Theory and Practice ［M］. New York：Harcourt Brace Jovanovich，1962.

［13］ Weinbrenner P. Methodologies of Textbook. Analysis used to date. In History and Social Studies. Methodologies of Textbook Analysis［R］//. Report of the Educational Research Workshop Held in Braunschweig (Germany),11-14 September 1990，H. Bourdillon(ed)，1992.

［14］ Ya-Chen Su. Ideological Representations of Taiwan's History：An Analysis of Elementary Social Studies Textbooks，1978-1995［J］. *Curriculum Inquiry*，2007,37(3):205-237.

2. 中文书籍

［15］ 保罗·弗莱雷. 被压迫者教育学［M］. 顾建新，赵友华，何曙荣，译. 上海:华东师范大学出版社，2001.

［16］ 黑格尔. 哲学史讲演录［M］. 贺麟，王太庆，译. 北京：商务印书馆，1959.

［17］ 康德. 论教育学［M］. 赵鹏，何兆武，译. 上海:上海人民出版社，2005.

［18］ 马克思，恩格斯. 马克思恩格斯全集:第 19 卷［M］. 北京:人民出版社，1965.

［19］ 马克思，恩格斯. 马克思恩格斯全集:第 1 卷［M］. 北京:人民出版社，1995.

［20］ 马克思，恩格斯. 马克思恩格斯全集:第 26 卷第三册［M］. 北京:人民出版社，1974.

［21］ 马克思，恩格斯. 马克思恩格斯全集:第 42 卷［M］. 北京:人民出版社，1979.

［22］ 马克思，恩格斯. 马克思恩格斯选集:第 1 卷［M］. 北京:人民出版社，1995.

［23］ 雅斯贝尔斯. 什么是教育［M］. 邹进，译. 北京:生活·读书·新知三联书店，1991.

［24］ 卢梭. 论人类不平等的起源和基础［M］. 李常山，译. 北京:商务印书馆，1962.

［25］ 米歇尔·福柯. 规训与惩罚［M］. 刘北成，杨远婴，译. 北京:生活·读书·新知三联书店，1999.

[26] 涂尔干. 道德教育[M]. 陈光金,沈杰,朱谐汉,译. 上海:上海人民出版社,2001.

[27] 马克斯·范梅南. 生活体验研究——人文科学视野中的教育学[M]. 宋广文,等译. 北京:教育科学出版社,2003.

[28] 夸美纽斯. 大教学论[M]. 傅任敢,译. 北京:教育科学出版社,1999.

[29] M·阿普尔,L·克丽斯蒂安-史密斯. 教科书政治学[M]. 侯定凯,译. 上海:华东师范大学出版社,2005.

[30] 阿瑟·阿萨·伯格. 通俗文化、媒介和日常生活中的叙事[M]. 姚媛,译. 南京:南京大学出版社,2000.

[31] 布鲁巴克. 教育问题史[M]. 单中惠,王强,译. 济南:山东教育出版社,2012.

[32] 布鲁贝克. 高等教育哲学[M]. 王承绪,等译. 杭州:浙江教育出版社,2001.

[33] 戴维·波普诺. 社会学(第 10 版)[M]. 李强,等译. 北京:中国人民大学出版社,1997.

[34] 杜威. 民主主义与教育[M]. 王承绪,译. 北京:人民教育出版社,2001.

[35] 杜威. 学校与社会·明日之学校[M]. 赵祥麟,等译. 北京:人民教育出版社,1994.

[36] 柯尔伯格. 道德教育的哲学[M]. 魏贤超,柯森,等译. 杭州:浙江教育出版社,2000.

[37] 拉尔夫·泰勒. 课程与教学的基本原理[M]. 施良方,译. 北京:人民教育出版社,1994.

[38] 路易斯·拉思斯. 价值与教学[M]. 谭松贤,译. 杭州:浙江教育出版社,2003.

[39] 露丝·本尼迪克. 文化模式[M]. 何锡章,黄欢,译. 北京:华夏出版社,1987.

[40] 罗尔斯. 正义论[M]. 何怀宏,等译. 北京:中国社会科学出版社,1988.

[41] 玛格丽特·米德. 文化与承诺[M]. 周晓虹,译. 石家庄:河北人民出版社,1987.

[42] 摩狄曼·J·阿德勒. 六大观念:真、善、美、自由、平等、正义[M]. 陈珠泉,杨建国,译. 北京:团结出版社, 1989.

[43] 诺丁斯. 学会关心:教育的另一种模式(第 2 版)[M]. 于天龙,译. 北京:教育科学出版社,2011.

［44］S·拉塞克,G·维迪努.从现代到2000年教育内容发展的全球展望［M］.马胜利,译.北京:教育科学出版社,1996.

［45］爱德华·泰勒.原始文化［M］.连树声,译.上海:上海文艺出版社,1992.

［46］彼得斯.道德发展与道德教育［M］.邬冬星,译.杭州:浙江教育出版社,2000.

［47］伯特兰·罗素.西方哲学简史［M］.文利,编译.西安:陕西师范大学出版社,2010.

［48］丹尼斯·劳顿,等.课程研究的理论与实践［M］.张渭城,等译.北京:人民教育出版社,1985.

［49］赫·斯宾塞.教育论:智育、德育和体育［M］.胡毅,译.北京:人民教育出版社,1962.

［50］怀特海.教育的目的［M］.徐汝舟,译.北京:生活·读书·新知三联书店,2002.

［51］课程教材研究所.20世纪中国中小学课程标准、教学大纲汇编·思想政治卷［M］.北京:人民教育出版社,2001.

［52］毕苑.建造常识:教科书与近代中国文化转型［M］.福州:福建教育出版社,2010.

［53］本书编写组.习近平总书记教育重要论述讲义［M］.北京:高等教育出版社,2020.

［54］曾天山.教材论［M］.南昌:江西教育出版社,1997.

［55］陈伯璋.意识形态与教育［M］.台北:师大书苑有限公司,1988.

［56］陈桂生.常用教育概念辨析［M］.上海:华东师范大学出版社,2008.

［57］陈桂生.普通教育学纲要［M］.上海:华东师范大学出版社,2008.

［58］陈晓芬,徐儒宗,译注.论语·大学·中庸［M］.北京:中华书局,2011.

［59］陈月茹.中小学教科书改革研究［M］.北京:教育科学出版社,2009.

［60］崔志胜.社会主义核心价值观基本问题研究［M］.北京:中国社会科学出版社,2014.

［61］戴茂堂,江畅.传统价值观念与当代中国［M］.武汉:湖北人民出版社,2001.

［62］邓球柏.中国传统文化与思想政治教育［M］.北京:首都师范大学出版社,1999.

［63］邓小平.邓小平文选(第2卷)［M］.北京:人民出版社,1994.

[64] 杜时忠，卢旭. 多元化背景下的德育课程建设[M]. 南京：江苏教育出版社，2009.

[65] 方道霖. 中学政治课的回顾与思考[M]. 北京：北京教育出版社，1992.

[66] 费孝通. 费孝通文集(第 14 卷)[M]. 北京：群言出版社，1999.

[67] 费孝通. 乡土中国[M]. 北京：生活、读书、新知三联书店，1985.

[68] 傅建明. 教科书价值取向研究：人教版小学《语文》教科书分析[M]. 北京：中国社会出版社，2004.

[69] 傅佩荣. 哲学与人生[M]. 北京：东方出版社，2005.

[70] 甘阳. 古今中西之争[M]. 北京：生活・读书・新知三联书店，2006.

[71] 高德胜. 道德教育的时代遭遇[M]. 北京：教育科学出版社，2008.

[72] 高德胜. 生活德育论[M]. 北京：人民出版社，2005.

[73] 高觉敷. 西方近代心理学史[M]. 北京：人民教育出版社，2001.

[74] 龚国祥. 中西方文化比较[M]. 深圳：海天出版社，2007.

[75] 顾明远. 教育大辞典(增订合编本)[M]. 上海：上海教育出版社 1998.

[76] 韩震. 基础教育课程改革纲要(试行)[M]. 北京：北京师范大学出版社，2003.

[77] 韩震. 思想品德课程标准解读[M]. 北京：北京师范大学出版社，2003.

[78] 韩震. 思想品德与思想政治课教学论[M]. 北京：高等教育出版社，2008.

[79] 胡锦涛. 高举中国特色社会主义伟大旗帜为夺取全面建设小康社会新胜利而奋斗——在中国共产党第十七次全国代表大会上的报告[M]. 北京：人民出版社，2007.

[80] 黄安余. 中国传统文化课程纲要[M]. 上海：上海社会科学院出版社，2001.

[81] 黄济，王策三. 现代教育论[M]. 北京：人民教育出版社，1996.

[82] 黄济. 教育哲学通论[M]. 太原：山西教育出版社，1998.

[83] 黄希庭. 心理学导论[M]. 北京：人民教育出版社，2001.

[84] 黄希庭，等. 当代中国青年价值观与教育[M]. 成都：四川教育出版社，1994.

[85] 黄向阳. 德育原理[M]. 上海：华东师范大学出版社，2000.

[86] 季羡林. 季羡林谈东西方文化(典藏本)[M]. 北京：当代中国出版社，2015.

[87] 教育部基础教育课程教材专家工作委员会. 义务教育思想品德课程标

准解读(2011年版)[M].北京:北京师范大学出版社,2012.

[88] 教育部基础教育司.全日制义务教育思想品德课程标准(实验稿)[M].北京:北京师范大学出版社,2003.

[89] 教育部课题组.深入学习习近平关于教育的重要论述[M].北京:人民出版社,2019.

[90] 金生鈜.德性与教化——从苏格拉底到尼采:西方道德教育哲学思想研究[M].长沙:湖南大学出版社,2003.

[91] 金生鈜.规训与教化[M].北京:教育科学出版社,2004.

[92] 金耀基.从传统到现代[M].北京:中国人民大学出版社,1999.

[93] 金一鸣.教育原理[M].北京:高等教育出版社,2002.

[94] 金岳霖.形式逻辑[M].北京:人民出版社,1979.

[95] 课程教材研究所.新中国中小学教材建设史(1949—2000)研究丛书·政治卷[M].北京:人民教育出版社,2012.

[96] 蓝维.德育学科教学心理学[M].北京:人民出版社,2004.

[97] 李秉德.教育科学研究方法[M].北京:人民教育出版社,2001.

[98] 李德顺.价值论[M].北京:中国人民大学出版社,2007.

[99] 李德顺.价值学大辞典"价值取向"条目[M].北京:中国人民大学出版社,1995.

[100] 李行健.现代汉语规范词典[M].北京:外语教学与研究出版社、语文出版社,2004.

[101] 李家成.关怀生命:当代中国学校教育价值取向探析[M].北京:教育科学出版社,2006.

[102] 李建国.教化与超越:中国道德教育价值取向的历史嬗变[M].北京:中国社会科学出版社,2014.

[103] 李连科.价值哲学引论[M].北京:商务印书馆,1999.

[104] 李申申,等.传承的使命:中华优秀文化传统教育问题研究[M].北京:人民出版社,2011.

[105] 李书磊.村落中的"国家":文化变迁中的乡村学校[M].杭州:浙江人民出版社,1999.

[106] 李伟言.重塑我们的道德生活——当代德育价值取向转型的理论研究[M].北京:北京师范大学出版社,2012.

[107] 李晓文.学生自我发展之心理学探究[M].北京:教育科学出版社,2001.

[108] 李信.中西方文化比较概论[M].北京:航空工业出版社,2003.

[109] 联合国教科文组织国际教育发展委员会.学会生存:教育世界的今天和明天[M].北京:教育科学出版社,1996.

[110] 联合国教科文组织.教育——财富蕴藏其中[M].联合国教科文组织总部中文科,译.北京:教育科学出版社,1996.

[111] 梁漱溟.东西文化及其哲学[M].北京:商务印书馆,2010.

[112] 梁漱溟.中国文化要义[M].上海:上海人民出版社,2005.

[113] 廖哲勋.课程学[M].武汉:华中师范大学出版社,1991.

[114] 林崇德.21世纪学生发展核心素养研究[M].北京:北京师范大学出版社,2016.

[115] 林存阳,刘中建.中国之伦理精神[M].成都:四川人民出版社,2000.

[116] 林聚任,刘玉安.社会科学研究方法[M].济南:山东人民出版社,2004.

[117] 刘怀荣.中华优秀传统文化通俗读本[M].济南:山东人民出版社,2015.

[118] 刘慧.生命德育论[M].北京:人民教育出版社,2005.

[119] 刘黔敏.道德人的生成与流变:中国中小学德育课价值取向研究[M].北京:中国社会科学出版社,2014.

[120] 刘云杉.学校生活社会学[M].南京:南京师范大学出版社,2000.

[121] 鲁洁,王逢贤.德育新论[M].南京:江苏教育出版社,2000.

[122] 鲁洁.教育社会学[M].北京:人民教育出版社,2001.

[123] 罗国杰.中国传统道德:理论卷[M].北京:中国人民大学出版社,1995.

[124] 罗国杰.中国传统道德·规范卷:重排本[M].北京:中国人民大学出版社,2012.

[125] 吕达,刘立德,邹海燕.杜威教育文集[M].北京:人民教育出版社,2005.

[126] 马和民,高旭平.教育社会学研究[M].上海:上海教育出版社,1998.

[127] 马和民.新编教育社会学[M].上海:华东师范大学出版社,2009.

[128] 本书编写组.马克思主义基本原理概论[M].北京:高等教育出版社,2008.

[129] 南京师范大学教育系.教育学[M].北京:人民教育出版社,2001.

[130] 欧用生.课程发展的基本原理[M].台北:复兴图文出版社,1986.

[131] 彭聃龄. 普通心理学[M]. 北京:北京师范大学出版社,2004.

[132] 彭启福. 理解之思——诠释学初论[M]. 合肥:安徽人民出版社,2005.

[133] 钱亦石. 现代教育原理[M]. 福州:福建教育出版社,2006.

[134] 瞿葆奎. 教育学文集:德育[M]. 北京:人民教育出版社,1989.

[135] 瞿葆奎. 教育学文集:教育与教育学[M]. 北京:人民教育出版社,1993.

[136] 瞿葆奎. 教育学文集:课程与教材[M]. 北京:人民教育出版社,1993.

[137] 全国十二所重点师范大学联合编写. 教育学基础[M]. 北京:教育科学出版社,2002.

[138] 阮青. 价值哲学[M]. 北京:中央党校出版社,2004.

[139] 申丹. 叙述学与小说文体学研究[M]. 北京:北京大学出版社,1998.

[140] 施良方. 课程理论:课程的基础、原理与问题[M]. 北京:教育科学出版社,1996.

[141] 石鸥,吴小鸥. 百年中国教科书图说[M]. 长沙:湖南教育出版社,2009.

[142] 石鸥,吴小鸥. 简明中国教科书史[M]. 北京:知识产权出版社,2015.

[143] 石鸥. 百年中国教科书论[M]. 长沙:湖南师范大学出版社,2013.

[144] 石中英. 教育哲学[M]. 北京:北京师范大学出版社,2007.

[145] 孙来斌. 民族精神时代精神共同理想:中国特色社会主义共同理想[M]. 武汉:武汉大学出版社,2014.

[146] 孙培青. 中国教育史[M]. 上海:华东师范大学出版社,2000.

[147] 孙正聿. 哲学通论(修订版)[M]. 上海:复旦大学出版社,2005.

[148] 檀传宝. 德育美学观[M]. 太原:山西教育出版社,1996.

[149] 檀传宝. 德育原理[M]. 北京:北京师范大学出版社,2007.

[150] 唐凯麟,曹刚. 重释传统:儒家思想的现代价值评估[M]. 上海:华东师范大学出版社,2008.

[151] 汪家熔. 民族魂——教科书变迁[M]. 北京:商务印书馆,2008.

[152] 汪霞. 课程改革与发展的比较研究[M]. 南京:江苏教育出版社,2000.

[153] 王道俊,王汉澜. 教育学[M]. 北京:人民教育出版社,1999.

[154] 王天一,等. 外国教育史[M]. 北京:北京师范大学出版社,2001.

[155] 王文岚. 社会科课程中的公民教育研究[M]. 北京:中国社会科学出

版社,2006.

[156] 王小飞.道德教育文本研究[M].杭州:浙江教育出版社,2009.

[157] 王啸.教育人学:当代教育学的人学路向[M].南京:江苏教育出版社,2003.

[158] 魏贤超,王小飞,等.在历史和伦理之间:中西方德育比较研究[M].杭州:浙江大学出版社,2009.

[159] 魏贤超.德育课程论[M].哈尔滨:黑龙江教育出版社,2004.

[160] 魏贤超.现代德育原理[M].杭州:浙江大学出版社,1993.

[161] 吴康宁.课程社会学研究[M].南京:江苏教育出版社,2003.

[162] 吴少荣,邝丽湛,贺军,等.中学政治教育新论[M].北京:人民教育出版社,2008.

[163] 吴式颖.外国教育史[M].北京:人民教育出版社,1999.

[164] 吴小鸥.中国近代教科书的启蒙价值[M].福州:福建教育出版社,2011.

[165] 吴亚林.价值与教育[M].北京:北京师范大学出版社,2009.

[166] 吴永军.课程社会学[M].南京:南京师范大学出版社,1999.

[167] 习近平.决胜全面建成小康社会 夺取新时代中国特色社会主义伟大胜利——在中国共产党第十九次全国代表大会上的报告[M].北京:人民出版社,2017.

[168] 习近平.习近平谈治国理政.第二卷[M].北京:外文出版社,2017.

[169] 习近平.习近平谈治国理政.第三卷[M].北京:外文出版社,2020.

[170] 谢利民,钱扑.中小学教材比较研究[M].北京:中国人民大学出版社,2009.

[171] 邢云文.时代精神:历史解读与当代阐释[M].北京:中央编译出版社,2011.

[172] 杨伯峻,译注.论语译注[M].北京:中华书局,2012.

[173] 杨国枢.中国人的价值观:社会科学观点[M].北京:中国人民大学出版社,2012.

[174] 叶浩生.心理学通史[M].北京:北京师范大学出版社,2006.

[175] 叶澜.教育概论[M].北京:人民教育出版社,2006.

[176] 叶澜.教育研究方法论初探[M].上海:上海教育出版社,1999.

[177] 宇文利.中国人的价值观[M].北京:中国人民大学出版社,2012.

[178] 张岱年,方克立.中国文化概论(修订版)[M].北京:北京师范大学出

版社,2004.

[179] 张岱年.文化与价值[M].北京:新华出版社,2004.

[180] 张雷声.马克思主义政治经济学原理[M].北京:中国人民大学出版社,2003.

[181] 张栗原.教育哲学[M].福州:福建教育出版社,2008.

[182] 张岂之.中华优秀传统文化核心理念读本[M].北京:学习出版社,2014.

[183] 张耀灿,陈万柏.思想政治教育学原理[M].北京:高等教育出版社,2001.

[184] 张义兵.逃出束缚:"赛博教育"的社会学解读[M].北京:北京师范大学出版社,2003.

[185] 赵廷为.教材及教学法通论[M].福州:福建教育出版社,2007.

[186] 赵绪生,王士龙,刘鑫.传统文化与时代精神[M].西安:陕西师范大学出版总社有限公司,2015.

[187] 中共中央文献研究室.毛泽东著作专题摘编[M].北京:中央文献出版社,2003.

[188] 中共中央宣传部.习近平总书记系列重要讲话读本(2016年版)[M].北京:学习出版社,2016.

[189] 中国教育科学研究院课程教学研究中心.中国基础教育课程改革十年[M].武汉:湖北教育出版社,2013.

[190] 中华人民共和国国家教育委员会.九年义务教育小学思想品德课和初中思想政治课课程标准(试行)[M].北京:人民教育出版社,1997.

[191] 中华人民共和国教育部.义务教育思想品德课程标准(2011年版)[M].北京:北京师范大学出版社,2012.

[192] 中华人民共和国国家教育委员会.九年义务教育小学思想品德课和初中思想政治课课程标准(修订)[M].北京:人民教育出版社,2001.

[193] 钟启泉,崔允漷.新课程的理念与创新(师范生读本)[M].北京:高等教育出版社,2003.

[194] 朱小蔓.情感德育论[M].北京:人民教育出版社,1993.

[195] 朱永新.我的教育理想(增补本)[M].桂林:漓江出版社,2009.

[196] 竹立家.道德价值论[M].北京:中国人民大学出版社,1998.

3. 中文论文

[197] 赵婀娜,赵婷玉.《中国学生发展核心素养》发布[N].人民日报,2016-

09-14(12).

[198] 班华. 德育目标应有的要求：民族精神与世界精神统一[J]. 教育研究,2013(2):54-58.

[199] 班华. 近十年来德育思想现代化的进展[J]. 教育研究,1999(2):18-22.

[200] 班建武,檀传宝. 改革开放30年中小学德育课程的变迁与发展[J]. 思想理论教育,2008(24):14-19.

[201] 包心鉴. 时代精神与当今人类文明[J]. 江汉论坛,2007(8):5-8.

[202] 毕华林. 走向生本的教科书设计研究[D]. 济南：山东师范大学,2006.

[203] 毕苑. 中国近代教科书研究[D]. 北京：北京师范大学,2004.

[204] 毕苑. 中国近代教科书研究[J]. 教育学报,2007(1):79-81.

[205] 蔡恒. 网络信息隐私权保护中的利益平衡问题研究[J]. 华北电力大学学报(社会科学版),2005(3):68-71.

[206] 蔡奇闻. 高中外国文学作品中的异域文化及其教学策略[D]. 武汉：华中师范大学,2013.

[207] 蔡小燕. 语文教科书中的异域形象——以“人教版”高中语文教科书为例[D]. 上海：华东师范大学,2009.

[208] 曹保印. 教材要选择恒久价值[N]. 青年时报,2005.

[209] 曾天山. 国外关于教科书插图研究的述评[J]. 外国教育研究,1999(3):20-23.

[210] 曾天山. 国外关于教科书功能论争的述评[J]. 西南师范大学学报(哲学社会科学版),1998(2):57-62.

[211] 曾天山. 教材发展的比较研究[J]. 西北师大学报(社会科学版),1994(7):52-57.

[212] 曾天山. 论教材在教学中的地位与功能[J]. 现代中小学教育,1995(5):25-27.

[213] 曾天山. 论教科书的传统与革新[J]. 教育革新,1997(4):1.

[214] 陈伯华. 小学教师教材观比较[D]. 广州：华南师范大学,2007.

[215] 陈春生. 谈德育教材建设[J]. 职大学刊,1997(1).

[216] 陈桂蓉. 着眼道德生活的基础领地——略论底线道德[J]. 福建论坛(文史哲版),2000(5):35-39.

[217] 陈桂生. “天经地义”的教科书[J]. 陕西教育,2000(2):14-14.

[218] 陈为霞. 量化方法在教科书中运用的现状分析及问题反思[D]. 长春：东北师范大学,2009.

[219] 陈蔚. 义务教育阶段课程中的文化选择研究[D]. 上海：上海师范大学，2015.

[220] 陈月茹. 国际教科书研究要素综述[J]. 外国教育研究，2007(6)：77-80.

[221] 程广丽. "新集体主义"对"个人"与"集体"关系的诠释[J]. 山东理工大学学报(社会科学版)，2003(6)：53-56.

[222] 丹尼斯·劳顿. 课程设置的两大类理论[J]. 吴棠，译. 外国教育资料，1982(4)：20-23.

[223] 董靖保，王尚义. 中国传统文化与现代文化的冲突[J]. 山西大学师范学院学报，2000(1)：27-32.

[224] 董玮. 部编本初中语文教科书道德价值取向研究[D]. 上海：华东师范大学，2019.

[225] 杜时忠，曹树真. 社会主义核心价值观"进教材"的教育学探索[J]. 教育研究，2015(9)：34-39.

[226] 杜时忠. 论德育走向[J]. 教育研究，2012(2)：60-64.

[227] 费孝通. "美美与共"与人类文明(上)[J]. 群言，2005(1)：17-20.

[228] 冯铁山. 民国德育教材言说论[J]. 中国德育，2014(3)：20-23.

[229] 冯婉桢，檀传宝. 改革开放 30 年的中小学德育政策[J]. 中国教育学刊，2008(12)：24-27.

[230] 傅娟娟. 初中思想品德教科书中心理教育内容研究[D]. 上海：上海师范大学，2010.

[231] 傅建明. "隐性课程"辨析[J]. 课程·教材·教法，2000(8)：55-59.

[232] 傅建明. 我国小学语文教科书价值取向研究[D]. 上海：华东师范大学，2002.

[233] 高德胜.《思想品德》教材理念的革新[J]. 课程·教材·教法，2006(6)：58-61.

[234] 高德胜. 割裂的现代德育[J]. 上海教育科研，2000(6)：18-21.

[235] 高德胜. 论现代知性德育与生活的割裂[J]. 探索与争鸣，2003(4)：42-44.

[236] 高雅珍. 古代西方德育思想[J]. 道德与文明，1995(3)：36-39.

[237] 顾继玲. 现代数学课程的价值取向研究[D]. 南京：南京师范大学，2004.

[238] 顾骏. "扶老罗生门"下我们该如何教育孩子[N]. 北京：中国教育报，2013.

[239] 顾炜. 清末初等小学堂女子国文教科书价值取向研究——以《最新女

子初等小学国文教科书》为例[D]. 上海：上海师范大学，2014.

[240] 韩艳梅. 语文教科书编制研究[D]. 上海：华东师范大学，2004.

[241] 何立新. 新课程背景下语文教科书价值取向研究——以人教版义务教育课程标准实验教科书·语文为例[D]. 成都：四川师范大学，2012.

[242] 何丽丽. 思想品德教科书的法制教育内容研究——以人教版《思想品德》七—九年级为例[D]. 重庆：西南大学，2013.

[243] 何文胜. 人民教育出版社初中语文教科书的价值取向研究[J]. 陕西师范大学学报(哲学社会科学版)，2008(S1)：156-162.

[244] 贺祥林，鲁寒光. 时代精神与核心价值观的辨析凝练[J]. 中南民族大学学报(人文社会科学版)，2015(5)：83-86.

[245] 侯晓明. 我国现行中小学教科书制度研究[D]. 武汉：武汉大学，2011.

[246] 胡锦涛. 在中国共产党第十七次全国代表大会上的报告[N]. 人民日报，2007-10-25.

[247] 扈中平，刘朝晖. 对道德的核心和道德教育的重新思考[J]. 华东师范大学学报(教育科学版)，2001(2)：46-53.

[248] 黄玉琼. 人教版高中语文必修教科书的价值取向研究[D]. 福州：福建师范大学，2019.

[249] 贾桂枝. 新课标下高中英语教科书价值取向比较研究[D]. 临汾：山西师范大学，2014.

[250] 教育部关于全面深化课程改革落实立德树人根本任务的意见(摘编)[J]. 青海教育，2014(12)：4-5.

[251] 寇彧，王磊. 儿童亲社会行为及其干预研究述评[J]. 心理发展与教育，2003(4)：86-91.

[252] 李丹. 关于个人与社会的关系问题之历史反思——兼论社会主义市场经济条件下的新型集体主义[J]. 锦州师范学院学报(哲学社会科学版)，2002，24(3)：16-19.

[253] 李飞. 初中历史教科书价值教育变迁研究[D]. 临汾：山西师范大学，2015.

[254] 李巨廉. 回眸世纪，探求和平[J]. 历史教学问题，1999(3)：15-21.

[255] 李孔文，王嘉毅. 福柯知识权力理论及其教育学意蕴[J]. 华东师范大学学报，2011(3)：1-9.

[256] 李俏. 用心打造培根铸魂启智增慧的精品教材[N]. 人民日报海外版，2020-12-02(001).

[257] 李水平.新中国教科书制度研究[D].长沙:湖南师范大学,2014.

[258] 李文田.改革开放30年我国中小学地理教科书变革研究[D].武汉:华中师范大学,2011.

[259] 李学.百年高中语文课程价值取向的嬗变与反思——基于教科书为中心的考察[J].湖南第一师范学院学报,2015(3):42-45.

[260] 李艺,钟柏昌.谈"核心素养"[J].教育研究,2015(9):17-23.

[261] 李贞.初中历史教科书价值取向研究[D].临汾:山西师范大学,2014.

[262] 李振.小学德育教材变迁研究:1981—2013——以人教版小学一年级思想品德教材为例[D].临汾:山西师范大学,2014.

[263] 李祖祥.教科书分析的三种取向[J].湖南师范大学教育科学学报,2007,6(5):10-13.

[264] 李祖祥.控制与教化——小学思品教科书研究[D].长沙:湖南师范大学,2007.

[265] 廖辉.教科书图表设计的若干问题探讨[J].乐山师范学院学报,2005(4):130-133.

[266] 林柏海,杨伟宾.习近平"共同价值"思想与西方"普世价值"论辨析[J].思想理论教育导刊,2016(8):37-41.

[267] 刘成.西方国家和平研究综述[J].国外社会科学,2005(2):25-29.

[268] 刘慧,朱小蔓.多元社会中学校道德教育——关注学生个体的生命世界[J].教育研究,2001(9):8-12.

[269] 刘慧.论德育的生命叙事模式[J].中国德育,2006(4):18-24.

[270] 刘慧.生命道德教育——基于新生物学范式的建构[D].南京:南京师范大学,2002.

[271] 刘娇.小学德育教科书价值取向的比较研究[D].南京:南京师范大学,2017.

[272] 刘丽群.论知识准入课程中的国家介入[D].长沙:湖南师范大学,2007.

[273] 刘黔敏.德育学科课程:从运行到理念[D].南京:南京师范大学,2005.

[274] 刘黔敏.中小学德育教科书中的榜样人物分析[J].教育评论,2009(1):65-68.

[275] 鲁洁.回归生活——"品德与生活""品德与社会"课程与教材探寻

[J]. 课程·教材·教法,2003(9):2-9.

[276] 鲁洁. 教育的原点:育人[J]. 华东师范大学学报(教育科学版),2008(4):94-94.

[277] 鲁洁. 做成一个人——道德教育的根本指向[J]. 教育研究,2007(11):11-15.

[278] 罗石. 现代西方德育理论综述[J]. 比较教育研究,1999(1):37-43.

[279] 毛武榜. 对中小学教育重智轻德问题的研究[J]. 教育教学论坛,2014(3):172-173.

[280] 蒙石荣. 教科书:在泛化的知识世界树立起主流价值——专访首都师范大学石鸥教授[J]. 今日教育,2016(10):30-31.

[281] 孟雪静. 论公正与公平、平等、正义之间的差异[J]. 信阳师范学院学报(哲学社会科学版),2015(3):16-19.

[282] 南华. 适应与创生:国际教育视阈下本土教师异域文化观[J]. 继续教育研究,2011(7):46-48.

[283] 庞立生. 理性的生存论意蕴[D]. 长春:吉林大学,2003.

[284] 裴新宁,刘新阳. 为21世纪重建教育——欧盟"核心素养"框架的确立[J]. 全球教育展望,2013,42(12):89-102.

[285] 戚万学. 活动道德教育模式的理论构想[J]. 教育研究,1999(6):69-76.

[286] 戚万学. 活动课程:道德教育的主导性课程[J]. 课程·教材·教法,2003(8):42-47.

[287] 任亚南. 质化方法在教科书中运用的现状分析及问题反思[D]. 长春:东北师范大学,2009.

[288] 石鸥,刘毕燕. 何谓名正,如何言顺——百年中国中小学政治教科书名称的演变[J]. 河北师范大学学报(教育科学版),2014(6):14-20.

[289] 石鸥,刘学利. 跌宕的百年:现代教科书发展回顾与展望[J]. 湖南师范大学教育科学学报,2013,12(3):28-34.

[290] 石鸥,石玉. 论教科书的基本特征[J]. 教育研究,2012(4):92-97.

[291] 石鸥. 最不该忽视的研究——关于教科书研究的几点思考[J]. 湖南师范大学教育科学学报,2007,6(5):5-9.

[292] 宋振韶. 教科书插图的认知心理学研究[J]. 北京师范大学学报(社会科学版),2005(6):22-26.

[293] 苏珊. 从价值取向看中西文化价值观[J]. 河南师范大学学报(哲学社会科学版),2007,34(5):216-218.

[294] 孙凤华,段晓霞.思想品德教科书中公民教育价值取向基本框架[J].教育学术月刊,2009(2):74-76.

[295] 孙凤华.思想品德教科书中的公民教育价值取向研究[D].广州:华南师范大学,2007.

[296] 孙雯雯.人教版初中语文教科书价值取向研究[D].上海:华东师范大学,2014.

[297] 谭保斌.我国传统文化中的生命观及现代启示[J].广州番禺职业技术学院学报,2010(6):49-54.

[298] 檀传宝.道德教育是学校德育的根本[J].全球教育展望,2001(6):9-14.

[299] 唐翔.中小学教科书插图研究综述[J].教学与管理,2010(12):70-72.

[300] 万斌,吴坚.论自由、民主、法治的内在关系[J].浙江大学学报(人文社会科学版),2011(5):35-42.

[301] 汪亭友."共同价值"不是西方所谓"普世价值"[J].红旗文稿,2016(4):8-10.

[302] 王芳.当代中国社会主义核心价值体系建设研究[D].北京:中共中央党校,2014.

[303] 王干才.当代中国时代精神简论[J].唐都学刊,2009(1):64-67.

[304] 王观松,徐学福.与时俱进:当代中国的时代精神[J].长江论坛,2002(1):30-31.

[305] 王晗.小学六年级德育教科书的价值取向探究[D].西安:陕西师范大学,2012.

[306] 王汝祥.八套小学语文教科书中的异域文化研究[D].金华:浙江师范大学,2013.

[307] 王世光,邱德芹.社会科教科书中的异域文化——以国际理解教育为视角的考察[J].教育学报,2010,06(5):27-32.

[308] 王文.灌输理论在新时期思想政治教育中的科学运用[J].学术论坛,2010(4):47-50.

[309] 王晓辉.我国中学英语教科书研究述评[J].吉林省教育学院学报,2010(11):104-105.

[310] 王岩.论时代精神的多维内涵[J].毛泽东邓小平理论研究,2009(3):66-70.

[311] 王艳霞.课程中的文化选择——对我国义务教育语文教科书的文化构成分析[D].北京:中央民族大学,2007.

[312] 王燕娜. 大陆与台湾小学语文教科书选文的价值取向比较研究[D]. 苏州:苏州大学,2016.

[313] 吴静,Numberger Eva. 关于异域文化的观察与诠释[J]. 中国青岛市委党校(青岛行政学院学报),2009(4):71.

[314] 吴康宁."课程内容"的社会学释义[J]. 教育评论,2000(5):20-22.

[315] 吴康宁. 对教学内容的若干社会学分析[J]. 教育评论,1993(4):42-47.

[316] 吴瑞祥. 关于教科书分析与评价的理论探索[D]. 上海:华东师范大学,2003.

[317] 吴小鸥. 近年来中国近代中小学教科书研究综述[J]. 湖南师范大学教育科学学报,2008,7(3):49-52.

[318] 习近平. 携手构建合作共赢新伙伴 同心打造人类命运共同体——在第七十届联合国大会一般性辩论时的讲话[N]. 人民日报,2015-09-28.

[319] 肖强,马云鹏. 教科书价值取向研究——以高中思想政治课为例[J]. 教育科学,2009,25(1):53-57.

[320] 解红. 改革开放以来中国的西方文化热研究[D]. 沈阳:辽宁大学,2011.

[321] 谢盈宇. 初中思想品德教科书中的生命教育内容研究[D]. 上海:上海师范大学,2015.

[322] 新华社. 中共中央关于构建社会主义和谐社会若干重大问题的决定[J]. 四川党的建设:城市版,2006(20):4-10.

[323] 邢云文. 论当代中国的时代精神[J]. 理论探索,2007(5):53-54.

[324] 徐斌. 九年义务教育小学思想品德教材研究与实验[J]. 云南教育,1998(6):29-31.

[325] 徐贵权. 论价值取向[J]. 南京师大学报(社会科学版),1998(4):45-50.

[326] 许红. 大陆与香港小学语文教科书道德教育要素比较研究[D]. 金华:浙江师范大学,2007.

[327] 薛广洲. 论当代中国时代精神[J]. 浙江大学学报(人文社会科学版),1995(12):10-18.

[328] 薛广洲. 论实事求是与当代中国时代精神 [J]. 浙江大学学报(人文社会科学版),1993(12):28-33.

[329] 严春友. 大自然的智慧[J]. 散文,1998(9):4-9.

[330] 杨澄宇. 语文教科书经典选文问题研究——新课改后选文变化的焦虑与重建[J]. 教育研究,2014(3):106-115.

[331] 杨德平,李娜.时代精神的界定与当今中国的时代精神[J].中国人民大学学报,1999(5):72-77.

[332] 杨启亮.教材的功能:一种超越知识观的解释[J].课程·教材·教法,2002(12):10-13.

[333] 杨叔子.我国高等教育的五"重"五"轻"[J].书摘,2003(02):119-120.

[334] 杨叔子.校园文化与时代精神[J].中国高教研究,2007(3):3-7.

[335] 杨艳利.何谓育德好教材[J].中国德育,2014(3):13-14.

[336] 杨治平.面向个体的教科书设计[D].上海:华东师范大学,2006.

[337] 洋龙.平等与公平、正义、公正之比较[J].文史哲,2004(4):145-151.

[338] 姚冬琳.内容分析法在教科书研究中的应用[J].现代教育科学(普教研究),2011(2):45-47.

[339] 余世明.思想品德教科书中法治教育内容研究[D].芜湖:安徽师范大学,2012.

[340] 袁桂林.当代西方道德教育理论概论[J].比较教育研究,1994(5):6-8.

[341] 云杉.文化自觉文化自信文化自强——对繁荣发展中国特色社会主义文化的思考:(上)[J].红旗文稿,2010(16):4-8.

[342] 张岱年.传统伦理道德与精神文明建设[N].光明日报,1998-01-17.

[343] 张三花.我国中小学教科书研究述评[J].教育科学研究,2005(5):9-12.

[344] 张维真.反对普世价值倡导共同价值[J].求知, 2016(6):4-6.

[345] 张垚.中英初中语文教科书价值取向比较研究[D].南京:南京师范大学,2007.

[346] 张忠华.改革开放30多年来德育目标的研究与反思[J].教育学术月刊,2011(1):20-24.

[347] 赵飞.中国古代德育教材的基本特征及现代价值[J].河池学院学报,2010(3):66-69.

[348] 赵丽峰.高中人文地理教科书价值取向的比较研究[D].临汾:山西师范大学,2013.

[349] 赵昕.小学德育教材的六十年之路[N].中华读书报,2010.

[350] 赵永富.论当代中国的时代精神[J].桂海论丛,2002(4):80-82.

[351] 赵长林,吕金伟.三版本初中语文教科书选文价值取向的比较研究[J].湖南师范大学教育科学学报,2011,10(6):10-14.

[352] 赵长林.科学课程及其变革的社会学审视[D].长沙:湖南师范大学,2004.

[353] 赵志明. 重新定义教科书[D]. 长沙:湖南师范大学,2014.

[354] 植薇. 初中思想品德教科书中道德教育内容研究[D]. 上海:上海师范大学,2011.

[355] 中共中央关于加强社会主义精神文明建设若干重要问题的决议[J]. 求是,1996(21):11.

[356] 中共中央关于印发《公民道德建设实施纲要》的通知[J]. 国务院公报,2001(32):5.

[357] 钟启泉. 对话与文本:教学规范的转型[J]. 教育研究,2001(3):33-39.

[358] 钟启泉. 课程改革的文化使命[J]. 人民教育,2004(6):4-4.

[359] 钟晓琳.《思想品德》教材改进:基于新课标的思考[J]. 中国德育,2014(10):6-10.

[360] 周从标,贾廷秀. 试论全球化背景下的中国文化[J]. 学术论坛,2002(4):145-147.

[361] 周国韬. 习得性无力感理论浅析[J]. 心理科学通讯,1988(6):49-53.

[362] 周丽威. 百年中学生物教科书价值取向研究[D]. 哈尔滨:哈尔滨师范大学,2020.

[363] 朱明,范振杰. 艰苦创业是当代中国的时代精神[J]. 山西高等学校社会科学学报,1995(3):10-14.

[364] 朱慕菊. 从"一纲一本"到"一纲多本"的历史跨越[N]. 中国教育报,2009.

[365] 朱小蔓,朱永新. 中国教育:情感缺失[J]. 读书,2012(1):10-15.

[366] 朱小蔓. 当代情感教育的基本特征[J]. 教育研究,1994(10):68-71.

4. 德育教科书

[367] 北京汽车制造厂,北京大学历史系《社会发展简史》编写组. 社会发展简史[M]. 北京:人民出版社,1976.

[368] 吴铎,等. 青少年修养(上册)[M]. 北京:人民教育出版社,1981.

[369] 吴铎,等. 青少年修养(下册)[M]. 北京:人民教育出版社,1982.

[370] 中小学通用教材政治编写组. 社会发展简史(上册)[M]. 北京:人民教育出版社,1978.

[371] 中小学通用教材政治编写组. 社会发展简史(下册)[M]. 北京:人民教育出版社,1978.

[372] 上海市中学思想政治课教材编审委员会. 公民:上册(试用本)[M]. 上海:上海教育出版社,1988.

［373］ 谭玉轩. 公民：下册［M］. 北京：人民教育出版社，1990.

［374］ 吉林省中学思想政治课实验教材编写组. 中国社会主义建设常识（全一册）［M］. 长春：吉林教育出版社，1987.

［375］ 上海市中学思想政治课教材编审委员会. 中国社会主义建设常识：上册（试用本）［M］. 上海：上海教育出版社，1990.

［376］ 上海市中学思想政治课教材编审委员会. 中国社会主义建设常识：下册（试用本）［M］. 上海：上海教育出版社，1990.

［377］ 国家教委中学思想政治课教材编写组. 思想政治：一年级（上册）［M］. 广州：广东高等教育出版社，广东教育出版社，1992.

［378］ 国家教委中学思想政治课教材编写组. 思想政治：一年级（下册）［M］. 广州：广东高等教育出版社，广东教育出版社，1992.

［379］ 国家教委中学思想政治课教材编写组. 思想政治：二年级（上册）［M］. 北京：北京师范大学版社，1993.

［380］ 国家教委中学思想政治课教材编写组. 思想政治：二年级（下册）［M］. 北京：北京师范大学版社，1993.

［381］ 国家教委中学思想政治课教材编写组. 思想政治：三年级（全一册）［M］. 上海：上海教育出版社，1993.

［382］ 小学思想品德和中学思想政治教材编写委员会. 思想政治：一年级（上）［M］. 北京：人民教育出版社，2001.

［383］ 小学思想品德和中学思想政治教材编写委员会. 思想政治：一年级（下）［M］. 北京：人民教育出版社，2002.

［384］ 小学思想品德和中学思想政治教材编写委员会. 思想政治：二年级（上）［M］. 北京：人民教育出版社，2001.

［385］ 小学思想品德和中学思想政治教材编写委员会. 思想政治：二年级（下）［M］. 北京：人民教育出版社，2002.

［386］ 小学思想品德和中学思想政治教材编写委员会. 思想政治：一年级（上）［M］. 北京：人民教育出版社，2001.

［387］ 小学思想品德和中学思想政治教材编写委员会. 思想政治：三年级［M］. 北京：人民教育出版社，2003.

［388］ 课程教材研究所思想品德课程教材研究开发中心. 思想品德：七年级上册［M］. 北京：人民教育出版社，2008.

［389］ 课程教材研究所思想品德课程教材研究开发中心. 思想品德：七年级下册［M］. 北京：人民教育出版社，2008.

［390］ 课程教材研究所思想品德课程教材研究开发中心. 思想品德：八年级

上册[M]. 北京：人民教育出版社，2008.

[391] 课程教材研究所思想品德课程教材研究开发中心. 思想品德：八年级下册[M]. 北京：人民教育出版社，2008 年 8 月第 4 版，2011.

[392] 课程教材研究所思想品德课程教材研究开发中心. 思想品德：九年级全一册[M]. 北京：人民教育出版社，2008 年 3 月第 3 版，2013.

[393] 朱小蔓，魏贤超. 思想品德：七年级上册[M]. 北京：教育科学出版社，2004.

[394] 朱小蔓，魏贤超. 思想品德：七年级下册[M]. 北京：教育科学出版社，2005.

[395] 朱小蔓，魏贤超. 思想品德：八年级上册[M]. 北京：教育科学出版社，2006.

[396] 朱小蔓，魏贤超. 思想品德：八年级下册[M]. 北京：教育科学出版社，2006.

[397] 朱小蔓，魏贤超. 思想品德：九年级全一册[M]. 北京：教育科学出版社，2007.

后 记

这本著作是在原来博士论文基础上修改、完善而成的。不管怎样，书稿付梓之际，眼前总是时时浮现出几年前求学生涯的历历景象。回顾浙江大学攻读博士学位的过程，心中似有千言万语，却又不知从何说起。当时的读博过程既艰辛又充实，既痛苦又快乐。一路走来，有太多人需要感谢，感谢他们给予我的各种帮助。

首先，最要感谢的是导师魏贤超教授。感谢先生的宽容，将我这个理论基础不够扎实、年龄偏大的考生收归门下，才使得我有幸从安徽一所偏僻的农村中学来到位于人间天堂的求是园，成为浙江大学的一名博士生，同时也成为魏门的一名弟子，开启了生命中最为特殊的一段学业旅程。在“浙里”的3年多时间，承蒙恩师的不断教诲，受益良多。先生渊博的学识、开阔的视野、敏捷的思维、独到的见解、严谨的治学等，一直引领我不断求索，这些都将成为我整个人生历程和学术道路上恒久的示范。每一次高屋建瓴的指导、每一次严肃认真的讨论，先生都能站在理论的高度来看待和分析问题，使我一次次茅塞顿开。

其次，要感谢浙江大学教育学院的各位老师。从进入浙大教育学院开始，除了恩师之外，我还有幸认识了教育学院的许多其他老师，这些老师们的学术修养和人格魅力对我影响深刻。感谢教育学院方展画教授、吴华教授、吴雪萍教授、盛群力教授、孙元涛教授，上海师范大学阎亚军教授，杭州市教科所韩似萍老师，感谢他们在我的论文开题、预答辩过程中对我论文提出的宝贵建议，这些意见都弥足珍贵，对我进一步修改完善论文提供了很大的帮助。感谢周谷平教授、肖朗教授、吴雪萍教授、赵志毅教授、孙元涛教授前来参加我的博士论文答辩，老师们在答辩过程中提出的意见和建议对本书修改、完善都十分珍贵，这几年来我都在尽自己最大努力消化、吸收，为自己的后续研究做准备。

再次，要感谢我的同门和同学。在魏门，我们是一个团结的整体，师兄师姐、师弟师妹在一起互相帮助，互相勉励；特别值得一提的是，大家一起编《道德与法治》教材的日子，大家聚在导师周围，为了一个共同的目标而不断努力着，让我们体会到了团队的力量。同时，除了同门之外，还有幸结识了来自全国各地的一批同学，大家在学习中互相帮助，在生活中相互支持，这些都成为我在浙大美好的回忆。

最后，要感谢我的家人。俗话说："父母在，不远游，游必有方。"对于过了而立之年的我，肩负各种角色，身为人子、人夫和人父，本应该在家孝敬父母、陪伴妻子和教育孩子，但我却选择了辞去之前的工作只身外出求学。人到中年，为了梦想，迈出这一步也有很多无奈，有时候觉得既不能时刻在父母身边尽孝，也不能天天在家陪伴妻子和女儿，使我时常有着深深的愧疚感。真的很感谢家人对我的理解和支持，可以说，没有家人做我的坚强后盾，我也难以安心地在校园从事我的博士论文研究工作。尤其感谢妻子陈小娟的无私奉献和女儿陶睿熙的支持理解，这些都成为我在浙大读博期间遇到困难时激励我重新奋斗的动力。

2017年博士毕业后，我加入了浙江树人大学这个大家庭，感谢几年来树人大学各位领导和同仁对我教学和科研上的支持、鼓励和帮助，感谢浙江树人大学民办高教院教育学学科、浙江省哲学社会科学规划课题"改革开放以来中小学德育教科书话语变迁研究(21NDJC126YB)"、浙江树人大学管理学院、浙江树人大学人才引进项目、浙江树人大学青年博士创新项目和浙江树人大学第三批校中青年学术团队项目给予本书出版的资助。

由于本人学术水平有限，本书肯定存在众多不足，在后续的研究中，我将加倍努力，尽力改进。再一次衷心感谢所有启发、关心和帮助过我的每一个人！

陶芳铭

2020年8月于杭州